U0902570

战争事典

WAR STORY 024

指文烽火工作室 著

台海出版社

图书在版编目（CIP）数据

战争事典 . 024 / 指文烽火工作室著 . -- 北京 : 台海出版社 , 2016.9
ISBN 978-7-5168-1003-3

Ⅰ . ①战… Ⅱ . ①指… Ⅲ . ①战争史 – 史料 – 世界 Ⅳ . ① E19

中国版本图书馆 CIP 数据核字 (2016) 第 212166 号

战争事典 . 024

著　　者：指文烽火工作室

责任编辑：刘　峰　赵旭雯　　　策划制作：指文文化
视觉设计：杨静思　　　责任印制：蔡　旭

出版发行：台海出版社
地　　址：北京市朝阳区劲松南路 1 号　　　邮政编码：100021
电　　话：010 – 64041652（发行，邮购）
传　　真：010 – 84045799（总编室）
网　　址：www.taimeng.org.cn/thcbs/default.htm
E – mail：thcbs@126.com

经　　销：全国各地新华书店
印　　刷：重庆共创印务有限公司
本书如有破损、缺页、装订错误，请与本社联系调换

开　　本：787mm × 1092mm　　1/16
字　　数：230 千　　　印　　张：13
版　　次：2021 年 1 月第 3 版　　　印　　次：2021 年 1 月第 1 次印刷
书　　号：ISBN 978-7-5168-1003-3

定　　价：79.80 元

版权所有　翻印必究

目录

CONTENTS

前言

PREFACE

欧洲近代曾有这样一句话："让别人去打仗吧，你，幸福的奥地利，结婚去吧！战神马尔斯给别人的东西，爱神维纳斯会赐给你。"统治奥地利的哈布斯堡家族，自13世纪起，以王室的政治联姻为武器，通过领土的转让继承，逐渐构筑起一个垄断神圣罗马帝国皇位的庞大国家。然而到了17世纪，哈布斯堡家族所构建的帝国烽烟四起，卷入了诸多争端。《浴血的双头鹰——哈布斯堡王朝的近代兴衰与七年战争》所要讲述的就是这段历史。毕竟爱神赐予的，仍然需要战神的认可。

13世纪，蒙古帝国如狂飙一般横扫欧亚大陆，建立起黄金家族"世界征服者"的赫赫威名。然而这个在短短一代人的时间里崛起的庞大帝国，也在一代人的时间里分崩离析。《黄金家族的血腥内斗——从蒙古帝国分裂到元帝国两都之战》一文，将还原成吉思汗的子孙之间，导致整个帝国崩溃的连番血腥内斗。

日本明治维新是一场影响东亚乃至世界历史发展的大变革。在这场以"倒幕运动"为开端的变革中，萨摩藩作为"武装倒幕"的主力军，一举成为日后影响日本百年政局的重要力量。《倒幕第一强藩——岛津氏萨摩藩维新简史》将再现萨摩藩的历代精英如何变法图强，最终以一藩之力撬动日本乃至整个东亚的政局。

"山纹""锁子"与"连环"是许多军事历史爱好者耳熟能详的中国铠甲名称。其中，山纹甲因只在绘画和雕塑中出现，无任何实物存留而倍显神秘；锁子甲则留下"铠如连锁，射不可入"的记载。那么我们今人所认为的山纹甲跟古人笔下的山纹甲真的是一回事吗？它与锁子甲和连环甲之间又有着怎样的联系呢？这就是《铠如连锁，射不可入——中国传统山纹、锁子、连环铠辨析考》所要剖析和理清的。

烽火工作室主编：原廊

2016年9月

浴血的双头鹰

哈布斯堡王朝的近代兴衰与七年战争

作者 / 赵恺

分道扬镳：哈布斯堡王朝一分为二

▲ 哈布斯堡王朝的双头鹰徽章

哈布斯堡王朝的历史最早可以追溯到 1020 年，这一年法国阿尔萨斯公爵的后裔于瑞士北部的阿尔高州修筑要塞，该要塞名为“哈布斯堡”，并以之为据点逐渐向外扩张。1273 年，哈布斯堡公爵鲁道夫一世当选德意志国王，随后又夺取了奥地利与施蒂利希公国，自此开启了这个日后以双头鹰为帝国徽章的哈布斯堡王朝对奥地利长达 600 余年的统治。

虽然在瑞士联邦的独立运动之中，哈布斯堡王朝丢失了龙兴之地。但其在奥地利的多年经营，还是在 1437 年结出了硕果。这一年，神圣罗马帝国皇帝兼匈牙利及波希米亚国王西吉斯蒙德病逝，身为其女婿的哈布斯堡王朝掌门人——奥地利公爵阿尔布雷希特随即继承了其政治遗产。从此以后，哈布斯堡王朝始终把持着神圣罗马帝国的帝位，直至帝国覆亡。

此后，通过一系列的王室联姻，哈布斯堡王朝的版图得以进一步扩张。1477 年，哈布斯堡王朝掌权人马西米连一世迎娶勃艮地公爵独女玛利，将属于勃艮第公国的法国南部至荷兰的领地通通并入哈布斯堡王朝。1496 年，马西米连一世的儿子“英俊王”腓力迎娶西班牙女王储胡安娜，从此开创了西班牙哈布斯堡王朝。1521 年，马西米连一世的孙子斐迪南一世迎娶波希米亚郡主安妮，次年斐迪南一世的妹妹玛利亚郡主嫁与匈牙利兼波希米亚国王路易二世，这两段婚姻为日后奥地利吞并波希米亚、奥匈合组二元帝国埋下了伏线。

马西米连一世精心安排的这一系列政治婚姻，最终使他的孙子查理五世成为欧洲霸主。1516 年，查理的外祖父，西班牙国王斐迪南二世病逝，查理因此成为西班牙国王卡洛斯一世。自此，西班牙全国、意大利南部的西西里岛、萨丁岛、那不勒斯王国以及西班牙在美洲的殖民地都成了哈布斯堡王朝的管治领域。但就在哈布斯堡王朝的领地面积冠领全欧之时，一系列围绕着宗教的纷争却将帝国逐步拖入了深渊。一方面，王朝需要在东欧和地中海对抗以奥斯曼帝国为首的伊斯兰世界的进攻。另一方面，英国、德意志等地的宗教改革也令笃信天主教的哈布斯堡王朝与新教贵族势同水火。

1556年9月12日，查理五世正式将神圣罗马帝国的帝位禅让给自己的弟弟斐迪南一世。而早在一年之前，这位欧洲昔日的霸主便将尼德兰、西班牙以及意大利的王冠与爵位交由自己的儿子菲利普二世继承。至此，拥有欧洲最大版图的哈布斯堡王朝正式分为奥地利和西班牙两支。

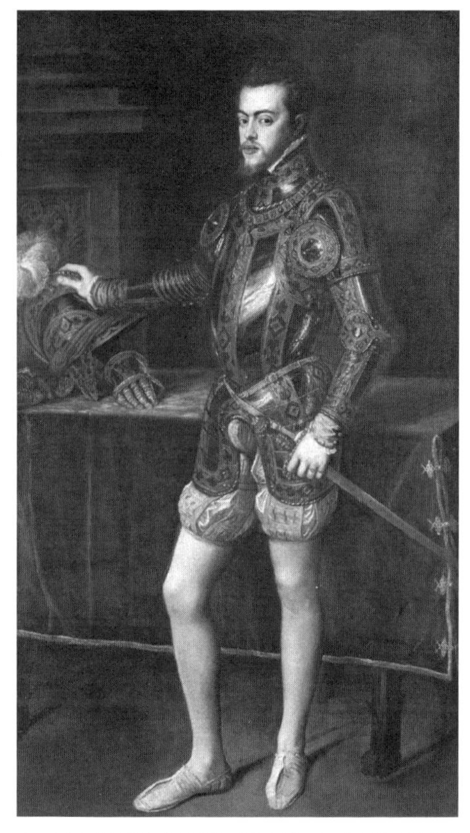

▲ *好大喜功的菲利普二世最终将哈布斯堡王朝的西班牙分支带向了末路*

身为查理五世的长子，菲利普二世在好大喜功和狂热激进方面不输乃父。1554年，他迎娶了英格兰一度失势的公主玛丽，并帮助其以女王的身份完成了天主教势力在英国的复辟。三年之后，统帅英国、西班牙联军的菲利普二世在圣康坦重创法国军队，逼迫亨利二世割地求和，至此正式终结了绵延半个世纪之久的意大利战争。1571年，他以自己同父异母的弟弟唐·胡安为帅，集中基督教世界的海军精锐于西西里岛，一举在希腊勒班陀近海大败奥斯曼帝国海军，从而终结了普雷韦扎海战以来穆斯林在地中海的霸权。1580年，菲利普二世率军强行吞并葡萄牙。可以说，在与自己的小姨子——英国女王伊丽莎白一世正式翻脸，导致西班牙“无敌舰队”远征失败之前，菲利普二世已经成功地将西班牙帝国推上了巅峰。

与自己侄子的大开大阖相比，继承神圣罗马帝国皇冠的斐迪南一世则显得谨小慎微得多。这倒并非是由于这位皇帝天性低调，而是手握一把烂牌谁都牛不起来。斐迪南出生于马德里，自幼在西班牙接受教育，直到18岁才受命统治奥地利。奥地利地处中欧腹部，斐迪南也着实过了几年太平日子。可惜的是，1526年，奥斯曼帝国杀入邻国匈牙利，斐迪南的大舅子——波兰国王拉约什二世战死沙场。面对“异教徒”们咄咄逼人的兵锋，于公于私斐迪南都必须挺身而出。

▲ *勒班陀海战*

好不容易以匈牙利及波希米亚国王的身份击退了奥斯曼帝国的攻势，查理五世又授意斐迪南引军西进，帮助他对抗新教势力。上阵亲兄弟的古训虽然没错，可惜的是匈牙利山河残破，波希米亚人则同情新教不听调遣。于是斐迪南只能在自己兄长和新教诸侯之间长期扮演调停人的角色。也正因如此，新教诸侯一致拥戴斐迪南继承帝位，而将菲利普二世排除在外。

1555 年，在斐迪南的推动之下，德意志诸侯签署了著名的《奥格斯堡和约》。斐迪南深知查理五世那些独尊天主教、帝国中央集权的计划都是不切实际的幻想，帝国的运转实际上已经无法与诸侯们的意愿背道而驰。因此和约规定教随邦定，即各邦当局可以规定邦内居民信仰何派宗教，而邦内信仰其他宗教者皆有权迁往别的宗教信仰区域，当地官员也有强迫其他信教者改宗，转而信奉本邦宗教之权。这样不仅各邦新教教会的形成得到了保证，而且各邦的世俗权力和教会权力都归统诸侯一身的事实也被确定下来。帝国变成了各种领地的政治联盟，而不再是近似联邦制度的国家。但即便如此，天主教与新教势力在德意志地区的长期对立最终还是于 1618 年引发了名为“三十年战争”的漫长内讧。

垂垂老矣：17 世纪哈布斯堡王朝的统治危机

在丹麦、瑞典、英国、法国先后卷入战争的情况之下，哈布斯堡王朝苦苦支撑，最终于 1635 年，以与萨克森、勃兰登堡两大新教诸侯签署《布拉格和约》为标志实现了内部和解。但可惜的是树欲静而风不止，始终对哈布斯堡王朝怀有敌意的法国并不愿意看到神圣罗马帝国就此太平。就在哈布斯堡王朝奥地利当家斐迪南二世与国内新教诸侯讨价还价的同时，法国红衣主教黎塞留与瑞典首相奥克森谢纳伯爵签署了《贡比涅条约》。瑞典和法国不仅相互承认对方在德意志所占据领土的合法性，更一致同意将与哈布斯堡王朝的战争进行到底。

此时法国国内的胡格诺派宗教改革运动已经在黎塞留的铁腕镇压之下陷入低潮，长期割据一方的诸侯势力也被这位长袖善舞的红衣主教一一送入监牢。甚至连试图在法国政坛分一杯羹的王太后玛丽·德·美第奇，也于 1630 年被黎塞留赶到了布鲁塞尔。大权在握的红衣主教手中掌握着一个空前统一和集权的法国，不过老谋深算的黎塞留并不急于直接卷入德意志的战团，而是第一时间选择向法国的宿敌——西班牙宣战。

▲ *法国红衣主教黎塞留*

红衣主教此举可谓毒辣之极，当时西班牙陆军的主力分布于尼德兰、阿尔萨斯—洛林、意大利北部及德意志南部。黎塞留将麾下的 13 万法国陆军分成 5 个集团，准备联合荷兰、瑞士等盟友，一举荡平西班牙在西欧分布的据点。而德意志方面，黎塞留则放心地交给瑞典军队去牵制，毕竟此时的神圣罗马帝国已经在内战中失血过多，一支小规模的瑞典远征军便足以令整个北德意志不得安宁。何况德意志的魏玛公爵伯恩哈德并没有接受《布拉格和约》，他和少数新教诸侯的军队仍在德意志西部负隅顽抗。

黎塞留的部署从战略上看也许无懈可击，但在战术上却显然过高估计了法军将校的才干以及荷兰等盟友的热情。在意大利战场上，法国军队虽然在瑞士的帮助下，夺取了阿尔卑斯山脉的多处重要隘口，但却始终未能攻克西班牙在意大利最重要的城邦——米兰。而荷兰在战争初期的按兵不动，更令西班牙陆军主力轻松攻入法国本土，还一度饮马索姆河，兵临贡比涅。要不是魏玛公爵伯恩哈德在阿尔萨斯、洛林一线的牵制，极大地吸引了哈布斯堡王朝的注意力，波旁王朝可能在介入战争之初便被赶出了巴黎。

随着西班牙—神圣罗马帝国联军兵败贡比涅，长期观望的荷兰也加入了战团。1636年冬季，哈布斯堡王朝的军队被迫全线撤出法国国土，退守西属尼德兰。波旁王朝度过了战争初期最为艰难的时期，而其雄厚的国力将随着时间的推移逐渐占据上风。1637年初，西班牙陆军试图调集本土驻军穿越比利牛斯山脉进攻法国本土，但随即被法国军队击败。此时斐迪南二世离世，新任皇帝斐迪南三世一心急于与法国和瑞典谈和。但黎塞留自认胜券在握并不急于收手，而瑞典、荷兰等国更渴望从哈布斯堡王朝的版图上撕咬下自己感兴趣的那部分。于是乎，战争的脚步没有停滞，反倒日益加快。

焦头烂额的斐迪南三世试图让萨克森、勃兰登堡两大选帝侯出力对抗瑞典，巴伐利亚军队迎战魏玛公爵伯恩哈德，西班牙牵制法兰西波旁王朝，来换取自己的喘息空间。可惜的是，瑞典军队早在合作时便对萨克森人的傲慢无礼深恶痛绝，此时在战场相见更是分外眼红，而勃兰登堡选帝侯更是作壁上观，任由瑞典军队以普鲁士为基地，不断侵入德意志的腹内。1639年，瑞典军队在德意志地区一路高奏凯歌，萨克森和巴伐利亚的军队则一败再败，战火再度烧到了哈布斯堡王朝的腹地——波希米亚。在阿尔萨斯地区，魏玛公爵伯恩哈德虽然于该年因鼠疫病逝，但是他的军队在法国的资助下却始终牢牢地盘踞在德意志西部，令斐迪南三世如鲠在喉。

正所谓“六亲同运”，神圣罗马帝国的日子不好过，西班牙国王腓力四世也是焦头烂额。1639年，西班牙王国纠集了一支由77艘战舰组成的远征军，试图从海路攻入荷兰。此时的荷兰海军仅有13艘战舰，正面交锋无异于以卵击石。因此荷兰海军将领特罗姆普采取诱敌深入的战略，先是在荷兰沿海狭窄的水道击败了西班牙人，随后又将其封锁在中立国——英格兰的港口唐斯。长达一个月的围困之后，特罗姆普于10月21日展开全线进攻，在荷兰海军精准的火炮猛轰和密集的火船突击之下，西班牙海军一败涂地，几乎全军覆没。

唐斯海战不仅摧毁了西班牙的海军力量，令西班牙一度被踢出海军强国之列，很长时间才恢复元气，更引发了西班牙国内的连锁反应。1640 年 12 月，葡萄牙贵族发动起义，不久便控制全境，宣布从西班牙独立。与此同时，西班牙各地农民更是不满长期战争状态下政府对他们的极力压榨，愤然揭竿而起。趁着在西班牙内部不稳的大好时机，法国势力顺利重返意大利，并在 1642 年占领了西班牙北部动荡不安的加泰罗尼亚省。如果不是这一年红衣主教黎塞留突然病故，法国国王路易十三随即驾崩，西班牙王国很可能提前半个世纪落入波旁王朝的手中。

身为一代名相，黎塞留死前对自己的身后事进行了妥善的安排，意大利人儒勒·马萨林接掌红衣主教之位，以延续法兰西内政、外交的一贯作风。在对外征战方面，黎塞留则重用自己的侄女婿——孔代亲王路易·德·波旁。客观地说，这位被后世称为“大孔代”的亲王当时年仅 21 岁，在军略方面尚未有出彩表现，但是胜在年轻气盛且不吝牺牲。这样的亲贵少帅，配合上法国当时如日中天的雄厚国力，很快便在 1643 年 5 月的罗克鲁瓦战役中一鸣惊人。

当时西班牙海军已经在荷兰和法国舰队的夹击下彻底丧失了制海权，被孤立在西属尼德兰的西班牙陆军最终决定孤注一掷，从阿登地区向法国本土进军，试图逼迫法国人从加泰罗尼亚省撤军。但此时法国陆军兵力雄厚，根本无须长途征调，便在边境要塞罗克鲁瓦城下截住了西班牙人。此时孔代亲王麾下可谓兵强马壮，除了 1.6 万名步兵之外，还有一支新近组建的法兰西骑兵部队，而他的对手——西班牙老将德梅洛麾下的部队却是一支大杂烩：仅有 5 个营的步兵来自西班牙，其余的不是来自意大利和德意志的雇佣武装，就是西属尼德兰当地的民兵。

孔代亲王是骑兵团团长起家，因此在骑兵使用上可谓得心应手。虽然战役开始之初，孔代亲王未能以两翼的骑兵击溃对手，但却顺手歼灭了 1000 名单独布置于左翼树林中的西班牙火绳枪兵，可谓小有斩获。当天夜间，孔代亲王再接再厉，以夜袭的方式突破了对手的两翼，随即对西班牙军队展开包围。面对不利的战局，西班牙步兵以著名的西班牙大方阵进行顽抗。这种以火枪手与长矛兵混编的阵营曾在欧洲流行一时，而顽强的西班牙老兵也的确连续四次击败了孔代亲王的骑兵突击，但是随着法国步兵配合重炮轰击展开全面进攻，西班牙陆军的步兵方阵最终土崩瓦解。有趣的是，根据战后统计，西班牙军队的损失并不高于不断勒令骑兵徒劳冲击的法国人。不过面对麾下 4500 人的伤亡数字，孔代亲王满不在乎地表示：“巴黎一个晚上死的人都比今天战场上的多。”纨绔子弟的嘴脸可谓跃然纸上。

▲ *战场上的"纨绔子弟"——孔代亲王*

罗克鲁瓦战役之后，孔代亲王又马不停蹄地赶赴德意志战场。这位年轻的王室贵胄之所以如此迫切地想要建立功勋，很大程度是着眼于此时的欧洲局势和法国内政。此时瑞典军队在整个德意志中部如入无人之境，不仅布拉格多次遭遇围攻，连维也纳也一度被兵临城下。法国没有理由不趁势介入，采摘胜利果实。另一方面法国国王路易十三死后，王位虽然由其长子继承，但此时的路易十四年仅7岁，不得不由其母后——西班牙公主安娜摄政。在身为顺位继承人的孔代亲王看来，只要自己在战场上捞取足够的政治资本，返回巴黎取而代之并非不可能的事情。

1648年5月，法国—瑞典联军再度杀入巴伐利亚，帝国军招架不住，只能一路后撤至多瑙河支流因河一线构筑防线。此刻对德意志人而言，他们已经无路可退，背后就是维也纳。好在持续了数周的攻防战之后，法国—瑞典联军最终放弃了维也纳，分头围攻布拉格和慕尼黑。与此同时，哈布斯堡王朝也在西属尼德兰纠集了最后一支进攻力量扑向法国本土。恰恰在此时，巴黎和维也纳同时踩下了急刹车。1648年10

▲《威斯特伐利亚和约》签署现场

月 24 日，统称为《威斯特伐利亚和约》的一系列停战协定在德意志西部的明斯特和奥斯纳布吕克签署。不过，战争之神对突然驻足颇为不高兴，很快他便会在欧洲大陆上重新点燃烽火。

“三十年战争”的戛然而止，很大程度上与法国国内的政治局势动荡有关。1648 年 8 月 26 日，巴黎爆发大规模武装起义，起义者一夜之间就筑起了 1200 个街垒，封闭了全城的道路，同时他们用一种名叫“福隆德”的投石器怒射红衣主教马萨林拥护者的住宅门户，因此此次起义又被称为“投石党之乱”。

“投石党之乱”的直接导火索是当年红衣主教马萨林以摄政太后安娜的名义逮捕了 3 名反对他的高等法官，而这一事件又要追溯到 1648 年初红衣主教和法国各地高等法院的矛盾。当时红衣主教马萨林为筹措战争经费，颁发法令要求未来 4 年各地高等法院法官都停止从政府支取俸禄。区区法官的俸禄能够对巨大的战争经费产生多少影响？这不得不从法国特有的政治体制说起，法国长期没有建立地方议会制度，因此高等法院便成了地方贵族参政议政的主要平台。自法国卷入战争以来，高等法官的头衔更成为政府卖官鬻爵的畅销商品。

1648年，马萨林希望在全国范围内增加赋税，以获取对哈布斯堡王朝的全面胜利。但高等法官们却早已对红衣主教乾纲独断怀恨在心，于是纷纷指责马萨林没能利用和谈的机会全面恢复和平，增税更是免谈。马萨林一怒之下，才想出了不发工资这一招。不过高等法官大多非富即贵，也不差那点工资，他们反而更进一步地展开了联合。他们以整肃政府弊端为名，提出27条建议，要求撤回国王派往各地承担包税职责的监察官，厉行财政改革，保障人身自由。

高等法官们来势汹汹，马萨林也不会轻易让步。巴黎高等法院的领袖皮埃尔·布鲁塞尔等3人随即锒铛入狱。不过马萨林此举非但没有起到杀一儆百的作用，反而是火上浇油。高等法院的法官们本身就非富即贵，身后更有一干被边缘化的王公贵族，如号称“市井国王”的路易十三之侄博福尔公爵，孔代亲王的弟弟孔蒂亲王，孔代亲王的姐姐、姐夫——隆格维尔公爵和公爵夫人。这些人有些早年曾密谋反对黎塞留而失势，有些则不满路易十四母子。在高等法官的操控之下，愤怒的巴黎民众开始围攻王宫。马萨林深知众怒难犯，于是第一时间与路易十四母子逃出了巴黎，同时调集各地的勤王之师。但第一时间赶到首都的竟是孔代亲王。

按理说巴黎城内的反叛者中有自己的一干亲旧，城外的路易十四母子无兵可用，正是孔代亲王实现个人野心的大好时机。但偏偏此时英国国王查理一世在内战中兵败被俘，不久便授首伦敦的消息传来。巴黎城内顿时有人宣称干脆效仿邻国，推行共和体制。此事极大地刺激了向来自负的大孔代。在这位亲王看来，自己推翻路易十四虽然易如反掌，但是一旦王权威严受损，日后自己即便登基坐殿也会遭遇那些高等法官和巴黎市民的掣肘，更可能出现一个法国版的克

▲ *席卷法国的“投石党之乱”平息后，路易十四重返巴黎*

伦威尔与自己争雄。与其如此，不如先收拾了城内这帮投石乱党。

孔代亲王麾下是与西班牙人刚刚鏖战一番的精锐野战军，投石党的武装民兵自然不是对手。不过巴黎城高池深，王室又不愿意将自己的财产毁于战火，于是双方打打谈谈，交涉了6个月之久。直到1649年4月，高等法院、大贵族、平民代表才与王室签订了《圣日耳曼和约》。虽然王室宣布大赦这次叛乱，不追究任何人的责任，但事实上老谋深算的马萨林已经在罗织一张清算的大网。

1650年1月18日，在马萨林的授意之下，摄政太后安娜逮捕了孔代亲王及其弟弟孔蒂亲王、姐夫隆格维尔公爵三人。应该说以马萨林的聪明才智不可能不知道此时尚未到秋后算账的时候，只能说是他洞悉了孔代亲王的某些阴谋而不得不主动出击。但马萨林毕竟是个意大利人，并不太清楚法国女人闲着无聊喜欢参与政治、法国男人冲冠一怒为红颜的习惯。孔代亲王家的三个男人成了楚囚，但孔代亲王的姐姐隆格维尔公爵夫人可不是省油的灯，她第一时间北上丈夫的封地诺曼底招揽旧部。孔代亲王的太太身为前任红衣主教黎塞留的侄女也非泛泛之辈，她南下港口城市波尔多，很快也拉起一支队伍。一时间巴黎俨然陷入了南北夹攻之中，而城内投石党人又再度发难，甚至连远在西属尼德兰前线的杜伦尼也转头与西班牙人合作，向自己的老对手借兵反对马萨林。路易十四的统治似乎岌岌可危。

▲ ***作为黎塞留钦定的继承者，马萨林的政治手腕较其前任有过之而无不及***

就在所有人都以为马萨林或负隅顽抗或束手就擒之际，这位红衣主教却突然释放孔代亲王，同时宣布自我放逐，俨然一副不问名利飘然而去的架势。孔代亲王和投石党人虽然有心痛打落水狗，但马萨林已经离开法国，跑到德意志地区的科隆去了。此时如果孔代亲王稍微有些政治头脑，懂得兼容并蓄的话，或许即使他最终无法问鼎王位，但仍能把持法国政权一段时间。然而，出狱之后的孔代亲王已经完全被复仇冲昏了头脑，他没有留在巴黎主持大局，而是第一时间与自己的姐姐和妻子会合，之后带着一干军队，气势汹汹地杀回了巴黎。路易十四母子深知这位亲王的秉性，于是也离开巴黎前往奥尔良避祸。这种逼宫行为，使孔代亲王在法国人心目中从股肱亲贵变成了乱臣贼子，而红衣主教马萨林则被火速召回。当然这位意大利人并非独自赶来，他的身后是一支来自德意志的雇佣兵团以及从西班牙反正的杜伦尼。

孔代亲王顶着“三十年战争”无双名将的头衔，等闲人物还真心不敢与他对抗。但是曾和孔代亲王在德意志共同作战的杜伦尼，深知这位纨绔子弟只知死打硬拼的个性。1652 年 7 月，两人恶斗于巴黎城下，孔代亲王虽然得到了包括巴士底狱要塞在内的巴黎城防工事的支援，暂时击退了杜伦尼，但是他的部下在巴黎的横征暴敛却很快让这位亲王失尽民心。1652 年 9 月，随着孔代一党逃往西班牙，亲政后的路易十四再次入主巴黎。在此后的漫长岁月里，再也没有力量能将这位法国民众心目中的“阿波罗”赶出他的王宫。

虽然与孔代亲王的战争还在继续，但主持法国日常政务的马萨林已经将目光投向了整个欧洲。在马萨林看来，投石党之乱虽然令法国白白浪费了“三十年战争”最后

▲ *根据1659年签署的《比利牛斯和约》，孔代亲王获得了路易十四的原谅，重回法国王室*

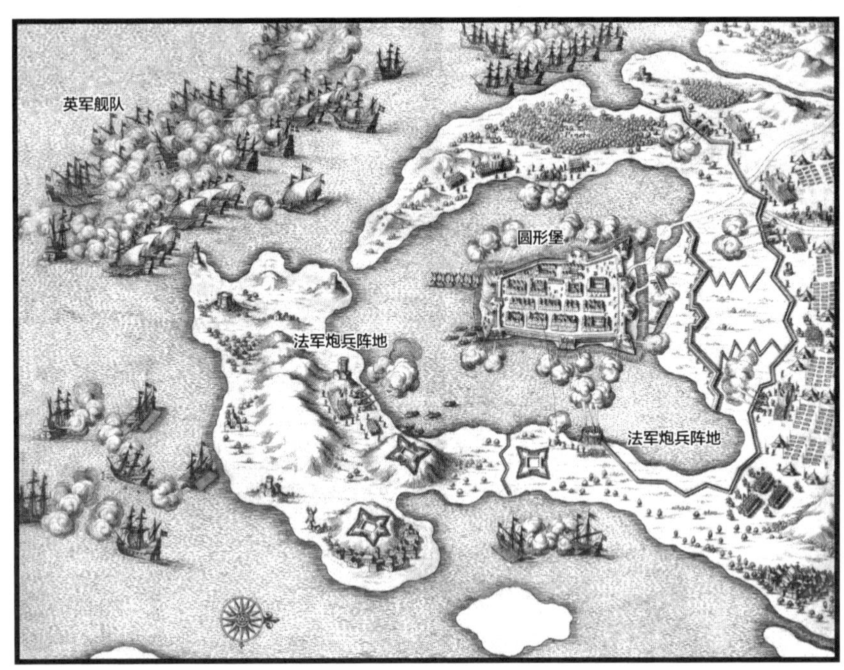

▲ *英国海军参与围攻敦刻尔克*

的战略进攻期，但“逝者已矣，来者可追”。毕竟哈布斯堡王朝此时还没有从战争的阴影中重新振作起来。因此 1656 年马萨林遣使拜会雄踞英伦三岛的无冕之王——克伦威尔，提出英法联手对抗西班牙的建议。此时的克伦威尔不仅扫荡了爱尔兰、苏格兰等地的豪强势力，更指挥英国海军击败了“海上马车夫”荷兰人，正处于按剑四顾的亢奋期。何况英国在北美殖民圈的势力也日益成型，为了与西班牙争夺加勒比海制海权，两国早已龃龉不断，于是克伦威尔一声令下，英国海、陆两军立刻奔赴欧陆战场。

1658 年，英法联军与西班牙人大战于港口城市敦刻尔克，此役不仅孔代亲王作为客将参战，流亡欧陆的英国保王党也遵循“敌人的敌人就是朋友”的原则，在两位王子查理和詹姆士的指挥下前来助西班牙人一臂之力。可惜的是，这些英国保王党人当年不是克伦威尔“新模范军”的对手，此时也不是强大的英法联军的对手。在英国军舰的炮火支援下，1658 年 6 月 14 日，杜伦尼在敦刻尔克城下大败孔代亲王和西班牙军队。不过按照事前马萨林和克伦威尔达成的协议，这座法国北部重要的港口城市被割让给英格兰，直到 1662 年回国复辟的查理二世将其卖给路易十四才归还法国。

敦刻尔克战役之后，走投无路的孔代亲王被迫向自己的堂弟路易十四求和。而西

▲ *路易十四与西班牙公主的婚礼现场*

班牙方面也自认无力再战，于1659年11月和法国签署了《比利牛斯和约》。和约规定，西班牙不仅将西属尼德兰的大部分土地割让给法兰西，更不得不同意马萨林提出的路易十四与西班牙公主玛丽亚·特雷丝的联姻。从血统上看，玛丽亚·特雷丝是路易十四的表妹，两人成婚不仅是亲上加亲，更将促成法兰西和西班牙的邦交，似乎有百利而无一害。但西班牙王室还是对马萨林的小算盘洞若观火，毕竟此时西班牙国王腓力四世年事已高，而膝下王子大多英年早逝，唯有尚在襁褓之中的卡洛斯王子可以继承大统，路易十四一旦成了西班牙国王的女婿，那么自然也有分一杯羹的权利。

腓力四世有心回绝波旁王朝对自己家族的渗透，但是形势比人强。此时路易十四统治下的法国已经拥有了在欧洲大陆最为强大的力量，其人口近1900万人，是英国或西班牙人口的3倍，是荷兰人口的近8倍。经过国防大臣勒泰利埃对军队体制的改革，法国陆军成了欧洲最强大的陆军。在管理与经济天才科尔贝尔的精心组织与领导下，法国海军也正日益成为大西洋海域中三支主要力量之一。西班牙要么献女求和，要么接受毁灭，似乎再无第三条路可走。最终1660年春天，在象征"法西两国传统友谊"的界河比达索亚中心小岛——雉岛之上，路易十四如自己的父亲那样迎娶了一位西班牙公主。不过腓力四世还是留了个心眼，在结婚当日要求这对新人正式放弃对西班牙王位的继承权。路易十四虽然爽快答应了，但是半个世纪之后，马德里空悬的王座还是引来了大半个欧洲的争抢。

同为哈布斯堡王朝分支的神圣罗马帝国皇帝利奥波德一世并非不想支援自己的同宗，但经历了“三十年战争”的消耗，哈布斯堡王朝在德意志地区的统治地位早已岌岌可危，《威斯特伐利亚和约》签署之后，利奥波德一世实际能够行使权力的地区仅存奥地利、西里西亚、波希米亚及匈牙利了。但屋漏偏逢连夜雨，利奥波德一世刚想从头收拾旧山河，战火却又烧到了家门口。而这场新的战争是以波兰—立陶宛联邦的崩溃开始的。

长时间以来，波兰—立陶宛联邦都以招揽顿河、第聂伯河和伏尔加流域的斯拉夫游牧族群来守备黑海沿岸地区的。这些不愿意成为俄国农奴的人以突厥语中的“自由民”一词命名，形成了一个全新的民族——“哥萨克”。起初骁勇善战的哥萨克人为波兰贵族卖命以换取土地和政治上的承认，双方一度合作愉快。但是随着哥萨克势力在顿河、第聂伯河下游生根发芽，摆脱波兰自立门户甚至取而代之的呼声逐渐抬头。终于在1648年，爆发了以哥萨克贵族博赫丹·赫梅尔尼茨基为领导的大规模起义。

▲ 席卷波兰的哥萨克大起义

以波兰—立陶宛联邦当时的综合国力，要一举扑灭哥萨克起义似乎并非难事。但偏偏各路诸侯钩心斗角，而波兰昔日的敌人——奥斯曼帝国、克里米亚汗国以及俄国都纷纷或明或暗地支持赫梅尔尼茨基。最终波兰国王约翰·卡齐米日只

▲ *在哈布斯堡王朝的支援下，波兰人勉强守住了自己的残山剩水*

能以承认哥萨克在顿河流域自立酋长国，来息事宁人。这个哥萨克酋长国不久便以乌克兰的名义并入俄国，原本的波兰内部矛盾随即演变为国际冲突。1654年，俄波战争正式打响。波兰军队在斯摩棱斯克、白俄罗斯和立陶宛一败再败，终于引发了内部矛盾的集中爆发。

1655年，立陶宛贵族亚努什·拉齐维乌为了实现个人的政治野心，不惜开门揖盗，勾结瑞典国王卡尔十世，令本就多线作战的波兰再度遭遇瑞典的入侵。1655年9月8日，瑞典远征军轻松占领波兰首都华沙，波兰国王约翰·卡齐米日被迫逃亡神圣罗马帝国治下的西里西亚，至此哈布斯堡王朝被迫卷入了战争。之所以庇护约翰·卡齐米日这位几近亡国之君，一方面是此公早年曾长期盘桓于维也纳，更迎娶了一位奥地利公主，多少也算沾亲带故。更为重要的是，哈布斯堡王朝深知瑞典、俄国乃至奥斯曼帝国一个个如狼似虎，一旦波兰崩溃，那么神圣罗马帝国不仅西部屏障荡然无存，更有唇亡齿寒的危险。何况即便利奥波德一世想要袖手旁观，与瑞典结盟的罗马尼亚人也已经跑来和他争夺匈牙利的主导权了。

就在哈布斯堡王朝出于自身利益支持波兰贵族为驱逐瑞典而战的同时，另一股代表德意志的力量也迈出了其成为未来欧洲强横势力的第一步。1656 年 1 月 17 日，转战于波兰各地的瑞典国王卡尔十世，百忙之中抽出时间前往东普鲁士的柯尼斯堡会见勃兰登堡选帝侯腓特烈·威廉，正式签署了同盟条约。自“三十年战争”以来，瑞典和勃兰登堡一直都是隐形的同盟关系，之所以此时非要将双方的关系以条约的形式固化下来，很大程度上缘于普鲁士公国的两属地位。

普鲁士自摆脱条顿骑士团独立以来，长期都是波兰的附庸。但 1618 年阿尔布雷希特一系绝嗣之后，普鲁士公爵的头衔便由勃兰登堡选帝侯兼任。这种局面看似尴尬，但实际上也给了普鲁士公国外交上极大的灵活性。比如当初瑞典国王古斯塔夫二世登陆德意志时，勃兰登堡选帝侯名义上拒绝他过境，但事实上却放任对方在普鲁士招兵买马。现在，同样身兼两职的腓特烈·威廉与卡尔十世订立盟约，不仅是谋求普鲁士公国摆脱波兰独立，更为未来普鲁士公国在欧洲事务中发挥更大影响力奠定了基础。

瑞典攻占华沙后，在整个波兰地区横行无忌的行径随即招来了俄国和丹麦的联手遏制。腓特烈·威廉也随即审时度势地加入了反瑞典联盟。卡尔十世虽然利用波罗的海的冰冻期，创造了人类历史上大兵团徒步横渡贝尔特海峡的军事奇迹，一举打垮了丹麦，但其本人不久也患上流感，最终演变成肺炎，于 1660 年 2 月 13 日凌晨死于哥德堡，终年 37 岁。卡尔十世的赫赫武功不在其舅舅古斯塔夫二世之下，但国狭民稀的瑞典实在承受不起两任穷兵黩武的国王。在波兰留下无数老兵的尸体，被迫扛着蓝底金十字旗蹒跚着撤回北欧的瑞典士兵身后，留下的是昔日古斯塔夫二世雄霸德意志的宏图大志，以及在战争中进化为一座座军营和要塞的普鲁士城镇。

卡尔十世的离世虽然为被称为“第二次北方战争”的瑞典、波兰、俄国及丹麦的大乱斗画上了句号，但是神圣罗马帝国却不得不面对罗马尼亚的后台老板——奥斯曼帝国的步步紧逼。此时奥斯曼帝国已经扩张成了一个地跨欧、亚、非三大陆的超级帝国，3000 万人口的巨大压力使帝国统治者们不得不挑起一场全面战争以获得更多的生存空间。其第一步就是鼓动罗马尼亚人夺取哈布斯堡王朝所控制的匈牙利地区。

利奥波德一世艰难地于 1664 年在拉包尔河畔阻止了奥斯曼帝国的进攻脚步，并逼迫对手签署了一份为期 20 年的停战协议。但是奥斯曼帝国此后却以煽动匈牙利人叛乱的方式继续对抗着，这些此起彼伏的暴动一直延续到 1683 年奥斯曼帝国大举入侵的前夜。不过好在奥斯曼帝国为争夺乌克兰的统治权而同时在与俄国交火，第一次俄土战争就爆发于 1678 年，因此两大帝国可谓消长相抵。20 年的相持期里，整个德意志并非太平无事，因为几乎就在神圣罗马帝国和奥斯曼帝国对峙的同时，在莱茵河畔，德意志新教诸侯们正在为阻止路易十四的扩张而展开苦斗。正是在这些战火的历练之下，普鲁士公国逐渐以独立势力的身份登上欧洲政治舞台，并一跃成为任何人都不可小觑的力量。

▲ 怂恿东欧民兵抵抗奥斯曼异教徒的“圣战”，是哈布斯堡王朝守住多瑙河防线的惯用伎俩

腹背受敌：路易十四的冲击和普鲁士的崛起

德意志新教诸侯对强大的邻邦——法兰西的警惕从“三十年战争”末期便已经开始了。如果说古斯塔夫二世的瑞典以新教同盟军的身份加入德意志战团多少还能得到日耳曼民族认可的话，那么跟随黎塞留指挥棍冲入莱茵河一线的法国军队则根本就是一群赤裸裸的强盗。当硝烟散尽，德意志人才最终发现自己为了所谓的信仰和世俗权柄最终令整个民族锐减了三分之一的人口，分裂为 300 多个小邦的国土几乎全部沦为废墟，无一个邦国可以幸免。传统意义上属于德意志的阿尔萨斯和洛林地区更成为法兰西鸢尾花王旗下的国土。

向法兰西人复仇？一盘散沙的德意志人自认暂时还不具备这个实力。摆在他们面前的当务之急是遏制如太阳般冉冉升起的路易十四对整个西欧的蚕食。即便是这一目标，要实现起来也并不容易。1665 年西班牙国王腓力四世病故，路易十四虽然表示自己将谨遵此前的承诺，放弃西班牙王位的继承权，但自己身为腓力四世的女婿总不见得没有遗产继承权吧？何况当年西班牙王室答应支付 50 万金埃居作为公主的嫁妆也始终没有到账。这一来一去，路易十四大度地表示自己要收下西班牙在尼德兰仅存的几座城市作为补偿！

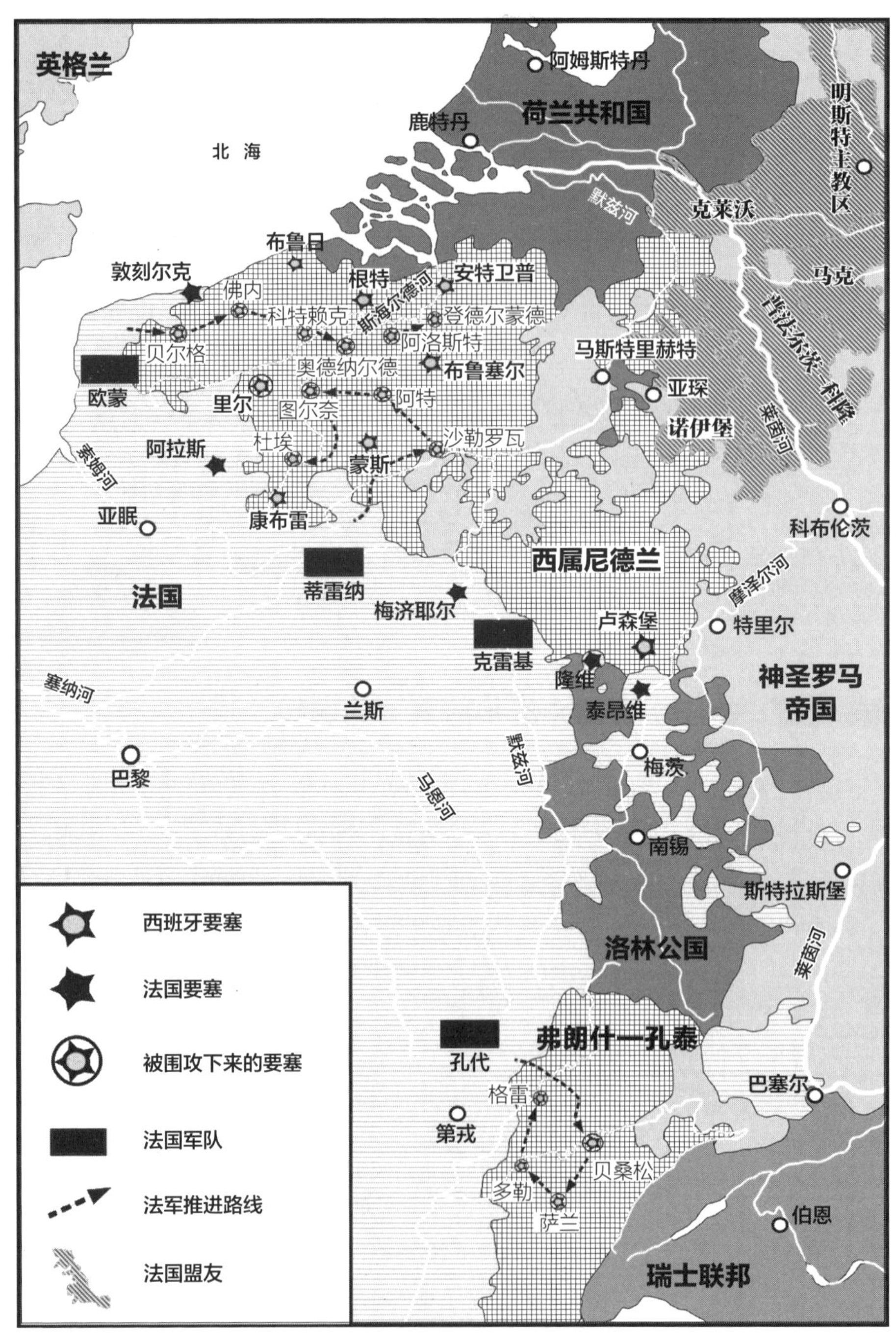

▲ *路易十四鲸吞哈布斯堡王朝尼德兰地区示意图*

对于路易十四的如意算盘，西班牙王国自然不会答应。毕竟新任国王卡洛斯二世虽然年幼且先天智力发育不健全，但是却有一个强势的母亲——奥地利公主玛丽·安娜，以及颇有军事才能的私生子哥哥——唐·胡安伯爵。虽然此时这两位正在争权夺利，但是不向法兰西强权轻易让步却是西班牙宫廷的共识。不过早就准备好武力夺取西属南尼德兰的路易十四可不是一句“不行”就能拒之门外的。年轻的路易十四御驾亲征，杜伦尼、孔代亲王两大名将担当先锋，短短数周时间里西属尼德兰就全境沦陷了。面对法国军队如此轻松地摧城拔寨，不仅西班牙王室感到脸上无光，瑞典、荷兰、英国更第一时间出面喊停，要求路易十四收兵回国，同时将比邻荷兰的几座城镇交还西班牙，以作为法国和荷兰之间的缓冲带。

荷兰如此积极地斡旋自然是出于自身利益的考量，瑞典则需要荷兰这个“海上马车夫”为其运输出口的铁矿石，而时任英国国王的查理二世虽然不久之前还与荷兰兵戎相见，被对手突入泰晤士河口大肆烧杀了一番，但荷兰毕竟只是一个商业共和国，对不列颠未来的威胁远非日益强大的法兰西所能比拟的。面对英国、荷兰和瑞典组成的三国同盟，自认羽翼未丰的路易十四选择了暂时忍让，吐出了比邻阿尔萨斯的弗朗什—孔泰地区，算是给西班牙人一个面子。但经过此次战争，法国与荷兰已然直接接壤，路易十四更暗中与英王查理二世签署了《多佛密约》，准备联合英国给予荷兰致命一击。

对于本就与自己在海外殖民地问题上存在不可调和矛盾的英国，荷兰人或许并没有抱太大的希望。但是当路易十四诱使瑞典也退出三国同盟，并重金收买德意志地区的科隆、明斯特两大主教时，阿姆斯特丹终于感觉到对手将冰冷的刀锋指了过来。果然，1672 年 3 月，英国皇家海军首先在英吉利海峡对荷兰船只发动进攻，挑起了第三次英荷战争。两个月之后，路易十四集结于边境地区的 13 万法军浩浩荡荡地发动了一场试图鲸吞整个荷兰共和国的进攻。其中杜伦尼和孔代亲王各统帅 5 万大军沿着莱茵河两岸扫荡荷兰南部城镇。卢森堡公爵蒙莫朗西则会同科隆、明斯特两大主教区的德意志雇佣兵从荷兰东部进入其国土。

面对欧洲海陆双雄的联合进攻，年轻的荷兰共和国一度被逼到了覆灭的边缘。为了阻挡来势汹汹的法国陆军，重新执掌荷兰共和国大权的奥兰治家族的年轻领袖——威廉三世不得不掘开海堤，将阿姆斯特丹城下变成一片泽国。不过海水只能延缓太阳王进攻的脚步，并不能将法国人赶出荷兰的国土。在荷兰海军面对英法联合舰队苦苦支撑的同时，威廉三世迫切需要一支强大的地面援军。而放眼整个欧洲，拥有这个能力的显然只有哈布斯堡王朝。于是乎荷兰执政的求援信第一时间出现在了神圣罗马帝

▲ 法国陆军凭借兵力优势强攻阿姆斯特丹

▲ 率部冲锋的神圣罗马帝国元帅蒙特库科利

国皇帝及德意志各路诸侯的案头。

利奥波德一世虽然有心拉荷兰一把，但无奈的是他此时正忙于镇压匈牙利的内部起义而分身乏术。正在皇帝踌躇难断之际，前方却传来了勃兰登堡选帝侯腓特烈·威廉已经祭旗出师的消息。腓特烈·威廉如此积极地支援荷兰，自然不是出于急公好义，而是因为此时的勃兰登堡选帝侯国和普鲁士都在展开一系列的基础建设，来自荷兰的投资和贸易支持构成了腓特烈·威廉不可或缺的经济命脉。何况勃兰登堡自“三十年战争”以来，始终在德意志地区默默无闻，在腓特烈·威廉眼中也是时候初试锋芒了。

腓特烈·威廉的行动极大地鼓舞了哈布斯堡王朝，利奥波德一世随即派出帝国元帅蒙特库科利率精兵 2 万出兵莱茵河，以牵制路易十四的兵锋。来自德意志的援军虽然规模不大，却显然打乱了法国军队一鼓作气攻略阿姆斯特丹的节奏，路易十四不得不兵分多路以对抗腓特烈·威廉和蒙特库科利，自己则等待冬季到来再踏冰攻城。

1672 年的冬天终于如约到来了，但是生活在温暖宫廷之中的路易十四和孔代亲王显然不知道寒冬作战对普通士兵而言是何等的煎熬。在漫天风雪之中，法国士兵不得不卧冰茹雪，才艰难地将攻城重炮运抵阿姆斯特丹城下。荷兰军民则上下同心，依城死守。而正如英国诗人雪莱所说：“冬天已经来了，春天还会远吗？”随着 1673 年春天的提前降临，法国军队不得不在解冻的冰面上仓皇后撤。

兵败阿姆斯特丹不仅令路易十四错失了鲸吞荷兰的大好时机，更令法国的敌人积极地展开了合作。面对丹麦和更多德意志诸侯的参战，路易十四被迫将战线后撤至法国与荷兰的边境地区，先集中兵力拔出西班牙在法国北部的飞地——弗朗什—孔泰，随后依托莱茵河与反法联军展开决战。具体的部属是孔代亲王率法军主力抵挡荷兰陆军的反扑，而手中仅有 2 万偏师的杜伦尼在莱茵河一线与对手展开机动作战。

孔代亲王延续了自己一贯死打硬拼的战术风格，在手中仅有半数部队且无火炮支援的情况下，他在比邻法国本土的塞内夫隘口对荷兰军队展开逆袭。虽然法军在战斗之初占据了上风，但很快便后续无力。亲王在率领骑兵发动了三次惨烈的冲锋之后，最终被不堪再战的部下劝阻了。不过这并不影响孔代亲王将这场战役列入自己的胜利记录之中。毕竟按照他的说法，这场双方均损失上万人的战役阻止了荷兰人对法国本土的进攻。

与孔代亲王的不吝兵力相比，杜伦尼在莱茵河一线可谓艰难。一方面，杜伦尼手中兵力有限，无力抵抗德意志诸侯的多路进攻，只能采用机动游击的战术寻找战机；另一方面，杜伦尼的对手也并非泛泛之辈，帝国元帅蒙特库科利经历过“三十年战争”

的洗礼，战术老辣。同时，杜伦尼还长于军略，由其主导的各项改革令帝国军队一扫“三十年战争”时期的各种颓势。腓特烈·威廉虽然在杜伦尼面前屡战屡败，但贵在坚忍不拔，使勃兰登堡军队始终成为法国人不敢小觑的力量。

杜伦尼和德意志军队的拉锯战从 1674 年夏开始，持续了整整一年的时间。在此期间，德意志军队成功令科隆、明斯特两大主教区退出法国同盟，而杜伦尼则击败了倒戈相向的洛林公爵，可谓各持胜场。但 1675 年 7 月，战场局势却陡然一变，瑞典的参战令腓特烈·威廉不得不回师本土，以抵抗新一代北方雄主卡尔十一世对勃兰登堡的进攻。杜伦尼在斯特拉斯堡附近与蒙特库科利对峙时，意外被一发炮弹夺取了生命，也令路易十四终于将注意力集中到了莱茵河战场上。

在阿尔萨斯一线，向来谨慎的蒙特库科利在来势汹汹的孔代亲王面前选择了退避三舍。理由很简单，神圣罗马帝国此刻背后仍受奥斯曼的威胁，经不起孔代那种悍不畏死的消耗战，而且从战略角度来看，哈布斯堡王朝牵制法兰西吞并荷兰的目的已然达到，也没有必要再投入更多的有生力量去争夺无法长期控制的莱茵河谷。蒙特库科利回到维也纳之后主动请辞，希望用自己的余生著书立传，为帝国军队培养有用之才。讽刺的是，他的对手孔代亲王也于同年被解除军职，从此赋闲在家斗鸡走狗为乐。显然，在路易十四看来，杜伦尼和孔代亲王本是相互制衡的双子星，现在杜伦尼已死，孔代亲王继续掌军的话，终有一天会呈现尾大不掉之势。

1675 年，对于维也纳来说战争已经结束了，但对荷兰、法国、西班牙乃至勃兰登堡而言，却依旧看不到和平的曙光。尽管英国解除了与路易十四的同盟关系，令荷兰军队减少了来自海上的威胁，但是接手法国陆军指挥权的卢森堡公爵蒙莫朗西也并非易与之辈。在此后三年的战斗中，荷兰执政威廉三世可谓屡败屡战，最终耗尽了路易十四的耐性，才换得荷兰的独立和领土完整。而勃兰登堡选帝侯腓特烈·威廉在与瑞典的战斗中虽然顺风顺水，不仅成功击退了来敌，还占领了瑞典在波罗的海南岸的大片领土，但是他提交的所得领土合法化的申述却得不到维也纳的认可。恼羞成怒的腓特烈·威廉一度写信给路易十四，向昔日的对手许诺，只要法国能够迫使瑞典割让波美拉尼亚，那么勃兰登堡日后将协助法国对抗哈布斯堡王朝，可惜的是路易十四对此并不买账。

1679 年，因法国和荷兰交战所诱发的中欧混战以一系列停战条约的签署而宣告结束。对勃兰登堡而言，虽然被迫签署《圣日耳曼条约》令其寸土未得，但这场战争却让它在德意志的地位有了显著的提升。昔日松散的邦国也经由这次战火的洗礼成为

▲ 勃兰登堡选帝侯腓特烈·威廉

▲ 正值壮年的欧根亲王

一个强大的力量集合体。

硝烟散尽，志得意满的路易十四忙于在国内修筑彰显个人权威的凡尔赛宫，而利奥波德一世却不得不准备迎战奥斯曼帝国的新一轮入侵，毕竟双方20年停战期已经接近尾声。匈牙利国内各种反哈布斯堡王朝的起义也随即达到高潮。1682年，得到奥斯曼帝国支持的匈牙利贵族特克利·伊姆雷自行加冕为匈牙利国王。秉着“卧榻之侧岂容他人鼾睡”的心理，利奥波德一世拒绝承认这一“伪政权”。于是，两大帝国进入了兵戎相见的倒数计时。

奥斯曼帝国为了这场战争可谓足足准备了20年，1683年，其集结于巴尔干半岛的15万大军开拔的消息传来，整个欧洲为之震动。教皇英诺森十一世第一时间找到路易十四，希望他看在上帝的份上，能够摒弃前嫌，与利奥波德一世携手对抗异教徒。可惜的是，路易十四此时正巴不得神圣罗马帝国彻底崩溃，不仅法国政府对此事无动于衷，甚至连凡尔赛宫的一干亲贵想要组织志愿军奔赴维也纳也被这位太阳王断然拒绝了。但令路易十四没有想到的是，他的这种冷酷无情极大地刺激了一位当时年仅19岁的年轻人，令这位少年日后用毕生的精力与法国为敌，他就是日后享誉中欧的名将——弗朗索瓦·欧根。

欧根和路易十四颇有渊源，他的母亲是昔日权倾法国的红衣主教马萨林的侄女——玛丽·曼奇尼。据说如果不是当年摄政太后安娜和马萨林有意棒打鸳鸯，玛丽·曼奇尼很有希望成为路易十四的王后，而坊间更有传言说欧根虽然托名是意大利的萨伏依亲王之子，实则却是路易十四的龙种。不过奥斯曼帝国军大举杀入中欧之时，路易十四和玛丽·曼奇尼早已不在蜜月期，太阳王见欧根身材矮小便随口讽刺了这个不知天高地厚的少年几句，可怜这位法兰西勋贵最终只能以普通士兵的身份奔赴维也纳。

欧根抵达奥地利战场时，神圣罗马帝国的军队已经在战场屡遭败绩了。7 月上旬，利奥波德一世率王室成员逃离首都，在多瑙河上游观望形势。7 月 25 日，奥斯曼帝国正式开始围攻维也纳。按照常理来说，维也纳城内此时群龙无首，奥斯曼帝国 10 余万大军以泰山压卵之势攻城，应该可以轻松得手。但实际情况却是维也纳城内军民同仇敌忾，奥斯曼军队屡攻不下。

奥斯曼帝国屯兵城下，给了德意志诸侯纠集联军的充沛时间。9 月初，以萨克森、巴伐利亚两大选帝侯为首的 4 万余德意志诸侯联军抵达战场，一度作壁上观的波兰国

▲ *以波兰为首的欧洲各国联军在维也纳重创奥斯曼军队*

王扬·索别斯基眼见大势已成，随即率3万波兰军队加入联军。随着解围战的全面展开，德意志—波兰联军很快便发现自己面前的奥斯曼大军不过是一支外强中干的杂牌军。仅仅战斗了15个小时之后，奥斯曼军队在维也纳城下的连营便土崩瓦解了。波兰国王不无得意地在写给妻子的信中吹嘘道："所有的大炮，所有的营帐，数不清的财富都落到我的手里，奥斯曼人遗尸遍野，狼狈溃逃。丢弃下的骆驼、驴子、绵羊和其他牲口正等待我们的士兵去收拾……"

带领波兰骑兵一路杀入巴尔干半岛的扬·索别斯基自诩为"波兰之狮"。但经历了乌克兰哥萨克叛乱，俄国、瑞典入侵的"大洪水"时代的波兰已经注定只能成为欧洲新格局中的配角。作为志愿兵参战的欧根凭借着此战的功勋正式成为神圣罗马帝国的中级军官，从此踏上了自己的名将之路。16年后，已经成为帝国元帅的欧根亲王在巴尔干半岛的森塔地区大败奥斯曼苏丹穆斯塔法二世，彻底结束了奥斯曼帝国在欧洲的扩张。重新夺回匈牙利及罗马尼亚西部控制权的哈布斯堡王朝俨然一副中兴之势。恰在此时，养精蓄锐多时的路易十四决定利用西班牙国王卡洛斯二世的驾崩，给予老对手——神圣罗马帝国新的打击。

在利奥波德一世忙于对抗奥斯曼帝国的同时，路易十四与1688年"光荣革命"后窃夺英国王位的荷兰执政威廉三世恶斗连场，德意志方面的新教诸侯如萨克森、汉诺威纷纷出于自身利益的考量加入了荷兰—英国一方与法国对抗。勃兰登选帝侯腓特烈·威廉虽然恰好去世，但其子腓特烈一世仍延续其父的政策，和荷兰结盟的同时积极扩张勃兰登堡在德意志地区的影响。最终这场历时9年的"大同盟战争"以法国承认威廉三世为英国君主而告终，但是路易十四扩张的野心和热情却并未就此收敛。1700年11月1日，西班牙国王卡洛斯二世去世，终年38岁。因卡洛斯二世无后，路易十四遂利用其在西班牙宫廷的影响，将自己的孙子腓力扶上了西班牙国王的宝座，即腓力五世，他是西班牙波旁王朝的第一位国王。无法容忍哈布斯堡王朝一半产业就此易手的利奥波德一世随即向法国宣战。但此时他才惊异地发现，自己的帝国之中有将近一半的诸侯站在了其对立面：科隆主教区早已和路易十四暗通款曲，而巴伐利亚也出于自身利益的考量站在了法国这一边。

应该说自"三十年战争"以来，德意志各大选帝侯都在谋求对外发展。比如萨克森选帝侯腓特烈·奥古斯特于1697年被选为新任波兰国王，随即萨克森就卷入了沙皇彼得一世发动的与瑞典的战争。汉诺威选帝侯乔治一世则被英国内定为王位继承人。因此，巴伐利亚的贵族们自然也在积极地谋求一顶属于自己的王冠。

1680 年，巴伐利亚选帝侯的女公爵斐迪南·玛丽亚嫁给了法国王子路易，之后问鼎西班牙王位的腓力五世正是他们爱情的结晶。因此从自己的姑妈手中接过巴伐利亚选帝侯之位的埃曼努埃尔，自然要站在表弟腓力五世这一边。巴伐利亚不仅坐拥德意志南部的大片沃土，更在神圣罗马帝国天主教诸侯中居于领军地位，一时间利奥波德一世陷入了众叛亲离的窘境。也正因为如此，及时举起勤皇大旗的勃兰登堡选帝侯腓特烈一世，才令利奥波德一世颇为感动，随即大笔一挥，授予对方“国王”的称号。

▲ *在柯尼斯堡加冕为王的腓特烈一世*

根据神圣罗马帝国的法律，帝国内除了一般由皇帝兼任的罗马人民的国王和波希米亚国王以外，不能有别的国王。因此随着 1701 年 1 月 18 日腓特烈一世在柯尼斯堡加冕为王，成为第一位普鲁士国王，霍亨索伦家族经过数个世纪的奋斗终于突破了选帝侯的玻璃穹顶，成为能与哈布斯堡王朝在德意志地区分庭抗礼的存在。

王位空悬：西班牙王位继承战争

1701 年 3 月，随着利奥波德一世宣布法国军队接管西属尼德兰城市的行为属于入侵，一场“西班牙王位继承战争”在欧洲全面爆发。法国的优势在于路易十四经营多年，积累起雄视欧洲的物资，在其鲸吞了西班牙之后，更奠定了波旁王朝独霸西欧的局面。神圣罗马帝国虽然自“三十年战争”以来几乎国无宁日，内耗严重，但却有英国、荷兰作为强力外援，且帝国元帅欧根亲王此时正值壮年。因此战端一开，神圣罗马帝国便在意大利和尼德兰两大战场展开全线进攻。

面对各条战线的节节败退，路易十四决定孤注一掷。他命令法国陆军主力强渡莱茵河，在德意志地区南部与巴伐利亚军队会合，随即直捣维也纳。应该说从战略上看，这的确是一招“管他几路来，我只一路去”的妙棋，可惜的是此时的法国军

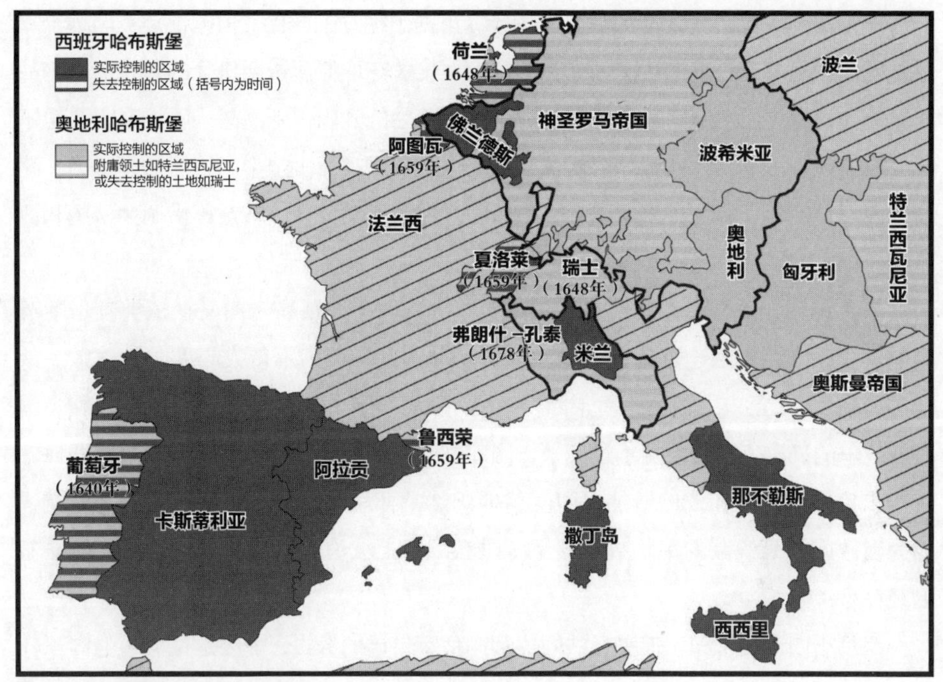

▲ *1700年时的哈布斯堡王朝版图*

队已经没有杜伦尼和孔代亲王这样的名将了。法军主帅塔拉尔谨小慎微，在巴伐利亚境内沿着多瑙河缓步推进，结果反被从荷兰出击的英国远征军约翰·丘吉尔所部长途奔袭，包抄了后路。值得一提的是，这位未来英国名相温斯顿·丘吉尔的祖先也深知自己后方空虚，不得不拿出当年在凡尔赛宫廷当侍从的看家本领，亲自为普鲁士国王腓特烈一世侍膳，才借来7000精兵为自己守备侧翼。英国与普鲁士之间的友谊之花也从此时开始萌芽。

约翰·丘吉尔从容攻陷巴伐利亚要冲多瑙沃斯，与从意大利战场赶来的欧根亲王会师，至此进攻维也纳的法国与巴伐利亚联军被逼入被迫决战的窘境。1704年8月13日，在多瑙河畔的布伦海姆村，法国和巴伐利亚联军在欧根亲王和约翰·丘吉尔的联手打击下几乎全军覆没。神圣罗马帝国随即吞并巴伐利亚，选帝侯埃曼努埃尔逃入法国避难。其子卡尔·阿尔布雷希特和大批亲贵则成了哈布斯堡王朝的俘虏，当然此时龙心大悦的利奥波德一世并未预见到，这位阶下囚日后竟然也会成为神圣罗马帝国的一任皇帝。

布伦海姆战役之后，反法联盟在战场上占据了绝对主导权，但无论是英国远征军还是欧根亲王都无心直捣法国本土。英国海军忙着夺取原属于西班牙的直布罗陀等战略要冲，约翰·丘吉尔则重返尼德兰战场，为荷兰的开疆扩土而战。欧根亲王念念不忘自己的故国——意大利城邦萨伏依，因此也执着于在亚平宁半岛挤压法国势力。路易十四忍受着各个战场传来的噩耗，不断勒令部队发动反击。甚至不惜调集法国和西班牙海军主力，试图将战火引向不列颠。

事实证明，法国海军此时已远不是英国人的对手。路易十四又扶植被赶走的英国前朝王子在爱尔兰、苏格兰等地登陆，煽动内乱，但因不得人心而陷于溃败。战争进行到 1708 年末，包括路易十四在内的所有法国人都感觉难以取得胜利。整个国家被战争的沉重负担压得喘不过气来，国库枯竭，国王几乎熔掉了所有的金银器皿，官职出售的数量也在成倍增加。即使这样仍然是杯水车薪，军队缺乏物资与军饷，因为财政问题而锐减的军队数量甚至多过在战场上被消灭的士兵数量，法兰西显然已经耗尽了元气。

路易十四试图求和，但是反法同盟却高估了自己的势力，非要这位年迈的国王吐出多年来所有的“非法所得”，忍无可忍的太阳王决心和整个欧洲死磕到底。这种疯狂最后为法兰西赢来了一线转机。

事实上，路易十四应该感谢的不是在马尔普拉凯战役中失去了一条左腿和 1.1 万法国士兵的维拉尔元帅，虽然这位路易十四时代法国最后的名将吹嘘说：“我们虽然失败，但是如果再来两次这样的失败，那么敌人本身也将被毁灭。”真实情况是，这位元帅挥霍了法国国王用尽手段，从枯竭的兵源与空虚的国库中挤出来的 7 万军队与 80 门火炮。不用再来两次这样的战役，只要再打一场硬仗，法国就有可能崩溃。路易十四真正的救星其实是沙皇彼得一世，正是在 1711 年，俄国鲸吞了瑞典在波罗的海东岸的全部国土，一跃成为北欧新霸主的剧变，令英国、荷兰不得不同时停下西进的脚步，将更多的注意力投向东方。

1712 年，欧根亲王指挥 14 万帝国军攻入法国本土。但此时英国与荷兰已经决心迎来和平，他们不再在经济上支持帝国军。皇帝的国库很快就空了，欧根亲王的部队既没钱也没物资，雇佣军自行溃散，德意志诸侯军眼见无利可图亦纷纷撤军回国。法军此时不止在战略上转守为攻，在数量上也相对占优。路易十四所要的和平终于艰难地降临人间。

经过十几年的杀戮，路易十四虽然保住了孙子腓力五世的西班牙王冠，但是代

▲ *将孙子腓力扶上西班牙国王之位时，路易十四或许想不到如日中天的法兰西会在因此打开的战争魔盒中遭遇重创*

价太过惨重。此时的法国气势低迷，贫困缠身，接连的加税令百姓苦不堪言，工商业损失惨重，国库早已资不抵债，天灾与杀戮夺取了上百万人的生命，巴黎到处都能看到残废的退伍军人、乞食的穷人，有些地方甚至家家披麻、户户戴孝。

与之相比，哈布斯堡王朝虽然痛失西班牙王位，但却在意大利和德意志地区树立了新的威权，虽然神圣罗马帝国在“西班牙王位继承战争”期间的1705年和1711年两度更迭帝位，但对于最终继承皇位的利奥波德一世次子——查理六世而言，他的父兄似乎已经为他打下了一个铁桶般的江山。凭借着奥地利、波希米亚和匈牙利三块核心领土，神圣罗马帝国依旧雄视整个德意志地区。

女王临政：奥地利王位继承战争

查理六世唯一的隐忧是膝下没有男丁可以继承大统。为了避免重蹈“西班牙王位继承战争”的覆辙，1713 年，这位国王让德意志诸侯签署了一份“国事诏书”，希望从法理上巩固长女玛丽亚·特蕾西亚的地位。

查理六世深知千年以来没有女子君临帝国的先例，因此他所谋求的是：哈布斯堡王朝的核心领土不被分割，而神圣罗马帝国的皇冠则被戴在自己的女婿头上。基于这一安排，特蕾西亚公主的择偶便成了左右欧洲命运的一件大事。查理六世最初想将自己的掌上明珠许配给普鲁士王储腓特烈·弗里茨。在漫长的“西班牙王位继承战争”中，普鲁士可谓赚得盆满钵满。根据参战各国最终签署的《乌得勒支条约》，普鲁士获得了法国和瑞士边境地区的纳沙泰尔、瓦伦金的支配权。这两个侯国的面积虽然不大，却为普鲁士打开了一扇通往西欧的门户。与此同时，普鲁士还积极配合俄国打击瑞典，并最终如愿以偿地获得了波美拉尼亚大部分领土的支配权。从这个角度来看，如果哈布斯堡王朝真的能与普鲁士联姻，那么其组成的联合体将在德意志地区处于无可争辩的统治地位，但偏偏这样一段天赐良缘却遭到了帝国元帅欧根亲王的反对。

1716 年，欧根亲王奉命率神圣罗马帝国的主力南下巴尔干半岛，以支援正与奥斯曼帝国苦战的威尼斯人。由于此战要深入敌境，因此神圣罗马帝国动员了一切可以动员的力量，就连此前战败被俘的巴伐利亚选帝侯之子卡尔·阿尔布雷希特亦负弩前驱。事实证明，奥斯曼帝国经维也纳战役后元气大伤，根本无力阻挡德意志的诸侯联军。欧根亲王先是在彼得沃登以 6 万兵力大败奥斯曼 15 万大军，随后又攻克巴尔干重镇贝尔格莱德。当奥斯曼帝国屈膝求和时，欧根亲王

▲ *神圣罗马皇帝查理六世*

已经在谋划夺取君士坦丁堡了。

战场上的辉煌胜利令欧根亲王这个虔诚的天主教徒感叹于上帝信徒团结在一起的力量，于是此战之后他力主查理六世扶持卡尔·阿尔布雷希特成为巴伐利亚选帝侯，并考虑将其纳入帝位继承人的范畴。在欧根亲王看来，既然哈布斯堡王朝绝嗣已成定局，那么为了稳固神圣罗马帝国天主教的信仰，应该由巴伐利亚选帝侯来继承大统，而普鲁士作为新教诸侯，理应被排除在外。

欧根亲王身为帝国元帅，虽然谈不上一言九鼎，但也代表了帝国内部一大部分人的心声，查理六世自然不能等闲视之。为了巩固和后起之秀俄国的关系，查理六世又开始考虑将自己的女儿嫁给沙皇彼得二世，但这位年轻的君主只活了 14 岁便一命呜呼了。于是乎，特蕾西亚公主的婚事便暂时搁置了下来。

1733 年，兼任波兰国王的萨克森选帝侯腓特烈·奥古斯特病逝，空悬的波兰王位再度引发了各方的争夺。法国方面推出了路易十五的岳父——波兰贵族斯坦尼斯瓦夫一世，而哈布斯堡王朝和俄国则支持萨克森选帝侯之子——外号“臃肿者”的奥古斯特三世。双方相持不下，最终兵戎相见。

出于对自身的利益的考量，普鲁士王国站在了哈布斯堡王朝一边。身为王储的腓特烈·弗里茨也亲自加入欧根亲王的麾下，与之一起在莱茵河流域与法国军队作战。据说欧根亲王对这位初出茅庐的年轻人评价甚高，但这并不能改变这位帝国元帅对哈布斯堡王朝与普鲁士联姻的反对。法国和哈布斯堡王朝围绕波兰王位归属权的争夺持续了 5 年之久。尽管奥古斯特三世在波兰逐渐坐稳了王位，但随着欧根亲王于 1736 年病逝，哈布斯堡王朝在莱茵河流域及意大利地区一败再败。无奈之下，帝国只能同意法国方面提出的，将洛林公国补偿给

▲ *巴伐利亚选帝侯之子卡尔·阿尔布雷希特*

▲ ***长期流亡维也纳的洛林公爵弗朗茨·史蒂芬***

斯坦尼斯瓦夫一世的主张。

此时，长期流亡维也纳的洛林公爵弗朗茨·史蒂芬虽然失去了祖产，但却收获了特蕾西亚公主的芳心。返回普鲁士的腓特烈·弗里茨也按照其父的意愿迎娶了哈布斯堡王朝的一位远方亲戚——不伦瑞克的伊丽莎白。至此两大强权通过婚姻联手的机会一去不复返，野心勃勃的腓特烈·弗里茨注定要成为哈布斯堡王朝在德意志地区统治权的掘墓人。

1740年5月，普鲁士国王腓特烈·威廉一世病逝于柏林。这位在历史上被称为“士兵国王”的君主，一生并没有取得太过显赫的功勋和名望，甚至由于其一生鄙视风雅，禁止在普鲁士境内推行法国文学、音乐和艺术，且私生活简朴而被欧洲宫廷耻笑为“乞丐王”。但在吝啬的背后，却是这位国王对富国强兵的不懈追求。在腓特烈·威廉一世治下，普鲁士废除了世袭租佃制度，提倡重商主义，建立起完备的工业体系，实施全国小学义务教育。1733年，普鲁士在欧洲首先实行分区征兵制，占全国人口4%的国民被送入了军营，再加上来自北欧的雇佣军，仅有不足300万人口的普鲁士却拥有了一支8.3万人的常备军。由于酷爱检阅部队，腓特烈·威廉一世麾下人高马大的“巨人掷弹兵团”，一度被传闻是从整个欧洲搜罗甚至绑架而来。不过这支部队虽然在阅兵典礼时非常醒目，但光是这批人的军服、装备以及薪水，就需要消耗其他同规模部队4倍以上的开支。

据说在腓特烈·威廉一世临终弥留之际，当他听到神父布道——“人赤条条地来，也赤条条地去”的时候，本能地从病榻上挣扎起来说：“怎么能赤条条的，我要穿上我的军装。”显然霍亨索伦家族已经受够了在德意志地区仰人鼻息的屈辱，普鲁士王国要用刺刀来张扬自己的个性，而这一重担就落在了继位的王储腓特烈·弗里茨（腓特烈二世）的身上。

机会可谓转瞬即至，当年10月20日，神圣罗马帝国皇帝查理六世驾鹤西去。昔日口口声声支持其女特蕾西亚公主携夫登基的德意志诸侯纷纷倒戈相向，团结在了巴伐利亚选帝侯卡尔·阿尔布雷希特的身边。哈布斯堡王朝的敌人也在一旁磨刀霍霍。

腓特烈二世并不反对特蕾西亚加冕为女王，但普鲁士对哈布斯堡王朝的支持是有条件的。腓特烈二世提出，作为回报，特蕾西亚应将西里西亚地区交由普鲁士来统治。腓特烈二世的要求有他的道理，西里西亚自胡斯战争以来便是新教的势力范围，信奉天主教的哈布斯堡王朝在当地不得人心，且历史上教皇曾将西里西亚交由勃兰登堡和条顿骑士团管理，那么这片土地自然就是普鲁士自古以来不能分割的一部分。不过身为女王的特蕾西亚自认不能接受讹诈，哈布斯堡王朝更不能失去这片工农业都颇为发达的核心领土。

1740 年 12 月，普鲁士军队不宣而战，攻入西里西亚，猝不及防的哈布斯堡王朝自然招架不住。特蕾西亚只能要求 1713 年签署过“国事诏书”的德意志诸侯起兵勤王，但应者寥寥。年轻的女王虽然深知自己手中只有一支不足 10 万人的军队，且士气低落，但仍决心奋力一战。1741 年春天，哈布斯堡王朝散布于意大利、巴尔干半岛各地的军队陆续回援，特蕾西亚女

▲ *普鲁士巨人掷弹兵团的士兵装束*

王决定“以彼之道还施彼身”，近2万奥地利军队利用普鲁士人散布西里西亚各地的机会，直扑腓特烈二世的后方。

▲ 年轻貌美的特蕾西亚公主决定着神圣罗马帝国帝位的归属

面对补给线被切断的窘迫，腓特烈二世被迫集结手中的军队主动向对手发起进攻。4月10日，两军对决于尼斯河畔的莫尔维茨。奥地利军队的优势在于拥有一支纵横欧洲的骑兵部队。战斗刚一打响，曾在巴尔干半岛将奥斯曼帝国军打得满地找牙的奥地利轻骑兵便成功将普鲁士军队的左右两翼击溃，甚至腓特烈二世本人也一度被部下劝说逃离前线。但关键时刻，普鲁士陆军训练有素的步兵和炮兵顶住了对手的猛攻。在“12秒排枪”的密集火力和大炮近距离发射的霰弹面前，奥地利骑兵败下阵去。

莫尔维茨会战从战术上来看只能算是一次平手，但从战略上来看，奥地利人却错失了将腓特烈二世赶出西里西亚的大好时机。特蕾西亚女王试图树立自身威望的计划更是沦为泡影。冷眼旁观的法国随即出面拉拢腓特烈二世与卡尔·阿尔布雷希特，开出一旦哈布斯堡王朝覆灭，巴伐利亚与普鲁士可以平分德意志的诱人条件。腓特烈二世虽然深知与法国合作无异于与虎谋皮，但鉴于特蕾西亚女王始终不愿意承认普鲁士对西里西亚的所有权，他也只能暂时将自己捆绑在波旁王朝的战车之上。

1741年5月，法国以“志愿军”的名义派兵进入德意志南部，卡尔·阿尔布雷希特随即自行加冕为波希米亚国王，正式踏上了争夺帝位的道路。巴伐利亚选帝侯此举从程序上来说毫无问题，历代神圣罗马帝国皇帝都曾以波希米亚国王为跳板，但是他却混淆了这个头衔的实际意义。哈布斯堡王朝以奥地利为根本，以波希米亚和匈牙利为两翼，此时奥地利军队的主力仍在西里西亚和普鲁士军队缠斗。巴伐利亚选帝侯如能集中兵力直驱维也纳，那么刚刚完成人生第一次分娩的特蕾西亚女王只能束手就擒。但卡尔·阿尔布雷希特却偏偏舍近求远，大举攻入波希米亚，来使自己的国王头衔名正言顺。眼见自己的盟友白白错失大好良机，暗中冷笑的腓特烈二世终于等来了维也纳方面递来的橄榄枝。

▲ 头戴皇冠、手持利刃几乎成为特蕾西亚女王一生的写照

特蕾西亚女王虽然高傲但并不愚蠢，她深知西里西亚毕竟只是帝国一隅，在集中兵力收拾巴伐利亚选帝侯之前不妨先交给普鲁士人统治。更何况为了收罗兵员，她不惜屈尊降贵地前往布达佩斯，给予那些被其祖辈视为野蛮人的匈牙利贵族更多特权，显然再和腓特烈二世虚与委蛇一下也无损自己的英名。随着 10 万高呼“以生命和鲜血来捍卫女王的权力”的匈牙利军队抵达奥地利，特蕾西亚女王终于使出了她的撒手锏——昔日跟随欧根亲王南征北战的名将路德维希·安德烈亚斯，他将亲自指挥这支大军直扑巴伐利亚首都慕尼黑。

1742 年 1 月 24 日，卡尔·阿尔布雷希特在波希米亚首都布拉格得到帝国九大选帝侯代表的一致支持，终于加冕为神圣罗马帝国皇帝。但这位帝号“查理七世”的君主并不知道，就在同一天，慕尼黑陷落了，他的战线已经被特蕾西亚女王拦腰斩断！与此同时，普鲁士和哈布斯堡王朝暗中签署的密约，也在特蕾西亚女王的授意下，出现在了法国国王路易十五的案头。

为了自证“清白”，更为了惩罚特蕾西亚女王的背信弃义。1742 年春天，腓特烈二世大张旗鼓地向维也纳进军，随后又转向波希米亚，大有一举荡平哈布斯堡王朝的架势。但随着奥地利军队向西里西亚进击，腓特烈二世迅速回师，在查图西兹迎战特蕾西亚女王的妹夫——洛林亲王查理·亚历山大。查图西兹战役的进程与莫尔维茨会战大同小异，得到匈牙利和波兰骑兵支援的奥地利军队依旧在战斗之初占据上风，但在正面交锋中，奥地利军队却始终拿精锐的普鲁士步兵没有办法。随着腓特烈二世的增援抵达战场，普鲁士生力军就像在训练场上一样，以每分钟 120 步的步伐，和着军乐鼓点，一齐从纵队左转成横队，并排枪齐射。12 秒一次的密集火力，令奥地利人的战线再度土崩瓦解。

查图西兹战役不仅是腓特烈二世人生的首场辉煌大胜，更向整个欧洲彰显了线式步兵战术的威力。当然普鲁士国王也用行动向特蕾西亚女王传递了一个信号：我有能力毁灭你，但我只要西里西亚。当年 7 月 28 日，奥地利与普鲁士正式签署《柏林条约》，特蕾西亚女王承认普鲁士对西里西亚的所有权，而腓特烈二世则许诺中止与奥地利的敌对关系。第一次西里西亚战争至此结束。普鲁士所拥有的领土和人口均陡然增加了三分之一。对于奥地利而言，攻占慕尼黑，将巴伐利亚、法国“志愿军”合围于波希米亚的举动，也令整个欧洲看清了形势。英国、荷兰改变了此前的观望姿态，正式与奥地利结盟。更讽刺的是，昔日依附于查理七世的萨克森等德意志诸侯，此时更齐刷刷地向维也纳输诚，甚至自诩为“国事诏书”联军。

腓特烈二世和特蕾西亚两位年轻的君主各自度过了身为人主的磨合期，当然在未来争霸德意志的道路上他们还将继续斗智斗勇。以黑鹰为旗的年轻普鲁士与以双头鹰为徽章的哈布斯堡王朝此时仅仅结束了第一回合的战斗。

1743 年夏，丢弃了几乎所有辎重的法国“志愿军”部队终于在友军的支援下，逃出奥地利军队和“国事诏书”联军的围追堵截，成功回到了法兰西的势力范围。尽管兵员损失过半，但按照生性浪漫的法国人所给出的定义，这依旧是一场英雄史诗般的突围。虽然巴伐利亚再度落入了哈布斯堡王朝的手中，身为神圣罗马帝国皇帝的查理七世也正在德意志到处流亡，但继承曾祖父路易十四雄心壮志的法国国王路易十五还是决心继续趟德意志这趟浑水。

特蕾西亚此时忙着在布拉格加冕为波希米亚女王，与法国人在莱茵河流域争雄的重任暂时被交托给了英国国王乔治二世。乔治二世的身份颇为讨巧，他既是英伦三岛的国王，同时又是神圣罗马帝国的汉诺威选帝侯，因此当他指挥“国事诏书”联军在德廷根战役重创法国军队时，英法尚未正式宣战。高傲的法国人当然无法忍受被一干德意志诸侯打败的现实，1744 年 4 月，法国正式向英国、荷兰以及奥地利宣战。作为路易十五的说客，法国大思想家、文豪伏尔泰以参观腓特烈二世在柏林修筑的无忧宫为名，抵达普鲁士，试图以三寸不烂之舌鼓动这位年轻的君王与奥地利重开战端。

腓特烈二世并非无谋的勇夫，自第一次西里西亚战争结束之后，他表面上沉浸于

▼ 腓特烈二世所建造的无忧宫

被父亲长期遏制的艺术事业，实则对欧洲的局势始终冷眼旁观。在腓特烈二世的眼中，控制着法国、西班牙的波旁王朝若是和英国、荷兰因争夺海外殖民地爆发海上冲突，自己不妨作壁上观。但是一旦法国陆军主力进入莱茵河流域，势必会压迫德意志诸侯向哈布斯堡王朝靠拢。而一旦奥地利击败法国的入侵，势必会将矛头对准自己。经过一番考量之后，1744 年 8 月，腓特烈二世宣布再度与法国结盟。他打着向维也纳进军的旗号，率军直扑萨克森的领土。

腓特烈二世显然并不想与奥地利打一场全面战争，而是采取假道灭虢的战略，顺势吞并选帝侯远在波兰的萨克森公国。8 月 15 日，普鲁士军队攻入了自诩为“德意志雅典”的萨克森首府德累斯顿。志得意满的腓特烈二世随即向波希米亚进军。到 9 月 2 日，布拉格也向普鲁士军队打开了城门。为自己的连战连捷所鼓舞的腓特烈二世，心中或许也升腾起了自己未来头戴帝冠、君临德意志的英姿。可惜的是，就在此时，莱茵河方向传来了御驾亲征的路易十五得了急性热病，已经病入膏肓的消息。

但养尊处优的路易十五其实只是不习惯军中粗糙的饮食，得了急性肠胃炎而已。法国军队之所以在莱茵河畔按兵不动，很大程度上还是基于保存实力的考量。毕竟此时巴伐利亚选帝侯查理七世的健康状况也不好，法国必须考虑避免与重新执掌神圣罗马帝国的哈布斯堡王朝陷入全面战争的可能。何况普鲁士已经加入了战团，在浪漫的法国人想来，特蕾西亚和腓特烈二世这对“怨侣”不分个你死我活是不会罢手的。

特蕾西亚的确第一时间调集了倾国之兵来围攻腓特烈二世，不久不满首都被普鲁士人洗劫的萨克森也公然站在奥地利一边。腓特烈二世只能从布拉格仓皇北撤。但这一路却并不好走，在匈牙利轻骑兵的不断袭扰之下，撤回柏林时，腓特烈二世清点人马竟然发现折损过半。此时查理七世病逝的消息传来，这位短命的皇帝临终前要求他的儿子放弃这些权力，而与奥地利讲和，至此神圣罗马帝国的帝位之争正式落下了帷幕。不过特蕾西亚还要继续向腓特烈二世讨还被夺走的西里西亚。

▲ *养尊处优的路易十五即便身着戎装也似乎没有军人的气质*

1745年5月，特蕾西亚女王再度委任妹夫洛林亲王为帅，大举反攻西里西亚。这支军队随即与腓特烈二世的5.8万普鲁士军在霍亨弗里德堡迎头相遇。腓特烈二世先故意示弱，向西里西亚首府布雷斯劳方向撤退。6月3日晚上9点，普鲁士军队突然杀了一个回马枪，连夜强行军，于次日凌晨秘密运动到奥地利军营地附近。腓特烈二世命令部队就地休息两小时，他本人也裹着斗篷在露天和衣而卧。凌晨2点，普军再次出发，揭开了霍亨弗里德堡战役的序幕。

▲ 霍亨弗里德堡战役中的普鲁士士兵

在黎明前的黑暗中，普鲁士军队由南向北对奥地利人展开奇袭。不过普鲁士右翼骑兵太急于求成，反而把奇袭发展成了一场混战。即便如此，奇袭所带来的心理冲击还是令奥地利军队兵败如山倒。最终普鲁士军队以损失2000人的代价使对手死伤4000人，被俘7000人，腓特烈二世趁势再一次攻入波希米亚。不过此时的腓特烈二世已经放弃了进攻维也纳的打算，进军只是为了捞取谈判资本而已。但令腓特烈二世没有想到的是，特蕾西亚并不打算妥协。女王一边命军队在波希米亚山区继续对普鲁士军队展开游击和迟滞，一边源源不断地向洛林亲王的军营输送新兵。

在波希米亚转悠了3个月之后，腓特烈二世除了继续损兵折将之外一无所获，只能选择撤回西里西亚。重整旗鼓的洛林亲王再次对普鲁士军队展开了衔尾掩杀，并于9月29日在索尔地区以彼之道还施彼身，以夜袭打了腓特烈二世一个措手不及。不过4万奥地利军队虽然出其不意地抵达了普鲁士营地附近，但当奥地利人展开进攻时，训练有素的普鲁士军队却迅速展开阵型迎击。正是在此次会战中，腓特烈二世首次施展了他日后独步欧洲的斜线战术。

所谓“斜线战术”，又名“梯形阵”，它既是军队阵式的一种，亦是一种战术思想。顾名思义，斜线阵式是以军队斜线式伫列的阵型作战。它最早的运用，出现于古希腊底比斯军队。针对当时斯巴达重步兵方阵一线平推、平均分布兵力的特点，底比斯军队鉴于无法在不将列数减少的情况下排出与斯巴达军相同长度的阵型，于是干脆集中兵力于一翼，最终击败了斯巴达精锐部队。此后斜线战术在欧洲战场之上亦时有出现，但随着军事科技的进步，军队为了充分发扬火力，大多采取横形阵，斜线战术逐渐失去了市场。但对于索尔战场上的腓特烈二世而言，他却唯有以这种战术来拼死一搏。

腓特烈二世有意将自己的左翼放空，然后集中少数精锐对敌军发动佯攻，待吸引住洛林亲王的注意力之后，在右翼一线全力进攻。洛林亲王显然没有预料到腓特烈二世敢于如此用险，平均分配兵力的奥地利军队很快便招架不住，在慌乱中全线退却。是役奥地利损失 7444 人，普鲁士损失 3911 人，不过在激战中，腓特烈二世本人留在后方的营帐、马匹、随身钱物、餐具，甚至他最心爱的长笛皆被对手夺取，因此他本人事后也感叹地说：“刚才的状况就像水淹到了鼻子那么高呢。”由此可见，他其实还是很高兴能活着见到索尔会战的胜利。结果虽不满意，但是可以接受。

普鲁士和奥地利在西里西亚的拉锯战最终耗尽了特蕾西亚女王的耐性。她试图绕开位于西里西亚的普鲁士陆军主力，转向西北方向，越过萨克森，直接攻击普鲁士本土。不过此时奥地利军队士气低迷，在战场上对普鲁士人更有一种莫名的恐惧感。奥地利与萨克森联军虽然成功绕开了腓特烈二世的防线，但是在奔袭柏林的道路上却行动缓慢，最终反而被腓特烈二世各个击破。心灰意冷的特蕾西亚女王只能接受英国的建议，与普鲁士议和，以便集中兵力对抗法国。

1745 年圣诞节，维也纳上空雪花飘扬。节日的钟声远远响起，它不止是在庆贺耶稣的降生，同时也在祝贺奥地利同普鲁士缔结了和约。英国、西班牙和法国之间的战争虽然此时还在延续，不过对特蕾西亚女王而言，那些都已经无关紧要了。1741 年曾面临亡国危机的哈布斯堡王朝，此时终于作为一个大国幸存了下来。虽然女王失去了西里西亚，戴在自己丈夫头上的皇冠也被伏尔泰嘲讽为“神圣罗马帝国即不神圣，又不在罗马，更不是帝国”，但是“塞翁失马，焉知非福”，随着神圣罗马帝国逐渐与哈布斯堡王朝分离，特蕾西亚女王可以更为大胆而务实地在奥地利推行一系列的改革了。普鲁士国王腓特烈二世则要无时

▲ ***腓特烈二世***

无刻不警惕着自己这位表妹随时可能落下的复仇巨剑。

虽然特蕾西亚曾扬言“宁可卖掉最后一条裙子，也绝不放弃西里西亚”，但是这位务实的女王很清楚，要与普鲁士争夺德意志的霸权，仅有决心是不够的。“上兵伐谋，次者伐交”，奥地利必须要构筑一个坚强而有力的国际联盟。此时欧洲大陆的外交态势可谓错综复杂，昔日曾与哈布斯堡王朝联手对抗法兰西的英国正频频与腓特烈二世接触。站在大不列颠的角度来考虑，此举显然无可厚非。英国需要一个强大的陆权国家来牵制法国，而自“西班牙王位继承战争”以来，哈布斯堡王朝的表现始终都不尽如人意。另一方面，鉴于英国国王乔治二世同时还领有德意志地区的汉诺威公国，如果继续与野心勃勃的普鲁士为敌，那么下一场战争中，汉诺威很可能将沦为战场。

为乔治二世和腓特烈二世之间牵线搭桥的是激进的英国政客——威廉·皮特。这位有些爱出风头、性情执拗的年轻人，天真地认为哈布斯堡王朝对英普联盟毫无办法，只能乖乖地加入派对，而鉴于英国此前与俄国关系良好，最终欧洲将形成英国联合欧洲三大强国——普、奥、俄合围法兰西的局面。站在后人的角度来看，威廉·皮特此说不免有些“很傻很天真”，但是在当时，整个英国国会都对这一美好前景深信不疑。

1756 年 1 月 16 日，英国和普鲁士正式签订《威斯敏斯特协定》，一时间整个欧洲为之侧目。特蕾西亚女王召见英国大使，表达了她对英国与普鲁士签订协定的愤怒。路易十五也遣使指责腓特烈二世欺骗和背叛了波旁王朝。不过乔治二世和腓特烈二世将这些都视为失败者的悲鸣，似乎没有考虑过昔日两大欧陆霸主有摒弃前嫌的可能。

事实证明，这个世界永远只有想不到，没有做不到。在奥地利首相考尼茨 - 里特贝格的运作之下，1756 年 5 月 1 日，特蕾西亚与路易十五正式签订了《法奥攻守同盟》，与英普联盟针锋相对的态势异常明确，史称“逆转同盟”。此时法英两国在北美殖民地和地中海早已摩擦不断，整个欧洲大陆一时战云密布。

双鹰比翼：奥地利与普鲁士的七年战争

最先沉不住气的依然是国力处于下风的普鲁士。经历过两次西里西亚战争的腓特烈二世，深知奥地利和法兰西的战争潜力，因此他决心不待对手动员完毕便先发制人。不过他并没有第一时间将矛头对准巴黎或维也纳，而是去找邻邦萨克森的晦气。腓特烈二世此举虽然有失道义，但却也是无奈之举，毕竟萨克森的版图不仅深入普鲁士本土和西里西亚的结合部，其边境距离柏林更只有 70 公里。因此 1756 年 8 月 29 日，腓特烈二世在邀请萨克森加入英普联盟，并逼迫特蕾西亚承诺一年内不进攻普鲁士均未果之后，悍然率军攻入萨克森。后世著名的“七年战争”爆发了。

此时的萨克森早已不是“三十年战争”中可以呼风唤雨的新教诸侯领袖，兼任波兰国王的选帝侯奥古斯特三世更不敢与腓特烈二世正面抗衡。他第一时间脚底抹油般地逃往华沙。因此仅仅不到一个月的时间，普鲁士军队便基本控制了萨克森全境，残存的萨克森军队退守易北河畔的要塞——皮尔纳。但就在腓特烈二世准备将其一举歼灭之时，奥地利军队从波希米亚冲向了普鲁士的侧翼。10 月 1 日，两军交锋于罗布西茨（Lobositz）。此役，普鲁士军队不仅背水列阵，兵力更远少于对手，战斗进行得极为艰难。面对来自爱尔兰的奥地利客将布劳恩元帅试图以兵力优势拖垮普鲁士军队的态势，腓特烈二世麾下的多数将帅主张撤退，唯有腓特烈二世王后的娘家人——不伦瑞克・斐迪南力谏坚持到底。果然随着一场大雨倾盆而下，奥地利军队首先离开了战场。腓特烈二世随后对不伦瑞克・斐迪南刮目相看。

和之前奥地利与普鲁士交锋的战绩类似，罗布西茨会战双方损失相当。但是战略上，腓特烈二世却成功击退了奥地利对萨克森的支援。随着皮尔纳的萨克森守军投降，

▲ *罗布西茨会战*

屯兵于萨克森首府德累斯顿的腓特烈二世不仅将 1.4 万名战俘悉数编入普鲁士军队，更以搜查萨克森与奥地利阴谋瓜分普鲁士的文件为由劫掠了其国库。虽然 1756 年冬普鲁士向整个欧洲展示了萨克森的宫廷档案，以证实自己发动战争的合理性，但德意志诸侯们却对普鲁士这种公然鲸吞一个选帝侯国的举动深表不安。在 1757 年 1 月召开的神圣罗马帝国帝国议会上，除了英国控制下的汉诺威、黑森—卡塞尔伯国以及腓特烈二世王后的娘家不伦瑞克外，其余德意志诸侯清一色地站在了特蕾西亚女王这一边。

随着奥地利和普鲁士在战场上兵戎相见，欧洲列强纷纷表明立场。路易十五不仅慷慨地表示，愿意出钱供养德意志雇佣军以备奥地利驱使，更起兵 10 万，横跨莱茵河流域，直扑普鲁士在德意志西部的几块飞地和主要盟友——黑森—卡塞尔伯国与不伦瑞克。作为奥地利的传统盟友，一心想要拔除普鲁士、独霸波罗的海沿岸的俄国也向维也纳伸出了援手。不甘心失去北欧霸主地位的瑞典此时也加入了战团，不过斯德哥尔摩并不是向老对手俄国讨还血债，而是跟随俄国杀入了东普鲁士。最令腓特烈二世感到愤愤不平的是，英国竟然借口本土遭到法国的威胁而推翻了此前从汉诺威方向支援普鲁士的承诺。

一时间普鲁士仿佛陷入了整个欧洲的合围。对此，日后德意志政治家俾斯麦不无唏嘘地总结道：“英国外交政策的核心，就是在欧洲大陆找一个用身体替他挡子弹的傻瓜，这一次是腓特烈。”

唯一站在普鲁士这一边的或许只有时间这个盟友，腓特烈二世清醒地认识到：此时法国军队刚刚出动，自己西侧的盟友和汉诺威驻守的少量英军或许能够拖住他们的脚步；北方的瑞典军由于是跨海作战且兵力较少，在战局明朗化之前未必敢轻举妄动；从其辽阔的领土集结军队的俄国还需要横穿同样辽阔的波兰领土才能抵达战场，因此真正能够对普鲁士发起进攻至少还需数个月甚至半年。只要利用这段时间打垮奥地利，那么普鲁士仍有一线生机。正是在这种死中求活、以攻代守的心理驱使下，腓特烈二世统帅 11 万精锐部队于 1757 年 4 月攻入波希米亚。在临行前，腓特烈二世甚至秘密地写下了遗嘱，安排了他不幸战死或被俘后普鲁士的各项政务。

按照腓特烈二世的计划，此次攻势由普鲁士军队从萨克森、西里西亚和东普鲁士同时向布拉格展开向心攻击，但当时的通信手段和部队的机动能力显然无法满足如此宏伟的计划。最终在两翼部队尚未完全到位的情况下，腓特烈二世亲率的普鲁士中军率先抵达了布拉格。阻挡在他面前的是两位老对手——奥地利的洛林亲王查理・亚历山大和爱尔兰客将布劳恩。

▲ 布拉格战役中的普鲁士士兵

▲ 普鲁士元帅施维林战死于布拉格战役中

1757年5月6日，普鲁士和奥地利两军在布拉格城下正式展开决战。腓特烈二世决心一举吃掉对手，因此不顾对手占据地形优势，命令全军疯狂猛扑。但由于战前对地形侦察不清，普鲁士军队左翼第一梯队刚进入战场便陷入沼泽泥地之中，两个步兵团随即在奥地利人的火力面前崩溃。此时腓特烈二世最为倚重的军事顾问——普鲁士元帅施维林，挺身而出亲自举起一杆即将倒下的军旗，带领队伍反冲锋，但可惜没有跑出几步，就当场中弹阵亡。最后，腓特烈二世利用奥地利军队投入反击过程中右翼与中央脱节的情况，投入25个骠骑兵中队抄到对手中央阵线的侧后，一举奠定了胜局。

此战奥地利军队伤亡惨重，损失14000人，主帅布劳恩也伤重不治，但作为胜利者的普鲁士亦付出了不菲的代价：阵亡2名少将、1名中将和1位元帅，损失了14300人。不过腓特烈二世在伤心之余还是自我感觉良好，在他看来，奥地利陆军的主力已经被他赶入了布拉格，再难有所作为，一旦拿下了波希米亚，特蕾西亚女王便将低下她高贵的头颅。但腓特烈二世并不知道，此时他人生的宿敌正从维也纳拍马赶来。

说到这里，需要插一句，普鲁士的崛起，除了数代国王的努力外，还与一类人息息相关，那就是“容克贵族”。所谓“容克”，原意为“没有骑士称号的贵族”。在条顿骑士团和神圣罗马帝国的贵族掌控一切的时代，经济上弱小的普鲁士乡村贵族，散布在勃兰登堡、波美拉尼亚和东普鲁士的辽阔乡村之中。直到普鲁士独立的过程中，这些长期失意的地主们才终于得以一展所长。获得权力后，他们为了扩大谷物生产，大量强占易北河以东的土地，经营商品生产性的大庄园经济。在这一过程中，容克贵族们也逐渐垄断了普鲁士的军队和政府机构的要职。为了维护自身统治，霍亨索伦家族在政策层面也不得不向容克贵族倾斜。

1653年，勃兰登堡选帝侯腓特列·威廉赐予容克贵族“完全支配”农民的权力，并给予免税等大量经济优惠。作为回报，容克贵族将自己的子弟送入普鲁士的军营。但容克贵族大多粗犷、暴戾、眼光狭隘、好勇斗狠，并非是良将之选，因此日后带领普鲁士军队完成一次次脱胎换骨改革的军人，几乎没有一个出身于普鲁士的乡村。

在腓特烈二世的父亲腓特烈·威廉一世统治期间，军官职位被容克贵族垄断，军装成了统治阶层的国服，不久也成了社交生活中最受青睐的服饰。与此同时，容克军官团的封建化进程也逐渐完成。容克贵族在国王面前许下的入伍宣誓，在精神层面上具有非同寻常的意义。军官将自己视为君王的臣仆，君王是国家的化身。军队的道德基石建立在对君王的忠诚之上，正是这一点赋予普鲁士军官以及之后的德国军官一种特有的思维方式，直到20世纪。当然服从也是有界限的，在生存和荣誉面前，服从便退居次要地位。普鲁士的容克阶层既是一个由大地主组成的利益集团，更是一个具有强烈等级意识和荣誉感的阶层。但在未来，他们为了维持生计、保全荣誉，一次次无情地抛弃了他们的国王或元首。

腓特烈时代的普鲁士军队不仅在战术训练上独步欧洲，更形成了一个堪称后世参谋本部雏形的军需总监部机构，担负起诸如选择行军道路和宿营地、构筑野战阵地等技术性任务，以及收集情报和投放间谍等勤务，用以减轻最高统帅的负担。由于战争在多地同时进行，腓特烈二世还向那些能够独当一面的指挥官派遣了若干侍官长或侍从官——他们相当于后世参谋军官身边的侍从，令整个普鲁士军队可以在辽阔的战线上形成一个有机整体。

与普鲁士相比，奥地利的陆军指挥系统相对落后。效忠于维也纳的军队虽然在武器上和他的对手不相伯仲，但在组织上依旧没有摆脱中世纪的动员体系：各地的贵族在自己的管辖区内招募士兵，随后再汇聚成军团规模的武装开赴战场。以这种模式组建的部队一旦与如狼似虎的容克军官团相遇，往往遭遇败绩。经历了无数次的失败之后，终于有一位奥地利将军试图改变这种不利局面，他就是出生于维也纳军旅世家的利奥波德·约瑟夫·道恩。

道恩很早便洞察到，奥地利军队严重缺乏下级军官，而现任的军官又极度缺乏统御素养和指挥能力。为了补救这些缺失，道恩于1751年向特蕾西亚女王进谏，在奥地利的威尼奴尔斯塔特成立了四年制的特蕾西亚女王军事学院，该军校至今仍是奥地利的陆军最高学府，而首任校长便是道恩本人。虽然道恩元帅在奥地利内部推动的军事改革，受到了大多数贵族及军方守旧派的反对，但是道恩强化中央指挥、统一建制、削减贵族与地方军比重的工作仍在稳步推进着。

▲ *利奥波德·约瑟夫·道恩*

布拉格战役惨败之后，普鲁士鲸吞萨克森并将洛林亲王围困在布拉格的消息传到奥地利，几乎无将可用的特蕾西亚女王第一时间从军校里请出了道恩，

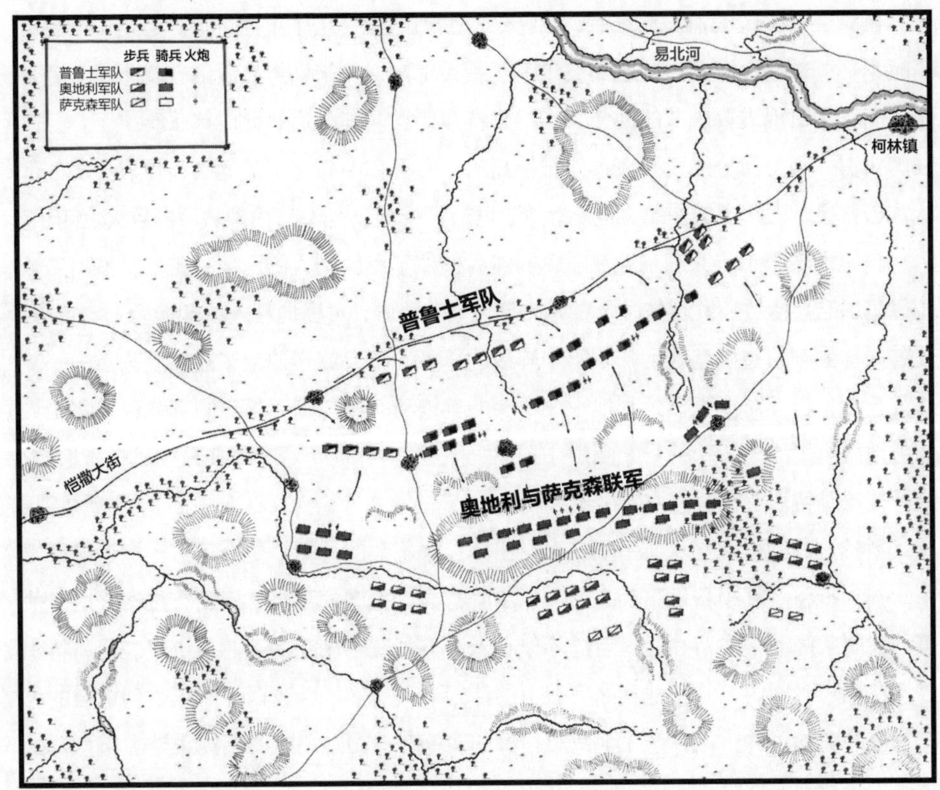

▲ *科林战役的战场形势图*

希望他能力挽狂澜。虽然深知责任重大，但是道恩仍有意放慢脚步，沿途不断招揽从前线逃回的残兵败将及武装民兵。等到靠近布拉格时，道恩麾下已经集结到一支6万人的大军，令腓特烈二世不得不从围困布格拉的军队之中抽出3.5万精锐赶往离布拉格不到50公里的科林，与道恩一决雌雄。

道恩深知腓特烈二世能征善战，此时从布拉格前线抽调出的均为百战精锐，其中15个中队的普鲁士骑兵更是腓特烈二世多年心血的结晶，战斗力远非自己麾下的杂牌武装所能比拟的。有鉴于此，道恩选择了以丘陵为主的科林地区作为主战场，易北河加上起伏不平的地形足以抵消进攻方的骑兵优势。在布阵上，道恩针对腓特烈二世善用斜线战术的特点，同样强化了自己的右翼。果然腓特烈二世将自己的骑兵集中于战场一侧，试图一举荡平奥地利军队的右翼。但当普鲁士骑兵艰难克服了枪法精准的波希米亚猎兵的狙击，越过复杂的丘陵地带之后，才发现自己踏入了一个可怕的陷阱。

侧翼突击失败的消息传来后，腓特烈二世随即命令全军正面进攻。但是由于地势崎岖不平，普鲁士军官陆续遭到波希米亚猎兵狙击，向来训练有素的普鲁士步兵各部队之间竟然出现进攻脱节的现象。连挫腓特烈二世两阵的道恩此时终于亮出了自己的底牌：占据兵力优势的道恩在顶住腓特烈二世右翼和中央压制的同时，投入更多的部队攻击普鲁士人空虚的左翼，而腓特烈二世的手中却已经没有预备队可供救火之用了。

精锐的普鲁士步兵艰难地在左翼崩溃后顶住了奥地利人的两侧夹击。虽然自知败象已呈，但腓特烈二世还是命令右翼的骑兵重整队形，对奥地利人展开最后一次突击。顶着如林的刺刀突破奥地利陆军第一阵线的普鲁士骑兵终于冲上了战场制高点——克杰佐丘陵，但面对一直漫延到地平线尽头的奥地利军第二列、第三列部队，普鲁士人知趣地撤出了战场。幸好生性谨慎的道恩由于担心有诈而下令全军在入夜后中止追击，这才使得腓特烈二世得以安然撤出战场。

科林之战不仅终结了腓特烈二世自出师以来不败的神话，更令不可一世的普鲁士军队损兵折将。其中精锐骑兵的损失更令腓特烈二世肉痛不已。回到布拉格之后，他第一时间解围而去。留在他身后的不仅有无法控制波希米亚的遗憾，更代表着腓特烈二世在最短时间内打垮奥地利结束战争的计划永久破产。特蕾西亚女王收到捷报的第一反应是免除了妹夫洛林亲王前敌总指挥的头衔，改由道恩统一指挥集结在布拉格的大军。腓特烈二世倒霉的日子自此拉开了序幕。

普鲁士军队狼狈撤出布拉格的同时，法国军队已经攻克了英国在欧洲大陆最大的桥头堡——汉诺威。自此，伦敦方面能够在地面战中给予腓特烈二世的支持几乎为零。与此同时，10 万俄军涌入东普鲁士，1.6 万瑞典军队在波美拉尼亚登陆。加上从波希米亚进入西里西亚的 11 万奥地利军队，焦头烂额的腓特烈二世再也不能玩以攻代守的把戏，只能第一时间赶赴西线去对抗步步紧逼的法国人。但事实证明，精明的法国人在占领了汉诺威之后并不急于与普鲁士正面交锋，腓特烈二世的匆促西进，反倒令他的首都门户大开。

1757 年 10 月 16 日，奥地利军队攻入柏林的消息传到了深处莱茵河战场的腓特烈二世耳中。他简直不敢相信自己的耳朵，但也只能火速回防西里西亚。事后腓特烈二世才知道攻入柏林的不过是一支 3000 多人的奥地利骑兵部队，而普鲁士军队之所以不敢抵抗，是因为一个半月之前，普鲁士军队刚刚在东线的大耶格尔斯多夫遭遇俄军重创。柏林城内人心惶惶，错以为前来攻城的是俄国元帅小阿普拉克辛麾下的大军，才被对手钻了空子。

虽然首都莫名其妙地被奥地利人劫掠了一番，但腓特烈二世此时无心惩罚任何人，因为他深知自己深陷法、奥、俄三股大军的合围之中，如何破局才是当务之急。而就在此时，一个好消息从东线传来——俄军正缓慢地撤离东普鲁士，腓特烈二世终于暂时卸下了保卫柏林的重任，可以集中精力对抗法国和奥地利了。

身为彼得大帝时代海军名将老阿普拉克辛之子，此时统帅 8 万大军兵临柏林城下的小阿普拉克辛，缘何在局势大好的情况下突然转进？史学家们大多采信俄国政府事后的处理意见，即小阿普拉克辛是俄国宫廷内亲普鲁士势力的代表人物之一，他有意放腓特烈二世一马。但从军事角度考虑，此时的俄军已经远离后方基地上千公里，随着冬季的到来，其补给压力将成倍递增。与其在没有把握的情况下与腓特烈二世正面抗衡，不如保存俄军的有生力量留待明年再战。可惜的是，俄国政府对这种出于现实的考虑并不认可，小阿普拉克辛被革职查办，最后死于狱中。

俄军撤离之后，腓特烈二世马不停蹄地奔赴萨克森，于罗斯巴赫大败将帅失和的

▲ *罗斯巴赫会战*

法国军队。而利用普鲁士军队主力西出的有利战机，奥地利元帅道恩趁势收复了西里西亚大部。虽然深知部下早已精疲力竭，但别无选择的腓特烈二世还是顶着风雪回到了奥得河畔与奥地利一决雌雄。道恩深知普鲁士军队虽然疲于奔命，但深受罗斯巴赫战役辉煌大胜的鼓舞，不宜与之正面交锋，因此力主避而不战，采用牵制、消耗的策略拖垮对手。但此时身在军中的洛林亲王却不以为然，洛林亲王虽然在布拉格战役后失去了前敌总指挥的头衔，但终究是皇亲国戚，政治地位远非道恩可比。于是在一番权衡之后，道恩只能硬着头皮在西里西亚首府布雷斯劳附近严阵以待。

道恩深知奥地利军队擅长防御而不利进攻，因此他将战场选在了村落遍布的洛伊滕地区。在漫天风雪之中，奥地利军队依托古老的村庄和教堂无疑占据了地形上的优势。但此举也极大地限制了奥地利军队的机动性，战斗打响之后奥地利军队实际上只能各自为战，无法形成合力。面对这场命运之战，腓特烈二世也拿出了破釜沉舟的勇气，他在战前召集了所有军官发表他人生中最为精彩的一段演讲。在开头部分，这位自负的国王坦诚了普鲁士所面临的危机：“布雷斯劳失守了，我们的粮草弹药全完了，西里西亚也大部分沦陷。说真的，如果不是因为无限信任你们和你们的素质，你们作为祖国的勇士和儿子，多次显示过这种素质，这尴尬处境将使我难以应付。”随后，腓特烈二世道出了他的破敌之道：“我要冲破战争艺术的束缚，哪里发现敌军，就在哪里进攻。问题不在于敌军的数量，或是他们占据了有利位置。我们依靠勇气，依靠缜密的计划就能成功。我必须铤而走险，否则，一切都会付之东流。”正是在这种“我们要么打败敌人，要么就此永别”的感召之下，身着蓝色军服的普鲁士官兵在洛伊滕的风雪中化成了无可阻挡的海啸。

在腓特烈二世排山倒海般的攻势面前，奥地利人一败涂地。大批困守据点的士兵被赶入普鲁士战俘营，众多在布雷斯劳缴获的物资和装备也原封不动地物归原主。由于时间间隔很短，有的西方历史学家甚至将罗斯巴赫和洛伊滕两大会战合并为一场战役。战前腓特烈二世激励士气的演讲更被奉为经典，部分语句日后还被包括拿破仑在内的众多将领不断效仿。但客观地说，腓特烈二世四面受敌的危机并没有真正得到缓解。虽然受命追击法国人的不伦瑞克·斐迪南替英国人收复了汉诺威，但是忙于和法国人争夺北美和印度的英国政府此时仍无力给予普鲁士金钱以外的援助。随着冬季的过去，虎视眈眈的俄国人又卷土重来了。接着洛林亲王离开了前线，道恩也从容地实施起他的蚕食战略。1758 年春，道恩通过不断打击腓特烈二世的补给线，瓦解了普鲁士反攻波希米亚的计划。当年夏季，离开波希米亚战场的腓特烈二世决定一劳永逸

▲ *与普鲁士军队交战的俄国掷弹兵*

地解决俄国对东普鲁士的围攻，于是“七年战争”中最为惨烈的曹恩道夫会战就此打响。

不论是兵员素质还是将帅才干，腓特烈二世都自认压过俄国一头。但是面对战前集体饮用伏特加，一波波高呼着“乌拉”展开冲锋的斯拉夫人，腓特烈二世大感头疼，不得不感叹：“要击溃一支俄国军队，唯一的办法是把他们全部杀死。”虽然最终普鲁士取得了战术上的胜利，但1.1万人的伤亡对于兵员本就不足的腓特烈二世而言无疑是承受不起的痛。而在未来相当长的一段时间里，俄国军队的坚忍耐力与顽强斗志都将成为普鲁士乃至整个德意志的噩梦。

俄国人被赶出了东普鲁士，但腓特烈二世却依旧需要在东线保持一支庞大的驻军以抵御莫斯科的反扑和始终盘踞在波罗的海沿岸的瑞典人。看准了腓特烈二世的虚弱，长期采取坚壁清野战略的道恩再度挥师进入西里西亚，此时轮到普鲁士人避而不战了。腓特烈二世命令驻守南线的弟弟亨利亲王退守萨克森与自己会合，腓特烈二世的如意算盘是此时已近冬季，如果能再拖延奥地利军一个月左右的话，道恩麾下8万大军的粮草问题将足以拖垮奥地利人的补给线。只要熬过这段最艰难的日子，就可以为普鲁士争取到半年左右的缓冲时间。但腓特烈二世万万没有想到，一向谨慎的道恩竟然在此时抛弃所有辎重和火炮，以四路轻装纵队夜袭普鲁士军位于霍克齐的宿营地。

完全没有防备的普鲁士人被一下子打懵了，许多士兵来不及穿戴制服、举枪迎敌便被奥地利骑兵集团硬生生地碾压而过。一片混乱之中，腓特烈二世自知不能力敌，只能先保住战场制高点——霍克齐高地，然后掩护全军突围。在 5000 普鲁士步兵的拼死断后和骑兵部队的佯攻之中，腓特烈二世幸运地保住了全部的辎重和火炮。但是 9000 精锐士兵的损失再度令本就虚弱不堪的普鲁士严重失血。如果不是道恩在上午 9 点便下令停止追击的话，腓特烈二世和他的军队很可能将遭遇更为惨重的损失。但无论如何 1758 年终于快要过去了。

在隆冬的积雪之中，腓特烈二世一度想过要自行了断生命，但随着春天的到来，希望再次出现。1759 年 8 月，随着英国远征军重返汉诺威，深受腓特烈二世倚重的不伦瑞克・斐迪南在德意志西部与法国军队决战于小城明登。作为生力军投入战场的英国陆军，可谓此役无可争辩的主角，英国步兵凭着惊人的纪律和勇气，不仅以火力逐走了法国骑兵，而且与法国步兵展开白刃战，步步紧逼最终突入了对手的战线。此战之后，法国对普鲁士西线的威胁被降到了最低，不伦瑞克・斐迪南得以抽调 1.2 万精锐回援苦苦支撑的腓特烈二世。不过这支援军抵达柏林之前，腓特烈二世已经走到了崩溃的边缘。

1759 年 7 月 23 日，奉命阻击俄国人的普鲁士军队兵败于柏林以东的帕尔齐希。

▲ ***道恩夜袭普鲁士军营地***

腓特烈二世深感震惊之余，不得不面对一个残酷的现实：道恩指挥的奥地利军队正由西里西亚北上，一旦俄奥两军成功会师，无险可守的柏林将难以摆脱沦陷的命运。腓特烈二世试图赶在对手会合之前先打垮俄国军队。但 8 月 12 日当长途跋涉的普鲁士军队抵达主战场库涅斯多夫（Kunersdorf）时，道恩派出的 1.8 万奥地利骑兵已经先行与俄军会师。疲惫不堪的普鲁士军队承受着兵力和地形上的双重劣势，整个战场呈现出腓特烈二世"几乎每次攻击都动用同一批部队，而俄奥联军却能够不断以生力军加入战斗"的局面。

精疲力竭的普鲁士人终于被击溃了。腓特烈二世发疯似的在战场上去阻止他的军队后撤，他冲锋三次，坐骑就战死三次，放在他口袋里的一个小金盒子，还挡住了一颗可能结束他生命的子弹。他对自己逃脱死亡厄运深为不满，他大喊："为什么没有一颗子弹射中我？"他的士兵要求他退到安全地带，这些人不断中弹身亡，他恳求地叫喊道："孩子们，现在，请不要离开你们的国王。"但是，他再也没有办法叫他的士兵前进。随着腓特烈二世身边最后两个近卫胸甲骑兵中队被歼灭，险些成为哥萨克刀下之鬼的腓特烈二世也只能逃离战场。

腓特烈二世找到歇脚的地方后，马上写信给他的弟弟亨利亲王："我所统率的 4.8 万部队，现在仅剩下 3000 人不到，而我也不再是军队的统帅了……经历这次重大劫难之后，我再也不愿苟活下去。"他通告将领们，他将把指挥权移交亨利亲王，然后，他就倒在草堆上睡着了。但第二天早上醒来，他发现有 2 万逃兵纷纷归队，他们已准备好再次在他麾下效命。受此鼓舞，他将自杀一事抛掷九霄云外。他将这些人和其他可怜的人重新组成一支 3.2 万人的军队，并在俄军通向柏林的道路上建立据点，为保卫首都做最后的努力。

陷入绝望的腓特烈二世并不清楚，在库涅斯多夫战役中取得辉煌胜利的俄奥联军此时已经走到了决裂的边缘。远离本土的俄国人缺乏粮秣，而为了赶在腓特烈二世之前抵达战场，奥地利骑兵也几乎抛弃了所有的辎重。双方在开战之初便因为补给品的分配问题而闹得很不愉快，战役结束之后更是很快便分道扬镳。奥地利骑兵回到萨克森与道恩会合，而俄国军队则后撤至奥得河一线。在对峙和僵持中，时间逐渐走到了该冬营的时候。

1759 年的冬天格外的寒冷，在西里西亚和萨克森一线对峙的奥地利和普鲁士军中都有相当数量的人员冻死冻伤。腓特烈二世虽然通过各种手段的动员弥补了自己兵员上的缺口，但是新的一年到来后，俄国和奥地利重新展开攻势，这些仓促招募的新

▲ 库涅斯多夫战役中的腓特烈二世

▲ 普鲁士炮兵

兵显然无法适应残酷的战争环境。1760 年夏，普鲁士驻守西里西亚的 1.2 万名普军被道恩击溃，随后奥地利和俄国联军再度攻占柏林。腓特烈二世不无感叹地说："如果我还有 5 万老兵，我将无所畏惧。"

虽然手中的精锐部队已经所剩无几，但摆在腓特烈二世面前的形势却是非战不可。在将对手赶出首都后，10 月，腓特烈二世纠集了一支 4.8 万人的大军重返萨克森，想要将驻守于奥得河以西、托尔高城下的道恩赶出自己的占领区。但此时腓特烈二世本人的心力已近枯竭，他在战场上盲目分兵，仓促进攻，虽然最终还是将奥地利人赶出了战场，但代价却异常的高昂。2 万普鲁士年轻人血洒沙场，腓特烈二世本人也在战斗中被一颗子弹击中，幸好未伤及性命。不过值得庆幸的是，这一年普鲁士军队终于将瑞典人赶出了波罗的海南岸，而一位名叫布吕歇尔的波兰贵族更从瑞典军的战俘中倒戈到了腓特烈二世的麾下，不过此时仍没有人知道这个年轻人未来的价值。

1761 年，新的噩耗从英吉利海峡以北传来，关心汉诺威形势的英国国王乔治二世去世，他的孙子乔治三世继承了王位，但他对欧洲大陆的争霸不感兴趣，下令结束这一耗资巨大的战争。英国驻汉诺威的驻军锐减，不伦瑞克·斐迪南不得不放弃自己的家族领地后撤。法国与西班牙签订了波旁家族的内部协议，决心联手对付共同的敌人。此时整个欧洲，包括许多普鲁士人都要求腓特烈二世让步，他的士兵已经失去了战斗意志，他们声称如果再次受到攻击，他们宁愿投降。到了这一年底，腓特烈二世发现自己孤独地对抗着一打以上的敌人。他承认，只有出现奇迹才能解救他。

但奇迹真的出现了。1762 年 1 月 5 日，痛恨腓特烈二世的俄国女皇伊丽莎白一世去世，继位的彼得三世是腓特烈二世的崇拜者。腓特烈二世接到消息后，马上下令给所有的俄国俘虏衣服、鞋子和食物，并把他们释放。2 月 23 日，彼得三世宣布结束与普鲁士的战争。5 月 22 日，瑞典随之与普军媾和。同月，10 万土耳其军队对匈牙利展开攻击。6 月 10 日，俄军重新出现在战场上，然而这次却是以普鲁士的盟军身份参战。彼得三世穿着一袭普鲁士军装，并自动请求为"国王，我的主人"服务，腓特烈二世心胸舒缓，他的军队士气恢复。不过他也同意他敌人的看法：彼得三世疯了，尤其是彼得建议去攻击丹麦，收复荷尔斯坦因的时候。腓特烈二世只好静静地看着这个可怜的沙皇自己毁掉自己。6 月 28 日，彼得在一次其妻发动的政变中被推翻，几天后被暗杀。继位的叶卡捷琳娜二世命令俄军立即回国。当时腓特烈二世正准备攻击道恩，遂要求俄军司令将女皇的命令延后三天宣布，他利用这三天打了一次博克施道夫战役。7 月 21 日，谨慎的道恩在损失了 2000 人的情况下后撤，他更愿意等待俄普联军分裂的消息。

此时，整个西欧的资源几乎都已耗尽，其中普鲁士的情况最糟，14 岁以上的孩子统统都被征调，农村荒芜，商人也由于毫无交易而破产。其他诸国中，奥地利国债高达 1 亿古尔登，西班牙帝国参战不久就被打得落花流水，法国破产了，失去了许多殖民地，海外贸易几乎停顿。英国却恰好相反，它发动哈瓦那战役和马尼拉战役，夺取了古巴和菲律宾，急需和平来巩固所获得的财产。1762 年 9 月 5 日，英国首相布特勋爵约翰·斯图尔特派遣使节，赴巴黎会见法国陆军大臣舒瓦瑟尔公爵，表示如果法国愿意割让加拿大，英国将同意归还西印度群岛的贸易中心——瓜德罗普岛和马提尼克岛，归还菲律宾和古巴，同意法国在印度保留 5 个非武装的贸易点。老皮特在下院激烈地斥责这些条款，但是舆论却选择支持布特勋爵。11 月 5 日，英、法、葡、西签订《枫丹白露条约》。

只剩下普奥两军还在相互对峙。1763 年 2 月，特蕾西亚女王为形势所迫，不得不和她最痛恨的敌人签订和平条约，德意志诸邦又恢复到战前的状况，什么都没有改变，消失的只是青春和热血。回想 30 年前，这两位相互厮杀的君王竟然差一点成为夫妻，历史真是充满了黑色幽默。腓特烈二世最终还是选择了妥协，答应支持女王的儿子约瑟夫继承神圣罗马帝国皇帝之位。

帝国恢复了和平。腓特烈二世回到了阔别 6 年的柏林，贫困而悲伤的群众站在街道两边欢迎他。这位第一名将年仅 51 岁，背已驼，脸已皱，他消瘦如柴，牙齿尽落，头发斑白，饱受胃痛、腹泻和痔疮的折磨。他认为，如今最适合他的地方，就是残废军人养老院。可是普鲁士境内几成一片焦土，1.3 万个家庭被摧毁，上百个城镇成为废墟，数千户人家惨遭灭门。据他自己估计，18 万普鲁士军人战死在战场上，50 万平民死于医药和食物匮乏，死亡人数占当时国家总人口的九分之一，还有些地方仅剩老弱妇孺在耕地。他要做的就是重建和平和繁荣，以赎前罪。

纵观这场日后被丘吉尔称为“真正意义上的第一次世界大战”的“七年战争”，腓特烈二世在外交领域完败于他的对手特蕾西亚女王。从与英国联盟开始，普鲁士便注定要深陷重围。或许腓特烈二世曾自信可以凭借普鲁士军队质量上的优势，迅速打垮奥地利，他也的确有过机会。但与其说他欠缺一点点运气，不如说普鲁士的综合国力仍不足以完成其国王的疯狂构想。随着一击不中，腓特烈二世此后所进行的一切努力事实上都是一种无谓的挣扎。

“七年战争”对普鲁士而言，便犹如歌德脍炙人口的作品《浮士德》一般充满了戏剧性。腓特烈二世让普鲁士人相信了奇迹，以至于后世另一位野心勃勃的元首在深陷重围时也希望能重现这样的逆转。

临终角逐：瓜分波兰和巴伐利亚王位继承战争

1765 年，神圣罗马帝国名义上的皇帝弗朗茨一世去世。此时距离他和特蕾西亚女王结成伉俪，共同面对列强环伺的环境已经过去 30 年了。在维系这段婚姻的过程中，两人曾有过甜蜜的过往。他们共养育了 16 个子女，其中 11 个女儿都以“玛丽亚”为名，以此纪念圣母玛丽亚。闲暇时光，他们也一起出去旅行。有一次皇帝和女王微服出行，女王口渴了，皇帝非常骑士地自告奋勇，他翻越篱笆墙去为女王摘了几串葡萄，但他们被园丁发现了，身上又没带现金，只得告知对方真实身份。愤怒的园丁根本不信，大嚷道：“你是罗马帝国的皇帝，那我还是中国的可汗呢！”随即把他们夫妇关进了地窖。夫妻俩直到晚上才被卫兵解救出来。乐不可支的女王后来在这里立了一块牌子以纪念这次冒险，上面写着：“罗马皇帝犯了侵犯私人财产罪，匈牙利女王是他的同谋，甚至可以说是指使和教唆犯。”

但随着时光的推移，特蕾西亚女王不得不更多地专注于帝国政务，她的时间全都用在恢复哈布斯堡王朝过去的辉煌上，而弗朗茨一世虽然被认为善于管理国家财政，但对于一位男性王公而言，能带兵打仗才算本事，因此他在帝国的影响力显然小得多，几乎不怎么插手政事，因而这对夫妻并没有多少时光可以共度。弗朗茨一世为人宽厚浪漫，经常卷入绯闻事件，对此特蕾西亚女王也曾表达过身为妻子的不满和嫉妒。但总体上来说，这对夫妻还是在快乐的时光中走完了相伴的一生，他们死后，女儿玛丽亚·克里斯蒂娜曾说：“我的父亲是个好人，谁都能把他当作朋友来依靠，我们必须保护他，不让他受到自己多情的困扰。”

▲ *晚年的特蕾西亚女王*

弗朗茨一世死后，特蕾西亚女王一

直身穿黑色的丧服，度过了她人生的最后 15 年。对于她来说，弗朗茨一世不仅仅是生活中的伴侣，在过去的时光里，他的宽容、大度以及不干涉执政，对她来说是一种支持，使她能够把哈布斯堡王朝的事业和利益凌驾于神圣罗马帝国的利益之上。她已经做了 25 年的奥地利女大公，22 年的神圣罗马帝国无冕女皇，她感受着德意志诸侯以及心怀恶意的欧洲列强施加的压力。对她这样一个传统的女人来说，这顶王冠早就压得她喘不过气来。尽管弗朗茨一世在政治上无所作为，但客观上却放纵了特蕾西亚女王的政治思想和政策，那些盖着皇帝玺印的帝国诏书其实是盖着皇后的意志，或许哈布斯堡君临德意志的时代早就过去了，但哈布斯堡王朝还没有崩溃。

特蕾西亚女王

1740 年，挥军直取西里西亚的腓特烈二世大概根本没有把一介女流的特蕾西亚女王放在眼里，但是 10 余年后这位一向毒舌的普鲁士国王却称赞其为当代最有才干的女性。实际上，除了打仗，身为一国之君的特蕾西亚丝毫不逊色于腓特烈二世，甚至在很多方面比这位普鲁士君王更伟大。特蕾西亚女王统治的哈布斯堡王朝注定了这位女王很难专制。她的国家是一个广大而分散的封建集合体，民族成分复杂，各个地区都有自己的权利、语言、风俗与习惯。特蕾西亚女王却在重重危机之中巩固了自己的地位，以魅力与能力征服了臣民，进而重振了这个本已腐朽的帝国，使其重新成为欧洲一方强权。一位亲眼见过她的外国人如此评价这位女王：她头脑超群、心地仁慈，拥有高度的责任感与惊人的工作能力，而且还风度非凡、魅力超俗，是一个真正能够君临天下的王。

在统治方面，特蕾西亚既仁爱又严厉。她爱民如子，总是把改善民生作为自己的义务。对于子民的困难，她十分乐于倾听，她的首相考尼茨－里特贝格曾经向伏尔泰赞美道，女王从不拒绝听人诉苦，拜访她的人总能满意而去。特蕾西亚提拔了一大批贤臣良将，并且给予充分的信任与支持，接受他们的建议与指导，在运用人才方面她丝毫不逊色于腓特烈二世。不仅如此，这位女王更以个人魅力而非权力征服了大批臣民，许多人为其效忠是出于光荣感与骑士精神，而非是单纯的封建隶属关系。同时特蕾西亚也深知仅靠仁爱无法稳定国家，她运用路易十四的方法加强中央集权，强令地方贵族定居维也纳，对于不遵守法纪的贵族绝不手软。在制定法律方面，特蕾西亚十分严格，可能仅次于腓特烈二世。同时这位女王又热衷于做慈善，赈济穷人。一位来到维也纳的巴黎商人就曾感慨道，这里虽然不如巴黎富足，乞丐却远少于巴黎，民风淳朴，几乎看不到犯罪之徒，人民虽贫困却很满足、安逸，四处都是一片祥和。

当然这位女王又有自身的局限性，特蕾西亚虽生于启蒙时代，思想上却停留在路易十四时代。她是一位彻头彻尾的保守主义者，歧视犹太人，忠于罗马教会，反对新教，同时又顽固地抵抗着来自法兰西的启蒙之风。这位女王虽努力改革国家，却又因为害怕引发动乱而尽量维持原本的制度。她解放了皇家领地上的农奴，却默认匈牙利贵族蓄养奴隶的习惯。她限制教会干涉国政，向他们收税以应付与腓特烈二世的战争，却又允许教会垄断教育，压制异教思想。她本人精简持家，却又允许贵族们在维也纳大兴土木，因为这样可以把贵族们留在都城，从而限制地方势力。她鼓励学识，却又封杀一切启蒙书籍，最后干脆严禁所有法文与英文刊物。她待人和善，乐于宽恕他人的罪过，却见不得婚姻以外的男女私情。女王为此还专门成立了“贞洁委员会”，打击偷情的大臣和平民百姓。这个以维护道德风纪为目的的风纪警察组织深入全国各地，以至于有好几位奥地利贵族带着情妇逃到法国避难。奥地利人只能以政治笑话“弗朗茨太太，请你管好自己的丈夫”来回应女王的醋劲。

腓特烈二世虽然欣赏其才干，却又批评她是一个狭隘的女人。伏尔泰肯定她的能力却蔑视她的顽固。这位女王给子民带来了稳定的生活，却阻碍了整个帝国在思想上的发展。当以法兰西为首的西欧各国吹起启蒙之风后，德意志其他邦国掀起狂飙突进运动，涌现出歌德、席勒、康德等一时俊才，哈布斯堡王朝统治下的奥地利却依旧故步自封，死守着数百年来的礼教。

在世界历史上，像特蕾西亚这样的政治女强人并不少见，在她之前有英格兰的童贞女王伊丽莎白，比她稍晚的有俄国女皇叶卡捷琳娜大帝。不过绝大多数女强人都有一个共同的缺憾，那便是家庭不幸，这些女强人得到了权力，却失去了亲情，得到了国家，却失去了家庭。但是特蕾西亚却是一个异数，她是伟大的女王，又是一位成功的妻子与母亲，像她这样家庭与事业兼得的女强人恐怕少之又少。

弗朗茨一世一死，他的长子约瑟夫皇储就成了新皇帝，是为约瑟夫二世。约瑟夫二世从小就被按照皇位继承人的标准培养，他成长的年代正是母亲巩固权力的年代，正是开明专制的政策在奥地利发展的年代。他似乎比他父亲更能协助母亲管理庞大而腐朽的古老产业，然而他有个致命的缺点——过于热心，过于激进。他所管理的如果是法国或英国，他就会成为人民称颂的君主，但他的祖国奥地利则不同。他是个理想主义者，希望在这个古老的国家内部完全废除农奴制，崇尚法国式的理性主义，然而他没有看到奥地利的内忧外患。对内，神圣罗马帝国有多个互不相容的民族，各有势力的大贵族和大地主，虎视眈眈的德意志诸侯。对外，英国已经和普鲁士结成同盟，法国和奥地利这对老对手打算忘记过去，结成联盟，但两国的贵族却矛盾重重，两个大国都被连年的征战拖得虚弱不堪，都已经不起任何折腾和动乱了。但约瑟夫二世却仍旧锐意改革，他打算树立自己开明君主的光辉形象——从某种意义上来说他成功了，至今奥地利人仍认为约瑟夫二世是个亲近民众的皇帝，作风朴实、锐意创新。然而他所做的一切都极大地伤害了他的母亲。

▲ *约瑟夫二世*

1763 年 10 月，波兰国王兼萨克森选帝侯奥古斯都三世病故，俄国女皇叶卡捷琳娜二世随即迫使波兰议会选举亲俄贵族波尼亚托夫斯基为新国王，加紧控制波兰。面对严重的民族危机，部分波兰贵族掀起爱国革新运动，以便加强中央政权，维护国家独立，结果引来外国干涉，导致波兰陷入被瓜分的危机之中。波兰贵族分别向法国和奥斯曼帝国寻求支持，最终导致俄国在 1767 年全面入侵。随着俄军追击波兰起义军进入奥斯曼帝国的领土，俄国与奥斯曼帝国之间的战争在乌克兰、巴尔干半岛以及外高加索全面打响。

深恐俄国独吞波兰的奥地利随即与奥斯曼订立军事同盟，普鲁士也拒不履行《俄普同盟条约》。为摆脱外交上的困境，俄国放弃独霸波兰的计划，同意普鲁士国王腓特烈二世提出的瓜分波兰的主张。同时普鲁士为联俄制奥，俄国为推翻奥地利和奥斯曼帝国联盟，都同意奥地利参与瓜分。1772 年 8 月，俄、普、奥三国在彼得堡签订瓜分波兰的条约。

瓜分波兰对特蕾西亚女王来说是人生最大的失败。自“七年战争”结束后，女王一直竭力维持和平，因为她知道哈布斯堡王朝的产业是用联姻和血统维系的脆弱而辉煌的广阔领土，任何动乱都可能使国家瓦解。因此她竭力避免战乱，而且还要避免和她的死敌腓特烈二世合作。然而 1772 年瓜分波兰事件同时撞上这两个女王极力避免的问题。年轻的皇帝约瑟夫二世缺乏政治手腕，也不是非常聪明，但看问题冷静清楚。他想要获得权力，想要欧洲承认他的地位，他迫切要求和俄国、普鲁士一同瓜分波兰，这样做不仅会使奥地利得到大片领土，还会树立他的个人威信。

从国家和个人的角度来说，特蕾西亚女王都不愿看到奥地利参与瓜分波兰，她既不愿看到普鲁士从中获得利益，更怕瓜分波兰会使不久前依靠联姻缓和起来的法奥关系重新紧张起来。1770 年，女王刚刚把自己最小的女儿玛丽亚·安东妮亚嫁给了路易十五的孙子——未来的国王路易十六。但此时整个奥地利议会却都为眼前的利益所蛊惑。1772 年 8 月，俄、普、奥三国在彼得堡签订瓜分波兰的条约。根据条约，波兰十分之三的领土和三分之一的人口被归入了俄国、普鲁士和奥地利的口袋之中。其中普鲁士所获最少，奥地利获得领土虽然少于俄国，但人口却是最多的。腓特烈二世为此还特意写信讽刺特蕾西亚女王说：“（在这件事上）俄国叶卡捷琳娜女皇和我绝对是强盗。我只想知道她（特蕾西亚女王）会如何对神父忏悔自己的罪过？也许她在取得（波兰）时哭了，不过她哭得越多，得到越多！”

特蕾西亚女王如何看待老对手的冷嘲热讽世人不得而知，不过很快他们便再度展开了人生中最后一次角逐。1777 年，统治巴伐利亚的维特尔斯巴赫王朝绝后，本该由近亲普法尔茨—苏尔茨巴赫的卡尔·泰奥多尔选侯继承。泰奥多尔对巴伐利亚继承权兴趣不大，因此向皇帝约瑟夫二世提出建议，希望割让下巴伐利亚给奥地利，奥地利则把奥属尼德兰给他作为补偿。年轻的皇帝约瑟夫二世未征得母亲的同意，便轻易应允了下来。结果领土尚未交割便引来普鲁士和萨克森的联合反对。

1778年，腓特烈二世再度亲自领兵出征，从西里西亚南下，进攻波希米亚。同时亨利亲王指挥普鲁士和萨克森联军从萨克森出发，由西向东展开夹击。此时奥地利的一代名将道恩早已作古，但他坚壁清野的战术却为奥地利人所继承。面对奥地利军队的严阵以待，腓特烈二世也不敢轻易作战。双方在波希米亚长期对峙的同时，广大官兵无事可干，便以收获马铃薯解闷，因此这次冲突又被称为“土豆战争”。1779年，在特蕾西亚女王的斡旋之下，法国和俄国出面调停，腓特烈二世终于同意收兵。奥地利仅获得了巴伐利亚领土的一小部分，普鲁士和萨克森则得到了战争赔款，而巴伐利亚则仍然由泰奥多尔选帝侯继承，可谓皆大欢喜。

▲ ***晚年仍亲临战场的腓特烈二世***

1780年11月29日，执政40年的特蕾西亚女王，因感染上天花，健康状况急剧恶化，最终离世。临死前她把子女叫到身边，对每个人都讲了一些感人肺腑的话，并微笑着恳请约瑟夫二世要照顾好自己的兄弟姐妹。她不愿入睡，她要亲眼看着死神的到来。晚上9点，这位坚强的女王挣扎着站起身，似乎要向前走。约瑟夫二世快步向前并问：“陛下想到哪里去？”她没有回答就倒下了，一阵痉挛后咽下了最后一口气。就这样，650年里，哈布斯堡王朝唯一的女性统治者玛丽亚·特蕾西亚与世长辞了。

特蕾西亚女王死后，腓特烈二世又顽强地活了6年之久。不过这段时间里他并没有太多的作为，和大多数强权政治一样，随着独裁者的垂垂老矣，官僚主义与行政腐化卷土重来，军队变得故步自封、腐朽老化。对此腓特烈二世不是没有预料到，他曾对自己的继承人——侄子腓特烈·威廉说：“我为你而劳碌，但是你应当延续我做的事情，如果你变得疏懒、软弱，我的功业将毁于一旦。”暮年的腓特烈二世更是悲观地感慨：“我死之后，几年内可能就没有普鲁士了。”不过晚年的腓特烈二世本人又何尝没有变得顽固短视。1773 年初，由于袒护一名与波兰反普暴动有牵连的牧师，已经升任少校的布吕歇尔被腓特烈二世赶出了普鲁士军队。此后布吕歇尔多次请求重返军队，但均被腓特烈二世拒绝。然而正是这个被迫卸甲归田的骑兵将领日后将带领普鲁士乃至整个德意志浴火重生。

黄金家族的血腥内斗

从蒙古帝国分裂到元帝国两都之战

作者／蔡传亮

十三世纪可以被称作“蒙古人的世纪”，仅仅几十年间，蒙古铁骑便踏遍了东起高丽、西至波兰的万里疆土。作为一个在世界历史中影响深远的王朝，蒙古帝国极盛时曾拥有两千多万平方公里的版图，其广阔程度在人类历史上仅次于大英帝国。然而正如这个帝国是在短短一代人中崛起的一样，它也在一代人的时间里走向分崩离析。此间的缘由固然错综复杂，但说是黄金家族自己造成了帝国的瓦解并不夸张。

蒙古帝国的分裂

早在成吉思汗在位时，他的诸子之间就因汗位继承权发生了激烈的斗争：西征之前也遂皇后向成吉思汗提议，在他的四个嫡子中选择一名储君。按照习惯，成吉思汗首先征求长子术赤的意见，次子察合台认为铁木真是想传位于术赤，便公开以术赤的血统问题发难，大骂道：“他是篾儿乞惕种，我等岂能受他管治！”众所周知，术赤出生之前他的母亲孛儿帖曾被蔑儿乞人俘获达数月之久，他们为了报复当年蔑儿乞贵族也客赤列都之妻柯额伦（铁木真之母）被也速该抢走的一箭之仇，将她配给也客赤列都的弟弟赤勒格儿。虽然后来孛儿帖得救，但此时她已身怀六甲，这个孩子就是术赤，连铁木真都怀疑术赤并非自己的儿子，而为他取名“术赤”[①]。愤怒的术赤为此叫嚷着要与弟弟比赛射箭和摔跤，“二人揪着对方的衣领相持”，在博尔术和木华黎的劝阻下才没有酿成兄弟相残的惨剧。铁木真加以制止之后，察合台又以术赤有勇无谋、才德不够为由，转而推举窝阔台为汗位继承人。为了防止术赤和察合台之间的争斗恶化，铁木真同意了这一提议，并得到术赤和拖雷的同意，才化解了这场危机。为了保证自己死后诸子能遵守诺

▲ *成吉思汗的正后——孛儿帖*

① 蒙古语的意思为“客人”。

言，铁木真不但以阿勒坛、忽察儿的前车之鉴作为警告，而且下令将被征服地区分封给术赤和察合台，“天地广阔，海河无边，将来还是各去一邦镇守为好”，以免彼此发生冲突。

▲ 窝阔台

然而危机只是暂时被化解。数年之后，已经在西征中获取了大片领地的术赤开始产生离心倾向。在攻克玉龙杰赤[①]之后，他便擅自撤回到自己在锡尔河以北的营盘。1224 年，成吉思汗西征结束，回军途中召见诸子。但术赤以患病为由拒绝去觐见铁木真，只是遵照父命将野兽驱赶到忽兰八失以供围猎，并贡献两万匹马。愤怒的铁木真一度想派察合台率军攻打术赤，后因得知其死讯才作罢。可以说在铁木真死前，黄金家族内斗的裂痕就已经开始显现出来了。

虽然窝阔台被铁木真立为汗位继承人，但是根据草原民族的习惯法，大汗需要经过忽里勒台大会的选举才能继位。铁木真死后两年，在拖雷的主持下，蒙古帝国于 1229 年秋在客鲁涟河（今克鲁伦河，在额尔齐斯河上游）畔的阔迭兀岛（今蒙古国肯特省德勒格尔汗县境内）召开了忽里勒台大会。察合台、拖雷、术赤的儿子们，以及铁木真的弟弟们和蒙古勋贵、外戚、重臣参加了大会。在众人的拥戴下，窝阔台继位为大汗，并继承了铁木真的“宿卫、弓箭手、八千名侍卫及万名近卫、中央本部百姓”。窝阔台并无其父的崇高威望，因此他虽然采取多种举措来加强汗权，诸如由察合台带头行君臣跪拜之礼，在哈拉和林（今蒙古国中部鄂尔浑河上游）建立都城，颁布扎撒以限制诸王与贵族，设立驿站系统，改进成吉思汗时代粗糙的官僚和赋税制度等，但面对宗室诸王势力的日益膨胀，窝阔台的权位并不稳固。术赤虽死，但其子拔都继承了他的位置，并在“长子西征”[②]中屡立战功，一直打到中欧，建立了庞大的金帐汗国，已成尾大不掉之势；察合台虽然带头拥立弟弟窝阔台并行叩拜之礼，因之被封为皇兄，但是他也曾擅自撤换河中[③]的地方长官，干涉大汗直辖地区的政务。虽然此举在窝阔

① 花剌子模旧都，遗址在今阿姆河以南，土库曼斯坦西北部。
② 1235 年的第二次蒙古西征，因宗王以下、十户长以上均需派长子参战而得名。
③ 中亚的锡尔河、阿姆河以及泽拉夫尚河流域，为今乌兹别克斯坦全境和哈萨克斯坦西南部。

台的干预下最终没有成功，但也迫使窝阔台送给他一个州，并调走了河中的大断事官牙剌瓦赤。

► 元代急递驿陶俑。窝阔台继位后，下令在全境遍建驿站

对汗权威胁最大的其实是拖雷家族。这不但因为草原民族自古就有幼子继承家业的传统，更因为拖雷继承了成吉思汗的绝大部分军队——十二万九千人中的十万零一千人。窝阔台除了自己获封的四个千户外，对其他军队，只有征调权并无领属权。加之拖雷身为也可那颜①，长期随成吉思汗的中军出征，在蒙古军中威望极高，因此其势力让窝阔台如芒在背，欲除之而后快。所幸，托雷在 1232 年便去世了。传说该年蒙古军队南征金国途中，窝阔台突患重病无法说话，巫师声称是金国的山水之神作祟，只有献祭亲人的性命才能免除祸患。窝阔台假意询问自己的儿子有谁在身边，拖雷担心窝阔台“真有不测，蒙古之众将成遗孤，金国敌人将会庆幸”，便饮下了巫师们下过咒语的法水。他饮下咒水后痛苦难忍，但依旧将照顾遗孤之事拜托给窝阔台之后才死去，而窝阔台竟奇迹般地迅速康复了。从《蒙古秘史》的闪烁其词来看，这实际上是一场精心策划的暗杀行动。不过拖雷虽死，但是窝阔台的目的并没有达到，因为拖雷属下的千户长们忠于拖雷一系。当窝阔台下令将拖雷属下的三个千户赐给自己的儿子阔端之时，失吉忽秃忽、速敦那颜、忙哥撒儿等大将都向拖雷的遗孀唆鲁禾帖尼告状，请求她出面质问窝阔台。唆鲁禾帖尼却没有计较，这不仅避免了和大汗的正面冲突，也拉拢了阔端。不过当窝阔台试图让自己的儿子贵由收继唆鲁禾帖尼为妻，企图以此夺取军权之时，却遭到了她的拒绝。随着拖雷的儿子逐渐长大成人，窝阔台日益感到有被秋后算账的危险，便决定立自己的孙子失烈门（阔出长子）为汗位继承人。

1241 年，窝阔台病重。西征中的贵由和托雷之子蒙哥等人皆奉命回师，但还没

① “也可那颜”是尊号，意为“大官人”。“也可”在蒙古语中意为“大”。

▲ *拖雷和他的妻子唆鲁禾帖尼*

有来得及赶到汗廷，窝阔台便去世了。皇后乃马真氏脱列哥那以摄政太后的身份独断朝政，重用女巫法蒂玛和佞臣奥都剌合蛮，镇海王子、牙老瓦赤、马速忽别等重臣都逃往阔端或拔都的封地避难，耶律楚材则抑郁而死。独揽大权之后，她不遵从窝阔台生前的旨意，坚持召开忽里勒台大会让自己的儿子贵由继位，而羽翼已丰的拔都则因与贵由结怨而反对他继位，拒不参加忽里勒台大会，成吉思汗的幼弟斡赤斤也趁机起兵争位。窝阔台去世之后，蒙古帝国的政局陷入了动荡不安之中，直到 1245 年，忽里勒台大会才在和林附近的夏宫召开。参加会议的东道、西道诸王①与来自帝国各地的贵族、重臣拥立贵由为大汗，并宣誓效忠贵由与其后人。贵由继位后，马上处死了斡赤斤和法蒂玛，重新启用镇海王子和牙老瓦赤，制止了诸王、勋贵滥用民力的行为，又命察合台之子也速蒙哥继承父亲的汗位，并派速不台攻打南宋，让政局有所起色。

但拔都和拖雷诸子势力的壮大依旧严重威胁着汗权，贵由决定首先剪除拔都。继位第二年，他便命野里知吉接管波斯的蒙古驻军，并抽调诸王五分之一的兵力随征，西亚和高加索的属国都受命听从野里知吉的调遣。这种权力只有当年的木华黎曾经拥有过，其矛头明显指向了拔都。1248 年初，贵由又调遣一半的怯薛②军为自己的护卫，并以叶米立（今新疆塔城地区额敏县）的气候适合他养病为由出动大军向西进发。聪慧过人的唆鲁禾帖尼断定贵由是要向拔都用兵，深知唇亡齿寒的她马上派遣密使通知拔都。拔都得到消息后，立刻整军备战，出动大军向东进发，在边境上准备迎战。

不料两个月后，贵由在进军途中突然死去，他是暴病身亡还是死于暗杀至今还是一个谜。拔都得知消息后便停止了进军的步伐，一场内战危机得以化解。根据草原上的习惯，新大汗选出之前，先由贵由的妻子斡兀立海米失皇后摄政。但贵由的三个儿

① 东道诸王为铁木真诸弟及其后代，分封于帝国东部；西道诸王为铁木真诸子及其后代，分封于帝国西部，帝国中部则由大汗直辖。

② 怯薛起源于草原部落贵族亲兵，后来发展成为禁卫军，是元代官僚阶层的核心部分。

子都缺乏威望和功绩，年轻的失烈门也不孚众望，支持窝阔台系的察合台系后王也速蒙哥则是个酒鬼，窝阔台系的汗位岌岌可危。拔都看到了推翻窝阔台系的机会，便邀请各支宗王到自己的封地举行选举新汗的忽里勒台大会，但窝阔台系和察合台系诸王大多不愿参加，斡兀立海米失也仅派出了代表。一直低调隐忍却在黄金家族中受到普遍尊敬的唆鲁禾帖尼看到了儿子们翻身的良机。她马上让蒙哥带着弟弟们不远万里参会，以表示对拔都的支持。大会之上，众人皆表示愿意拥戴拔都为大汗，如果拔都不愿意当大汗则由他指定一人为汗。此时的拔都已入暮年，对汗位不感兴趣，便推举蒙哥为汗。斡兀立海米失的代表八剌以窝阔台生前属意失烈门为由加以反对，蒙哥则以贵由继位本身就是违背窝阔台意志相反驳，大将速不台的儿子兀良哈台则表示拥戴蒙哥。虽然诸王、勋贵都曾在窝阔台继位时宣誓效忠窝阔台及其子孙，但此时拖雷系诸王控制了大部分军队，又有拔都为首的术赤系诸王支持。于是众人不敢反对，会议强行通过了拥立蒙哥为大汗的决议。

拔都随即派弟弟别儿哥、脱花帖木儿率军护卫蒙哥东归，准备第二年在斡难河源召开忽里勒台大会，正式选举蒙哥为汗，并向各宗王发出了参会指令。但窝阔台系诸王和察合台后王也速蒙哥不承认蒙哥的汗位，拒不参会，导致会期一拖再拖。于是拔都强行下令别儿哥不必等待，于 1251 年六月在曲雕阿兰在[①]召开大会，在贵由诸子与部分察合台系、窝阔台系后王没有参会的情况下，选举蒙哥为大汗。失烈门、察合台之孙也孙脱和贵由之子脑忽率领军队以参会为名企图袭击蒙哥，被发现后，七十七名官员被处死，野里知吉也被蒙哥派人逮捕并送往拔都处处死。之后，蒙哥在强大军力的支持下，对反对派严厉镇压。斡兀立海米失、也速蒙哥、失烈门、镇海王子都被处死，窝阔台兀鲁斯[②]的领地被一分为七，窝阔台系后王除阔端外，军权均被剥夺。至此，拖雷系诸王确立了在帝国境内的绝对优势，此后的汗位争夺都在拖雷后裔之间展开。蒙哥继位之后，为了巩固自己的权位，派旭烈兀（蒙哥之弟）率军西征、忽必烈镇守汉地，以为羽翼。但忽必烈在汉地招揽士人为幕僚，任用他们在陕西、河南施行汉法治理，又南征大理、营造开平（今内蒙古锡林郭勒盟正蓝旗），颇有建树，势力也不断膨胀，此举引起了蒙哥的警惕。他剥夺了忽必烈的统军之权，并派出亲信罗织罪名

① 孛儿帖的封地，今蒙古国肯特省克鲁伦河和僧库尔河交汇处。
② 蒙古语，意为“人民，分地”，指蒙古汗国诸王的分封地。

将忽必烈的幕臣尽皆治罪。尽管忽必烈以家属为人质，并亲自觐见汗兄，解除了蒙哥的疑虑，但蒙哥依旧废除了忽必烈在陕西和河南设立的机构，忽必烈被迫以治疗足疾为由回家闲居。

1258年，蒙哥留下阿里不哥镇守漠北，亲自率领大军兵分三路，大举南下入侵南宋。蒙哥亲自率领的西路军势如破竹，于次年二月兵临合州（今重庆合川）城下，但东路军统帅塔察尔（斡赤斤曾孙）却进展不力。忽必烈趁机派人请求军前效力，于是蒙哥命忽必烈取代塔察尔，统帅东路军攻打鄂州（今湖北武昌）。合州城地势险要，余玠治蜀时又曾在钓鱼山①上建筑坚城，蒙哥率军连续攻打五个月都未能攻破。而宋将吕文德则率领援军溯江而上，进入重庆。加之天气酷热，蒙古军中瘟疫横行，七月蒙哥在军中去世，蒙古被迫撤军。次月，忽必烈得知了蒙哥去世的消息，但是依旧率军围攻鄂州，并派军到岳州迎接从云南北上的兀良合台部。吕文德部从四川返回后，趁夜突入鄂州城。得知蒙哥死去的消息后，宋军士气大振。忽必烈久攻不下，为了防止阿里不哥占得先机，只得撤军北上。

蒙哥死后，大军退回六盘山待命，其子阿速台则护送父亲的灵柩返回漠北发丧。按照惯例，阿里不哥以拖雷幼子的身份开始摄政监国，并成为选举新大汗的忽里勒台召集人。他一面向诸王派出使节邀请他们参加忽里勒台大会，一面派心腹到漠南和关中征发军队，试图切断忽必烈的后路。忽必烈返回燕京之后，遣散了军队，阿里不哥要求忽必烈马上前往漠北奔丧、参加忽里勒台大会，试图让忽必烈脱离其漠南的根据地。但忽必烈并不上当，而是拉拢了塔察尔等诸王。1260年四月，他在开平召开忽里勒台大会，会上众人推举忽必烈为大汗。五月，阿里不哥也在漠北召开忽里勒台大会，被选为大汗，蒙古帝国公开分裂。

此后，经过四年的战争，阿里不哥才兵败投降。拖雷家族的内斗给了西道诸王以机会，术赤、察合台、窝阔台三大兀鲁斯的后王们趁机脱离大汗的辖制，旭烈兀和阿鲁忽（察合台之孙）还占领了大汗在西亚和中亚的直辖领地。忽必烈为了维护帝国的统一，以商讨处置阿里不哥为由，向西道诸王发出在斡难河源召开忽里勒台大会的邀请。旭烈兀、金帐汗别儿哥（拔都之弟）、察合台汗阿鲁忽都答应参加，会期约定在1267年。然而不久便发生了旭烈兀与别儿哥之间的战争，双方形同敌国，阿鲁忽也

① 合州州治，今重庆市合川区东嘉陵江、渠江和涪江交汇处。

▲ 钓鱼城古战场遗址

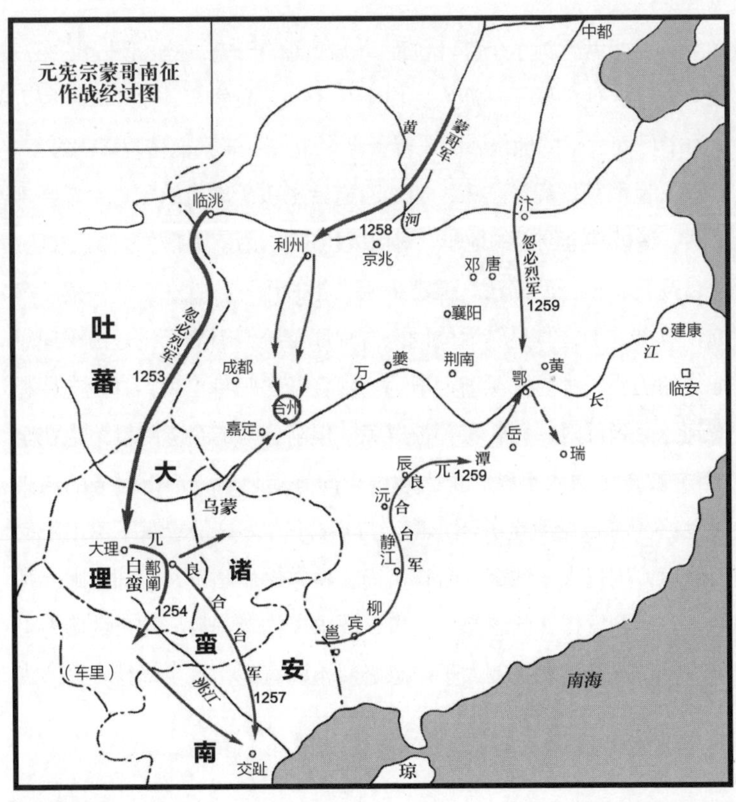

▲ 蒙哥南征示意图

为争夺河中地区而与别儿哥开战。1264—1265 年，阿鲁忽、旭烈兀、别儿哥先后死去，他们的继任者都对参加 1267 年的忽里勒台大会不感兴趣，甚至转而对抗忽必烈，而窝阔台系后王海都甚至已经和忽必烈公开开战。在此情况下，大汗虽然还保持了名义上的宗主身份，但实际上已经失去了对西道诸王的控制，蒙古帝国从此四分五裂。

元帝国的继承人之乱

蒙古帝国分裂之后，蒙古大汗其实已经和元朝皇帝的身份合二为一。虽然名义上，蒙古大汗依旧由包括西道诸王参与的忽里勒台大会选举产生。但由于东道诸王逐渐沦为元朝皇帝的臣属，而西道诸王则形同独立，不再关心大汗之位的归属，所以汗位一直由忽必烈的后代世袭，汗位选举不过是皇位继承后的例行公事，诸王不过是借此获得巨额赏赐而已。但大蒙古国时期汗位继承的混乱与血腥依旧延续到大元朝时期，成为元朝百年而亡的重要原因之一。

忽必烈为了避免重蹈父祖两代为了争夺汗位而兵戎相见的历史，在至元十年（1273 年）照汉地制度，设立太子。他的嫡子共四人，由于长子朵儿只早卒，次子真金成为元朝第一位皇太子。为了巩固太子的地位，他还授予真金中书令兼判枢密院事的官衔。此时由于南宋灭亡，汉人世侯割据局面结束，加之西道诸王叛乱产生的压力，忽必烈对汉化的态度陷于迟滞、消极甚至倒退的地步，对汉人臣僚从重用信任转为猜忌打压，转而任用阿合马等色目高官，推行回回法。但真金从少年时代开始就在名儒姚枢、窦默、王恂的培养下饱读诗书，加之其皇储地位也来自中原传统，因此无论是出于理想信念还是出于巩固地位的需要，都与其父渐行渐远。阿合马遇刺身亡后，真金支持和礼霍孙厉行改革，遭到忽必烈反对，和礼霍孙被罢免，但阿合马的余党陆世荣也在至元二十二年（1285 年）被真金送入牢狱。正当政局走向好转之时，不识时务的江南行台御史却上奏要求忽必烈禅位给真金并制止南必皇后[1]干政。这份奏章不论出于何种目的都让真金陷入险境，同情太子的御史台官员尚文将它偷偷压下，但却被阿合马党羽答即古阿散探知。他借题发挥，向忽必烈上奏，要求以钩考账目、防止贪墨为由查阅御史台的案卷以求得到这份奏章扳倒太子。忽必烈不疑有他，责令施行。答即古

① 忽必烈的第二任皇后，第一任乃是察必皇后。

◀《元世祖出猎图》局部，元朝画家刘贯道绘制于至元十七年（1280年），其中骑着黑马、身穿白裘的男子是元世祖忽必烈

阿散拘捕御史台的官吏，搜查御史台的卷宗，尚文拒不交出奏章。答即古阿散上报之后，忽必烈大为震怒，派大宗正薛彻干前去索要。危急时刻，尚文连忙去向御史大夫玉昔帖木儿（博尔术之孙）求救，说答即古阿散此举是“上危太子，下陷大臣，流毒天下之民”，将动摇国家根基，必须先发制人才能挫败其阴谋。玉昔帖木儿挺身而出，和右丞相安童（木华黎曾孙）一起觐见忽必烈，揭发答即古阿散的阴谋，为太子说情，才让真金免遭此祸。阿合马余党答即古阿散、卢世荣也被处死。但此事对太子真金的精神造成了很大的打击，他深深地感受到了父亲对自己的猜忌，陷入忧惧之中无法自拔，几个月后便抑郁而终，时年四十三岁。

真金死时忽必烈已经年逾古稀，众多大臣纷纷上奏请求另立储君，但忽必烈害怕太子重蹈真金的悲剧，长期犹豫不决，导致储位虚悬多年。此时忽必烈发妻察必皇后所生四子中仅剩下幼子那木罕（三子忙哥剌先于真金七年去世），以北平王的身份出镇漠北。按照蒙古幼子守灶的传统，他是有继位资格的。但那木罕曾在与海都的战争中当过俘虏，并在真金生前就公开表示过自己不能被立为储君的不满，以致忽必烈大怒，从而丧失了继承人的资格。

忽必烈转而决定在真金的儿子中选立一人，至元二十八年（1291 年）他任命真金当年的太子詹事完泽为首相，便是明显的信号。真金共有三子，长子甘麻剌，次子答剌麻八剌，幼子铁穆耳。至元二十九年（1292 年），答剌麻八剌和那木罕先后去世，

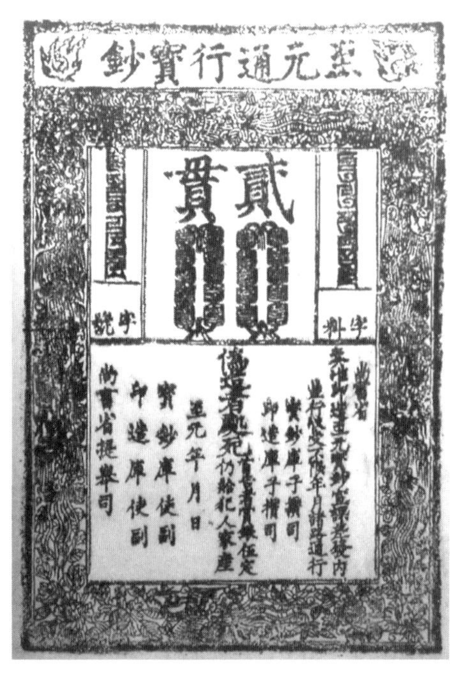

▲ *1287年发行的至元宝钞*

皇储的人选已经只剩下甘麻剌和铁穆耳。按照中原的政治传统，甘麻剌作为嫡长孙，被立为储君理所应当，但是蒙元对汉法的采行原本就有限，世祖朝后期汉人的政治势力又日益式微，甘麻剌在名分上并无优势。而铁穆耳不仅深得真金遗孀阔阔真的喜爱，而且作为真金的幼子继位也契合草原传统，因此在忽必烈心中有着远比甘麻剌高的地位。至元三十年（1293年）六月，自知来日无多的忽必烈将“皇太子宝”赐给铁穆耳，命他总兵北边，镇守哈拉和林，又命太傅、御史大夫、知枢密院事玉昔帖木儿驻守漠北，辅佐铁穆耳。至元三十一年（1294年）正月壬子朔（一月一日凌晨），忽必烈病入膏肓，无法接受朝贺，伯颜（1236—1295年）连夜从军中赶回，以知枢密院事的身份掌控大都禁军以备不测。癸酉（一月二十二日），忽必烈驾崩于紫檀殿，享年八十岁。在伯颜的主持下，亲王、大臣们一面按草原旧俗，将忽必烈的灵柩送往漠北安葬，一面派人到哈拉和林向铁穆耳报讯。在伯颜的主持下，大都的局势安定下来，但是作为依旧有着浓厚草原旧制传统的帝国，蒙元的皇位继承并不能如中原王朝那样由皇储自动继位，依旧需要召开忽里勒台大会举行选汗仪式。

当年四月，诸王、勋贵、重臣群集上都（原开平），召开忽里勒台大会，选举新的大汗。铁穆耳的对手是晋王甘麻剌，他不仅是铁穆耳的长兄，而且负责管理漠北的军马和民众，与蒙古诸王、勋贵有颇多的联系。他对于祖父不立自己为储君自然不甘心，兄弟二人为了皇位不可避免地产生了争执。这次皇位之争最终之所以没有酿成流血政变，有赖于忽必烈旧臣们对铁穆耳的维护。中书省平章（平章政事）不忽木是忽必烈晚年的亲信怯薛，曾推荐完泽出任首相，也是忽必烈病危时极少数能进入寝殿侍奉之人，忽必烈去世后他成为拥立铁穆耳的核心人物，年龄和官位都比他高的首相完泽反而无法参与。在召开忽里勒台大会前夕，玉昔帖木儿先发制人，对甘麻剌施加压力说：“宫车晏驾，已逾三月，神器不可久虚，宗祧不可乏主。畴昔储闱符玺既有所归，王

▲ *伊利汗国的蒙古人*

为宗盟之长，奚俟而不言。”甘麻剌被迫同意拥立弟弟：“皇帝践祚，愿北面事之。”为了防止支持甘麻剌的诸王反对，伯颜“握剑立殿陛，陈祖宗宝训，宣扬顾命，述所以立成宗之意，辞色俱厉”。面对这位名将与其背后强大军事力量的威慑，诸王无不臣服。此外，真金的遗孀阔阔真也以皇太后的身份支持铁穆耳，为此她要求兄弟两人比赛背诵成吉思汗的训词（必力克），口吃的甘麻剌自然落败。一场政治危机在三位重臣的力争下才得以化解。

铁穆耳（即元成宗）继位之后，奉行垂拱而治的守成政治，对内减免赋税、赈济灾荒、振兴文教、整顿吏治，对外则停止了对越南和日本的征伐。大德七年（1303年）西北诸王的叛乱也得以平息，窝阔台汗国和察合台汗国的统治者与元朝之间实现了和平，并得到了伊利汗和金帐汗的支持，蒙古帝国内部长达四十年的内战宣告结束。但这位守成之君为了巩固权位，对诸王、勋贵滥发赏赐，招致国库亏空，通货膨胀。而且铁穆耳重用色目官僚，汉人的政治地位更加低下，南人甚至被排斥出中枢机构。铁穆耳自己虽然才德足以为守成之君，但是私德有亏，因酗酒成性三十多岁就开始懈怠政务，后来又因酒生疾，逐渐丧失了对朝政的掌控。皇后卜鲁罕与中书右丞相哈剌哈孙各自结党争斗，贪腐大案屡禁不止，盛世的表象下已经隐藏着深重的危机。大德十一年（1307年）正月，年仅四十三岁的铁穆耳去世，由于他生前唯一的儿子德寿皇太子在一个月前夭折，皇位之争随之爆发。皇后卜鲁罕在儿子死后，转而勾结左丞相阿忽台等人，支持安西王阿难答（忽必烈之孙、忙哥剌之子）继位，以便利用阿难答手下的十五万大军来控制朝政。此时真金诸子都已亡故，甘麻剌的儿子晋王也孙铁木儿出镇漠北，答剌麻八剌则有三子——阿木哥、海山、爱育黎拔力八达。阿木哥因为母亲只是侍妾而无缘帝位，海山被封怀宁王屯兵漠北，爱育黎拔力八达与母亲答己则被安置于河南怀州（今河南省焦作市）。

为了对抗皇后卜鲁罕，中书右丞相兼知枢密院事哈剌哈孙决定支持海山和爱育黎拔力八达。但此时卜鲁罕召阿难答进京，并试图在阿忽台、伯颜（赛典赤之子）、八都马辛的支持下，临朝听政，以摄政身份迫使群臣拥立阿难答，并封闭了通往漠北的道路，以防止海山得知铁穆耳的死讯。哈剌哈孙则下令收缴京城百司的符印，封闭国库，并率领怯薛监守掖门。而后他称病不出，卜鲁罕虽每日数次向他发布内旨，他都拒绝奉旨，也不在文书上署名，造成中枢行政瘫痪。在阻止卜鲁罕利用中枢机构发号施令的同时，哈剌哈孙又派密使到漠北迎接海山，到怀州迎接爱育黎拔力八达。因为漠北离大都路途遥远，所以爱育黎拔力八达和母亲答己于二月先于海山来到大都。

在此情况下，卜鲁罕决定铤而走险，准备在三月三日以祝贺爱育黎拔力八达的生日之名，趁机发动政变。爱育黎拔力八达派师傅李孟假扮医师去探望哈剌哈孙，哈剌哈孙让李孟转告道："怀宁王远，不能猝至，恐变生不测，当先事图之。"

爱育黎拔力八达的手下大多认为，卜鲁罕和阿难答手握重兵，而己方仅有数十名卫士，难以匹敌，不如等待海山率大军来临。李孟力排众议，主张即刻起事。爱育黎拔力八达采纳了他的意见，命人伪造海山使节来到的消息，诱骗阿难答和卜鲁罕来议事，自己则于三月二日率领属下进入内宫，和哈剌哈孙所率的亲信怯薛会合冲入殿廊。阿难答等人猝不及防，均被逮捕下狱。诸王阔阔出、牙忽都等拥戴爱育黎拔力八达继位，但爱育黎拔力八达忌惮兄长大军将至，便以监国身份主政，派遣使节迎接海山。此时海山已得知消息，他在哈拉和林召集镇守漠北的诸王将领，获得了拥戴，接着率领三万大军，分三路南下。答己深信星象家的预言，认为海山继位必寿命不长，欲让爱育黎拔力八达继位，派人去阻止海山。海山大为不满，继续率军南下，答己和爱育黎拔力八达连忙遣使到海山大军处说明原委，表达拥戴之意。于是海山于五月到达上都，答己和爱育黎拔力八达也来到上都，母子三人会面后尽弃前嫌，召集诸王举行忽里勒台大会。由于海山为真金之孙，又有三万漠北精兵为后盾，反对派卜鲁罕、阿难答等人也都已锒铛入狱，诸王自然不敢反对。海山（武宗）继位后，尊答己为太后，为了酬谢弟弟的功劳，立他为皇太子，卜鲁罕、阿难答、阿忽台等人则被处死。虽然哈剌哈孙在铲除后党、拥立海山的过程中居功至伟，但也因功高震主，海山上台后便被罢免，行省漠北。

▲ 答己画像，藏于台北故宫博物院

海山长期在漠北统军，屡次击败海都的军队，战功赫赫，因此在军中颇富声望。但是他毕竟长期远离朝廷中枢，在帝国内的权力根基并不雄厚，因此在登基后对诸王、勋贵、高官大加赏赐以拉拢人心，结果原本就很糟糕的财政状况更加恶化。元帝国每年赋税收入约四百万锭，除各省备用外，中央政府可支配二百八十万锭。铁穆耳时每年约支取二百七十万锭，尚略有结余。但海山继位仅四个月就支取了四百二十万锭，到第二年二月更增加到八百二十万锭，仅九个月就耗光了两年的财政收入。加之他滥发恩赏、大兴土木、多购宝货、滥封官爵，财政更趋于枯竭。为了减少赤字，海山又下令设立尚书省，专以敛财为目的，在一批色目官员的主持下不断滥发纸钞、提高盐价、增加赋税，导致民不聊生。

至大四年（1311 年），星象家的预言居然神奇地应验了，在位不足五年的海山年仅三十一岁便英年早逝，其弟爱育黎拔力八达（仁宗）继位。这位自幼深受名士李孟教导的皇帝一上台就解散尚书省，将海山重用的奸臣酷吏或处死，或流放，启用大批德才兼备的大臣（其中有多位儒士），李孟更成为中书省平章。在诸位贤臣的辅佐下，爱育黎拔力八达停止各项土木营建，他裁汰冗员、稳定钞法、经理田籍，恢复了停止近百年的科举，诸王、勋贵、僧侣的特权也遭到压制。然而，爱育黎拔力八达的改革

▲ *推行汉化的元仁宗爱育黎拔力八达*

遭到了母后答己与其支持的右丞相铁木迭儿的反对，处处受到限制。而离开母后的支持，他又无法压服诸王和勋贵。

不过在一个问题上，答己却支持爱育黎拔力八达：根据当年海山立爱育黎拔力八达为太子时的约定，爱育黎拔力八达需要立海山的长子和世㻋为太子。但事实上，爱育黎拔力八达希望让自己的儿子硕德八剌继位。答己太后认为年仅十三岁的硕德八剌比起和世㻋年幼软弱，更加容易控制，也加以赞成。于是由铁木迭儿出面奏请，延佑三年（1316年）十二月，硕德八剌被立为皇太子。为了防止和世㻋威胁硕德八剌的太子之位，爱育黎拔力八达将他封为周王，命他出镇云南。次年冬，当和世㻋一行经过陕西时，其藩府近臣和一些海山的亲信都为和世㻋未能被立为太子而愤愤不平，他们联合陕西的官员发动叛乱，举兵东进。但不久叛乱者内部发生内讧，叛军随之瓦解，和世㻋只得逃亡阿尔泰山以西，依附于察合台后王。

南坡弑君政变

延佑七年（1320年）正月，爱育黎拔力八达因长年饮酒过量而病逝，太子硕德八剌继位（英宗），答己晋升为太皇太后。她趁硕德八剌尚未正式登基之际，重新启用铁木迭儿为中书右丞相，处死多位爱育黎拔力八达的旧臣，连李孟也被降职，黑驴、木八剌等太后亲信则占据中书省要津。硕德八剌成长于中原腹地，所受的汉文化熏陶可谓元朝之最，其性格刚毅果决颇具黄金家族的传统。硕德八剌登基之后，答己来祝贺，见他神色毅然，十分后悔当年立他为储。在拜住（木华黎后人）的支持下，硕德八剌将预谋作乱的黑驴、阿散、脱忒哈、失烈门等答己党羽捕获，为了防止答己来求情，一律当场处决，答己因此饮恨成疾。硕德八剌为了牵制铁木迭儿，任命拜住为中书左丞相，但答己一党的势力依旧十分庞大，因此硕德八剌隐忍不发。至治二年（1322年）秋，铁木迭儿和答己先后去世，硕德八剌任命拜住为中书右丞相，随即开始了激进的改革：大规模任用儒臣，大幅度减少对诸王的赏赐，裁汰大批冗员，实施助役法减轻农民负担，颁布《大元通制》等。这些改革措施引起了蒙古、色目贵族的激烈反对。为了震慑反对派，硕德八剌没收了铁木迭儿的家产并追夺其官爵奉赠，还将铁木迭儿的儿子八里吉斯处死。这引起了铁木迭儿的义子御史大夫铁失的强烈不满，他决定发动宫廷政变，推翻硕德八剌。

▲《元世祖出猎图》中的怯薛形象

至治三年（1323 年）八月，硕德八剌自上都南返，四日驻扎于上都以南三十里的南坡。当晚铁失伙同知枢密院事也先帖木儿、大司农失秃儿、宣徽使锁南、齐王月鲁帖木儿、兀鲁思不花等十六人，以铁失所率领的阿速卫军为后盾，在怯薛们的默许下弑杀了硕德八剌，拜住同时遇难。

在发动政变之前，铁失就想好了硕德八剌被杀之后的新皇人选。甘麻剌之子晋王也孙铁木儿虽然远在漠北，但是一直派亲信倒沙剌窥伺朝局，倒沙剌通过给拜住当侍卫的儿子与铁失暗通消息。硕德八剌削减诸王赏赐的政策引起了宗室的不满，作为自世祖后期开始就是皇位潜在争夺者的晋王一系更是愤懑。南坡之变前三天，铁失就派密使告知倒沙剌，自己将发动政变，并且在事后拥戴晋王继位。硕德八剌被害后，参与政变的诸王按梯不花、也先帖木儿便将皇帝印绶送往也孙铁木儿处。九月，也孙铁木儿正式登基。也孙铁木儿（泰定帝）继位之初，对政变者加官晋爵，也先帖木儿升任中书右丞相，铁失升任知枢密院事。但在向大都进发的途中，他下令将铁失、也先帖木儿、锁南、失秃儿等政变者一律处死。抵达大都后，他不但继续清洗铁失余党，而且将参与政变的诸王流放。也孙铁木儿此举不单是为了铲除铁失一党巩固统治，也是为了掩盖自己在政变中的不光彩角色。而倒沙剌一直高升为中书左丞相，铁木迭儿的余党也被重新启用。

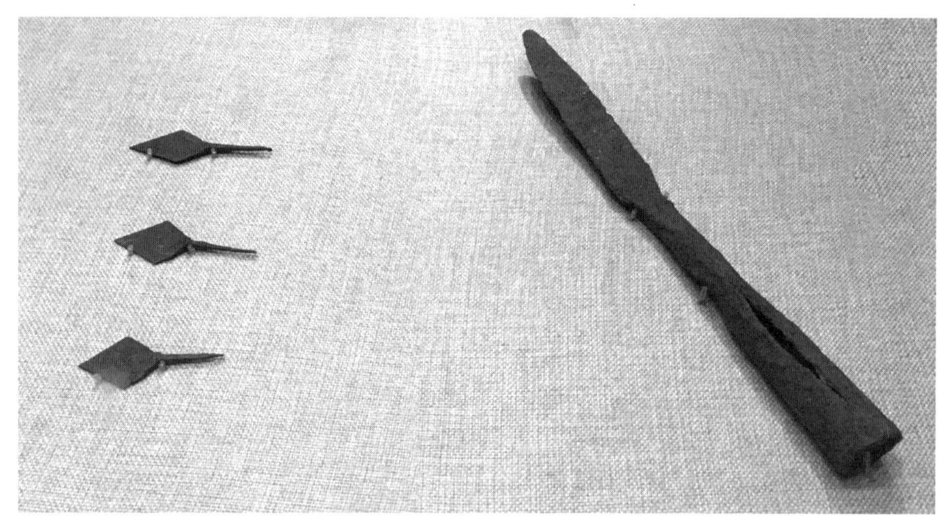

▲ *元代出土箭镞和矛头*

也孙铁木儿自小成长于漠北，对中原事务颇为生疏，加之他吸取了硕德八剌被杀的教训，所施政策远较仁英两朝保守。虽然元廷恢复了经筵制度，但由于这位来自草原的君主不懂汉语，因此流于形式。实际上，泰定帝的政权主要掌控在色目人手中，其核心力量则是以倒沙剌为首的回回大臣。由于赏赐诸王、大兴佛事、中买宝货、官吏膨胀、天灾频仍，财政更加恶化。但回回大臣善于理财，他们通过将江南的粮食海运至大都和紧缩银根的办法来平抑物价，盐引的价格也大为下降。因此泰定年间虽然称不上盛世，百姓的生活倒也算安稳。然而和大部分元朝皇帝一样，年轻的也孙铁木儿酗酒成性，因此在位五年便不久于人世。而此时他唯一的儿子阿速吉八尚只是个顽童，帝国难得的治平局面再次面临崩塌的危险。

也孙铁木儿生前和其他蒙元皇帝一样饱受继承权问题的困扰，尽管其子只有阿剌吉八一人，不存在兄弟相残的威胁，但是由于也孙铁木儿的皇位实际上来源于南坡弑君政变，因此其合法性具有先天的脆弱性。自阿难答被杀之后，蒙元皇位继承人必须出自真金后代已成共识，真金三子中铁穆耳一系已经绝嗣，爱育黎拔力八达也没有留下子嗣，对泰定帝一系构成威胁的只剩下海山的两个儿子和世瓎和图帖睦尔。前者早在爱育黎拔力八达时期就流亡西域依附于察合台汗国，远在万里之外。因此对泰定帝构成直接威胁的是图帖睦尔，至治元年（1321 年）五月，时年十八岁的图帖睦尔被硕德八剌流放到海南岛琼州软禁。硕德八剌曾有意将其召还，未及下令就已在南坡被杀害。也孙铁木儿继位后将图帖睦尔召还回京，封为怀王。但次年正月，他又将怀王迁移到建康（今江苏南京），远离京城，由殊祥院使也先捏带兵监视。也孙铁木儿参与弑杀硕德八剌在先，软禁图帖睦尔于后，这引起了武、仁、英三朝诸多旧臣的不满。如渤海人千户任速哥，深受硕德八剌器重，“出入禁闼，待以心腹”，硕德八剌被杀之后他辞官隐退，经常大醉而归醉，恸哭过市。他虽然忠于硕德八剌，但先帝没有子嗣，因此只得把希望寄托在海山一系上。他与平章速速密谋说：“先帝之仇，孤臣朝夕痛心而不能报者，以未有善策也。今吾思之，武宗有子二人，长子周王，正统所属，然远居朔方，难以达意。次子怀王，人望所归，而近在金陵，易于传命。若能同心推戴，以图大计，则先帝之仇可雪也。”任速哥的提议得到了速速的支持，接着他又游说佥枢密院事燕铁木儿加入了密谋集团。

燕铁木儿是钦察人，其先祖原本是钦察国王，统治今南俄草原及部分中亚、高加索地区。蒙古西征时钦察王室归降蒙古，以怯薛身份随历代蒙古统治者征战沙场，世代为蒙元重臣。其祖父土土哈曾参与镇压海都、乃颜之乱，追随过铁穆耳，保护过甘麻剌，官至同知枢密院事；其父亲床兀儿也是功勋赫赫，铁穆耳时就官拜知枢密院事，且在海山登基的过程中起了重要作用，因此兼任平章，晋爵郡王，海山甚至将忽必烈当年用过的帐幕、衣服、乘舆都赐给他。爱育黎拔力八达时，床兀儿也依旧是高官显爵，爱育黎拔力八达将大理进贡的象牙金饰轿赐给他，每见必赐坐，每食必赐食，享受宗室亲王的待遇。而燕铁木儿也是自少年时代起便为海山的怯薛，“备宿卫十余年，特爱幸之”，海山继位时便任命其为同知宣徽院事（正二品）。

但是随着也孙铁木儿的上台，海山、爱育黎拔力八达时期的旧臣逐渐被排斥出权力

▶ *蒙古怯薛*

中心，燕铁木儿只能屈居佥枢密院事。此时枢密院中仅知枢密院事就有七八位之多，如果加上枢密副使则有十几人，佥枢密院事官阶仅正三品，地位还在枢密副使之下，其个人和家族的权势之低落可想而知。但燕铁木儿世袭父祖留下的钦察左卫，又在也孙铁木儿时多次参与北方战事，在军中颇有声望。而燕铁木儿与海山关系密切，“身受武宗宠拔之恩”，又想借拥戴海山之子来恢复家族的权势，因此有着推翻泰定帝的动机。但是毕竟是勋贵世家，他对这种拿家族命运孤注一掷的大事也是游移不定。任速哥则以“他日有先我而谋者，祸必及矣”（各派旧臣都在伺机而动，待泰定帝死后争夺天下，不但失去先机，可能还会受制于人）警告燕铁木儿，燕铁木儿才痛下决心。

在他的带动下，众多海山、爱育黎拔力八达、硕德八剌时期的旧臣为了在政治上东山再起，纷纷参与密谋，以图在拥戴海山后代上台后扩张自己的权势。反也孙铁木儿的密谋集团至迟在泰定四年（1327 年）就已形成，然而由于也孙铁木儿此时根基比较稳固，他们不敢轻举妄动。

值得注意的是，密谋集团中很多诸王、将领、官员其实和海山家族并没有很深的联系，也和也孙铁木儿没有旧怨。但随着也孙铁木儿入主大都，漠北的晋邸旧臣鸠占鹊巢，掌控了朝廷中书省、枢密院和御史台的要职，原本的大都官僚集团受到排挤。因此大批高官试图借拥立新君的从龙之功，进入政治核心来取得高官厚禄，拥戴海山

▲ *元上都遗址*

之子只不过是其政治借口而已。

致和元年（1328 年）春天，也孙铁木儿出猎柳林，突发疾病返回内宫，这一消息无疑让密谋集团看到了机会。三月，也孙铁木儿北上上都避暑，诸王满秃、阿马剌台，太常礼仪使哈海，宗正扎鲁忽赤阔阔出等与佥枢密院事燕铁木儿密谋发动政变。按照惯例，当皇帝避暑上都之时，大部分枢密院官员将扈从北上，只有一两个枢密副使或佥枢密院事留守大都，这位留守官员掌握“大都枢密符印”，主持枢密院务和大都防务，“凡宫苑、城门、直舍、徼道、环卫、营屯、禁兵、太府、少府、军器、尚乘诸监，皆领焉”。此时负责留守大都的正是燕铁木儿，因此密谋集团策划：一旦也孙铁木儿在上都去世，就发动政变。他们打算兵分两路：扈从也孙铁木儿到上都的人将杀死也孙铁木儿的亲信诸王、大臣，留守大都的人将逮捕中书省、御史台的主管官员，宣布图帖睦尔将驾临大都，然后传檄天下。也孙铁木儿抵达上都，满秃、阔阔出等在扈从队伍之中，西安王阿剌忒纳失里和燕铁木儿则奉命留守大都。忠于也孙铁木儿的势力也感觉到了危机的来临，也先捏秘密抵达上都，倒剌沙与之商议后，命令宗正扎鲁忽赤雍古台将图帖睦尔送往江陵以防不测。然而，人算不如天算，大势已成，任谁也无法扭转，一场大战的帷幕已经徐徐拉开。

两都之战

七月，也孙铁木儿在上都病逝，倒沙剌控制了朝政，辽王脱脱和梁王王禅都依附于他。然而，也孙铁木儿死后他们未能马上召开忽里勒台大会，拥立太子阿剌吉八继位，从而给了对手可乘之机。八月四日黎明，趁百官在兴庆宫集会之机，燕铁木儿率领阿剌铁木儿、孛伦赤等十七人，手持利刃，向群臣宣布：“祖宗正统属在武皇帝之子，敢有不顺者，斩！”忠于也孙铁木儿的中书省平章乌伯都剌、伯颜察儿被当场逮捕，群龙无首之下百官溃散。接着中书左丞朵朵，参政（参知政事）王士熙，参议中书省事脱脱、吴秉道，侍御史铁木哥、丘世杰，治书侍御史脱欢，太子詹事丞王桓等忠于也孙铁木儿者都被逮捕入狱。

接着燕铁木儿与西安王阿剌忒纳失里率人占领内宫，派心腹控制枢密院，自东华门夹道部署士兵以控制出入宫廷传递消息的通道。政变者籍府库，录符印，召集百官入内听命，分遣部队控制大都要害地区。燕铁木儿则亲自宿卫内宫一个月之久，而且为了防止被人暗杀，每晚都更换寝所。他虽然军权在握，但在朝廷中地位较低、威望

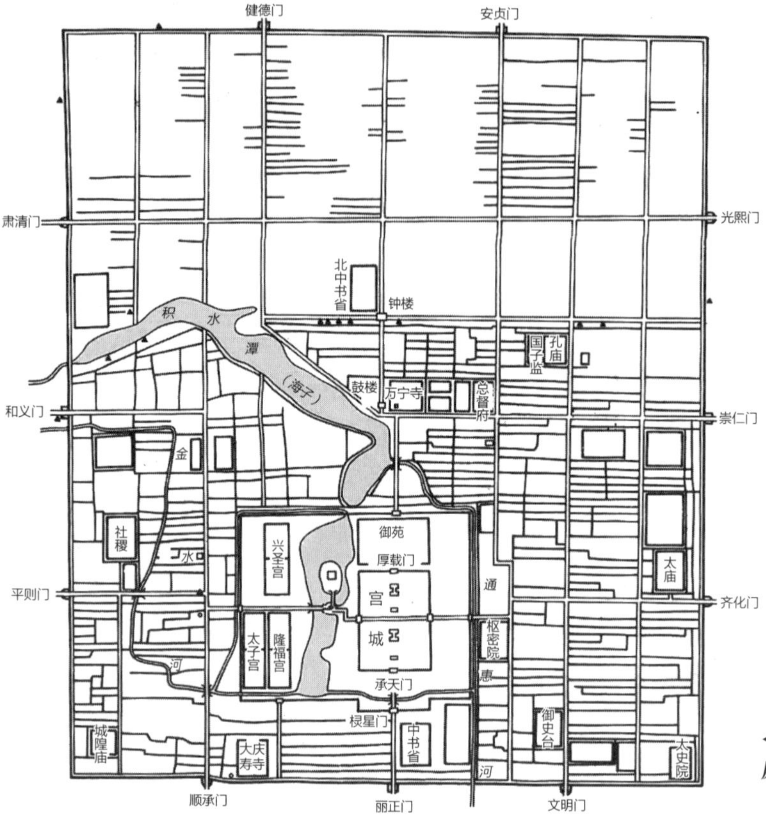

健德门
安贞门
肃清门
光熙门
北中书省
钟楼
积水潭
（海子）
国子监
孔庙
鼓楼
万宁寺
总督府
和义门
崇仁门
金
社稷
兴圣宫
御苑
厚载门
宫城
太庙
平则门
通
齐化门
太子宫
隆福宫
枢密院
河
惠
承天门
棂星门
御史台
城隍庙
大庆寿寺
中书省
太史院
河
顺承门
丽正门
文明门

◀ 元大都布局复原图

◀ 元大都宫殿复原模型

较浅，因此推举前湖广行省左丞相别不花为中书左丞相，詹事塔失海涯为中书省平章，前湖广行省右丞速速为中书左丞，前陕西行省参政王不怜吉台为枢密副使等，组成新的政府班子。

政变成功之后，燕铁木儿马上派前河南行省（即河南江北行省）参知政事明里董阿、前宣政院使答剌麻失里到江陵，迎接图帖睦尔北上。从大都通往江陵，必须经过河南行省。然而河南省臣大多并不支持图帖睦尔，因此燕铁木儿又密令河南行省平章政事伯颜（？—1340 年）扈卫图帖睦尔。伯颜出身并不高贵，他的先祖原本是铁木真的死敌蔑儿乞部人。蔑儿乞被灭之后，其家族世代沦为黄金家族的奴婢。他十五岁时就是海山的怯薛，追随海山征战漠北，深受海山宠爱，并以寒微之身屡获拔擢，海山继位后更是累官平章。伯颜对海山也是忠心耿耿，爱育黎拔力八达继位后他曾任周王和世㻋的王府常侍，后来又在江南行台、江浙行省、陕西行台、江西行省、河南行省任职。明里董阿一行经过河南时，伯颜表示大力支持，“吾夙荷武皇厚恩，委以心膂，今爵位至此，非觊万一为己富贵计，大义所临，曷敢顾望”，下令河南各地进入战备状态，并征发民丁，增置驿马，修浚城池，打造武器，加强巡逻。为了供给军用物资，他还向商人借高利贷，提前征收次年的赋税，甚至截留东南各省输送往大都的税收。对外，他一面派蒙哥不花日夜兼程去向图帖睦尔汇报，一面派罗里报告燕铁木儿：“公尽力京师，河南事我当自效。”在伯颜的支持下，明里董阿在汴梁（今河南开封）逮捕了河南省臣，收缴了肃政廉访司、万户府及各州县的印信，随即向江陵进发。

八月十三日，明里董阿抵达江陵，次日图帖睦尔即从江陵出发北上，并派人请镇南王铁木儿不花、威顺王宽彻不花、湖广行省平章政事高昌王铁木儿补化相助。然而，即便在湖广和河南，反对支持图帖睦尔的人依旧大有人在：湖广行省左丞马合某因为反对图帖睦尔，被逮捕送往大都；河南行省平章曲烈、右丞别铁木儿暗藏武器试图杀死伯颜，被伯颜亲手刺死；河南行省参政脱别台反对伯颜支持图帖睦尔，劝阻不成后亲自刺杀伯颜，被伯颜当场格杀；河南行省参政脱孛台与万户明安答儿联合，试图起兵攻打伯颜，伯颜亲自拔剑出手，砍断脱孛台的右臂后，将其杀死。面对危机重重的局面，伯颜一方面募集五千勇士以防不测，一面从府库中拿出金千两、银四千两、钞七万一千锭分给官吏、将士以安定人心，河南局势才得以平定，伯颜则因功晋升为河南行省左丞相。

八月二十日，图帖睦尔一行北上进入汴梁，伯颜亲自披挂甲胄，率百官父老迎接，皆高呼万岁，次日又和河南万户也速台儿率领数万大军扈从图帖睦尔北上。八月

▲ *元文宗图帖睦尔画像，藏于台北故宫博物院*

二十六日，已被任命为知枢密院事的燕铁木儿在大都郊区迎接图帖睦尔，图帖睦尔于二十七日进入大都，入居大内。

另一方面，在上都，当图帖睦尔还未到达汴梁时，诸王满秃、阿马剌台，宗正扎鲁忽赤阔阔出，前河南行省平章买闾，集贤侍读学士兀鲁思不花，太常礼仪院使哈海赤等十八人，原本想在上都响应燕铁木儿，但被倒沙剌发现，均被处死。不过在此之前，燕铁木儿的弟弟撒敦、儿子唐其势都已从上都回到大都。

进入大都后，图帖睦尔首先擢用有功之臣控制中枢，速速为中书省平章政事，伯颜为御史大夫，也速台儿为同知枢密院事。由于此时上都方面派出的军队已经逼近大都，大都集团迫切需要树立在政治上的合法性。因此九月丁卯（九月八日），燕铁木儿就率诸王大臣伏阙请求图帖睦尔继位。但因和世瓎为他的长兄且在西域有相当的势力，所以图帖睦尔推辞说："大兄在朔方，朕敢紊天序乎？"燕铁木儿则坦言："人心向背之机，间不容发，一或失之，噬脐无及。"于是图帖睦尔不再推辞，于九月十三日正式登基（即文宗），改元天历，但登基诏书中声称，"谨俟大兄之至，以遂朕固让之心"，承诺将来会将皇位还给和世瓎。燕铁木儿作为首功之臣，被封为太平王，任中书右丞相兼知枢密院事。同月，中书右丞相塔失铁木儿、中书左丞相倒沙剌、御史大夫钮泽和辽王脱脱、梁王王禅在上都拥立阿剌吉八为皇帝，改元天顺，蒙元帝国陷入了全面内战。

由于参与皇位之争的蒙古、色目贵族垄断了各行省的高级官职，因此各行省也卷入了这次内战。当时全国共有十大行省，它们在内战中采取了不同的态度。

支持上都者：

陕西行省：平章探马赤、行台御史大夫也先帖木儿都支持上都，他们杀死了大都派去招抚的前陕西行台御史剌马黑巴，并出兵攻打河中府（今山西永济）；出镇陕西的靖安王阔不花也支持上都，率军攻打潼关。

辽阳行省：平章秃满迭儿是上都的坚定支持者，率领辽东军攻打迁民镇，是上都方面的主力之一；而在东北地区有大片封地的辽王脱脱更是上都政权的首脑之一。

岭北行省：漠北自忽必烈朝后期开始就是晋王的封地，晋王一系在岭北已经经营数十年，因此理所当然地成为上都政权的大后方。漠北作为蒙古帝国曾经的腹地，分布着大批黄金家族后裔的封地，蒙古诸王中支持上都的人数也远比支持大都的人数多。

四川行省：平章囊加台自祖父纽璘开始就世代主政四川，他与梁王王禅关系密切，因此实际上是支持上都的。但是后来上都集团兵败，他便打起支持和世瓎的旗号。

支持大都者：

河南行省：伯颜在护送图帖睦尔北上的过程中已如前述，伯颜北上之后，河南行省不但为大都军队提供了大批补给、军资，也是阻挡陕西军队进攻中原的屏障。

湖广行省：湖广行省平章高昌王铁木儿补化、镇守武昌的威顺王宽彻不花都是大都的支持者，否则图帖睦尔根本无法从江陵北上。

江西行省：平章秃坚帖木儿和八失忽都因为与燕铁木儿有旧，都是大都的支持者。

游移观望者：

云南行省：行省右丞相也尔吉尼没有公开反对大都政权，但对大都的两次征召入朝都加以拒绝，显示了其对两都之战的观望态度。

江浙行省：平章换住、高昉态度暧昧，燕铁木儿原准备逮捕他们，后来顾忌可能发生民变，威胁大都的财源，才命令明里董阿、曹立为江浙平章。原江浙行省宰臣五人则被宣召入京，高昉途中受惊而死。上都方面也派人从海上到杭州进行拉拢，但都被处死。

甘肃行省：因为行省的宰臣意见发生分歧，形成大都派和上都派，因此在战争中没有起到什么作用。

两都和各省相继卷入战争，自然也导致帝国军队纷纷站队。蒙元帝国的军队分为中央宿卫系统和地方镇戍系统。中央宿卫系统分为怯薛军和侍卫亲军，怯薛军主力约上万人，因扈从也孙铁木儿而在上都。但怯薛军此时已经演变成宫廷贵族官僚集团，而军事功能也仅限于护卫内宫，已长期不参加战争，到爱育黎拔力八达朝时连内宫防卫也要由侍卫亲军协助，因

▲ 元八思巴撰文“仁宗侍卫亲军都指挥使司百户印”

此战斗力虚有其表。而侍卫亲军则取代了怯薛军“大中军”的角色，成为禁军的主力。

侍卫亲军共分为色目卫军、蒙古卫军、汉人卫军和后宫卫军四部分，泰定年间兵力已近二十万。其中以色目卫军最为精锐，总兵力在五万左右，而大部分色目卫军如左阿速卫、右阿速卫、左钦察卫、右钦察卫、西域卫、贵赤卫、唐兀卫大部兵力因扈从北上而在上都。留守大都的多为汉人卫军，其中只有左卫、右卫、中卫、前卫、后卫约五万人有一定战斗力，但因蒙元朝廷一向防范、限制汉军，不允许其在平时的操练中手持武器，因此战斗力远不如色目卫军。其他汉人卫军如武卫、虎贲卫、忠翊卫、海口侍卫虽然总数也近五万人，但平时只是从事修造、屯田，缺乏军事训练和战斗经验。蒙古卫军中，宗仁卫是为收容蒙古军流散子女而设，带有福利机构的性质，并无实际战斗力，且远在辽东。左翊蒙古侍卫和右翊蒙古侍卫则都部署在大都，但两卫兵力合计不过万人，更多是被赋予政治上的象征意义，战斗力并不强。

此外，真金为太子时，忽必烈曾从探马赤军中抽调部队为其设立东宫侍卫，真金死后该卫并未撤销，铁穆耳时将其送给自己的母后成为后宫卫，改名“隆福宫左右都威卫”，兵力约七八千人。铁穆耳的太子存活数月便夭折了，尚来不及单独设立东宫卫军。海山朝爱育黎拔力八达为太子时，从江南汉军中挑选万人组成东宫卫军，称“卫率府”。延佑六年（1319年），爱育黎拔力八达将它转给太子硕德八剌，称“左卫率府”，在此前一年，爱育黎拔力八达又将太子詹事秃满迭儿所统率的速迭那儿万户府等部众转给东宫，称“右卫率府”。但硕德八剌继位后，将两个卫率府转归枢密院管辖，不再作为东宫卫军，此时两府兵力近两万人。这些宫廷卫军虽然支持大都政权，但长期脱离实战，在战争中并无突出表现。

蒙元的地方镇戍系统分为四类——蒙古军、探马赤军、汉军、新附军，这些军队也都不同程度地卷入了战争。

一、蒙古军。自成吉思汗以来，蒙古军诸千户，除了大汗直辖的怯薛军外，就分别归属左翼和右翼两大万户管辖。忽必烈与阿里不哥争夺汗位时，右翼大部分千户支持阿里不哥，左翼大部分千户支持忽必烈。阿里不哥死后，忽必烈命阿里不哥的几个儿子继续分掌右翼诸千户。海都叛乱时，右翼诸千户在战败后大多投入了海都麾下，而右翼万户长博尔术的子孙则进入朝廷为官，右翼万户实际上不复存在。依旧忠于蒙元的左翼军也不再设立万户，由朝廷直辖。其主力是五投下军——扎剌儿、弘吉剌、兀鲁、忙兀、亦乞列思，还有汪古部各千户、阿尔剌与许慎千户、兀良哈千户、伯牙吾千户、八邻千户、巴鲁剌思千户、朵儿边千户等。除此之外，黄金家族的诸后王也

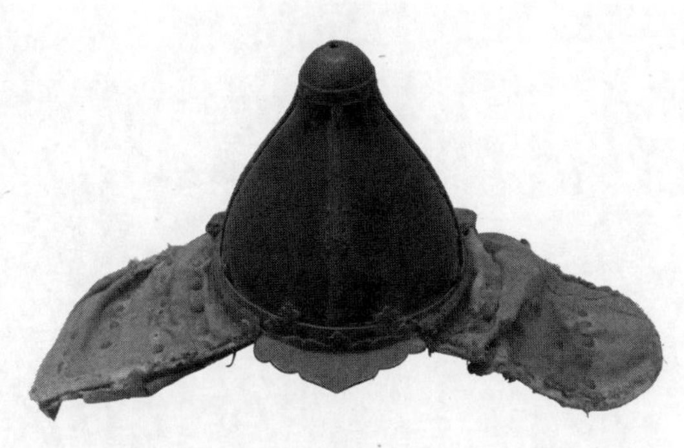

▲ ***蒙古式头盔，高23厘米，直径22厘米，重2千克。藏于日本的元寇史料馆***

都受封有千户，但这些千户同时需受朝廷调遣。蒙古军主要布防于漠北和西北地区，作为蒙元帝国最为倚重的军事力量，一般不会被派往中原和海外作战。由于晋王一系长期出镇漠北，对漠北的蒙古军有很强的控制力，加之宗室诸王大多支持也孙铁木儿，因此蒙古军大多站在上都政权一边。

二、探马赤军。大蒙古国时期，一般蒙军对外作战不需要全军出动，只需征战时抽签征发部分部队出征即可。后来这些被签发的部队又负责对被征服地区进行短期或长期的镇戍，因此这些部队被称作“探马”。签发原本是随机的，但由于蒙古人大多不愿远离草原长期在外服役，因此签发时千户、百户往往将沦为仆役的外族人或犯了过错的族人列入名单。这些部队逐渐脱离了自己原本所属的草原千户，长期镇守中原不再返回草原，其家属亦移民中原，繁衍生息。探马赤军由朝廷直接派人指挥，按百户、千户、万户编组，万户之上又设都万户府。忽必烈之后，中原的探马赤军主要归属四个蒙古军都万户府管理：山东河北蒙古军都万户府下辖五个万户，河南淮北蒙古军都万户府下辖四个万户，四川蒙古军都万户府下辖六个万户，陕西蒙古军都万户府下辖五个万户。

四个都万户府总兵力不过六七万人，主要作用是为蒙古大军充当先头部队并监视汉军，战斗力并不强。但是因为蒙古军和侍卫亲军都远在京畿和塞北，中原各省实际上为探马赤军所控制。他们的向背，关系到两都政权财源和军资的来源。在两都之战中，山东河北、河南淮北两个蒙古军都万户府站在大都政权一边，前者为保卫大都提供了重要兵源，后者则牵制了陕西军。更重要的是，富庶的江浙、江西、湖广行省本身并无大规模蒙古驻军，由上述两个都万户府轮番派军戍守，无疑大大有利于大都政权控制三省的财源。陕西、四川两个蒙古军都万户府则站在上都政权一边，其中陕西军成为上都军中重要的一支武装，战斗力很强。但是由于两府的兼控地区——云南行省、甘肃行省、宣政院辖区、畏兀儿地区均在比较贫困的帝国西部，因此他们无法为上都提供足够的军资。

三、新附军。宋元决战前南宋军队约有七十万人，除被元军消灭或溃散的军队外，

▲ *日本人绘制的《蒙古袭来绘词》*

投降元军的约有二十万人，他们被称为“新附军”。新附军又分为生券军、熟券军、手号军、盐军、通事军、新附水军、新附炮军、江土军、畲军等。忽必烈对新附军怀着很大的戒心。灭亡南宋之前，蒙元尚对这些降军采取既利用又防范的策略，当南宋灭亡之后，蒙元便多管齐下，对这支军队采取逐渐削弱的政策。诸如，将新附军将领调任地方；将大部分新附军打散原有编制，并入汉军、探马赤军（一般以百户为单位编散）；将新附军中的精锐部队编入卫军中以便就近控制；派新附军出征日本、爪哇、交趾、占城、缅甸以消耗其兵力；将剩下的新附军部队解除武装用于屯田和工程建造等。也孙铁木儿之后，虽然史料上依旧偶见新附军名号，但已经不再作为单独的军事建制而存在，沦为了一支劳役部队。

四、汉军。忽必烈在镇压李璮之乱后，逐渐削夺了汉军世侯的兵权，将汉军的军权集中于朝廷。至元中期，汉军的镇戍制度逐渐稳定下来，按元帅府、万户、千户、百户的编制戍守各地。汉军主要分为三大军团。

东南军团，由驻扎河南、江浙、湖广、江西四行省的汉军组成，于至元二十二年编成，共有汉军二十余万人。其中河南行省部署有十六个万户府，江浙行省部署有二十六个万户府，湖广行省部署有十个万户府（另有五个由土司兵组成的宣慰司都元帅府），江西行省部署有七个万户府。

西部军团，分布于陕西行省、四川行省、云南行省、宣政院辖区，共分成三部分：十五个汉军万户府，九个由土司兵组成的宣慰司（其中四个兼管军万户府），多处都总帅府，例如由汪氏家族世袭的巩昌都总帅府（治所在今甘肃陇西）。

塞北军团，部署于辽阳行省、岭北行省、甘肃行省。由于这些行省本身驻有元廷直属的蒙古千户、侍卫亲军、出镇诸王属军，又是蒙元的腹心地区和防御西北诸王的前线，因此驻扎汉军并不多，大多以千户的建制存在，只有六七个万户府或都元帅府，且主要是屯田军人。

在两都之战中，东南军团支持大都朝廷，西部军团和塞北军团则站在上都一边（巩昌汪氏除外）。但是由于汉军战斗力有限，平日只以屯田工役和地方治安为职责，因此在战争中并不起重要作用。

从上述分析来看，大都方面所面临的军事形势无疑是很严峻的，上都政权因为手中握有大部分蒙古军和侍卫亲军的主力，因此在军事上占有优势。而大都方面虽然有钦察卫这样的精锐部队，但主力还是各卫留守人马和屯田军人。因此即便在最忠于大都的河南行省，也有很多高官反对伯颜站在大都政权一边，理由便是："今蒙古军马与宿卫之士皆在上都，而令探马赤军守诸隘，吾恐此事之不可成也。我等图保性命，他何计哉？"但是燕铁木儿既然将身家性命赌上，孤注一掷，便只能全力应对，以求生路。早在大都政变的第二天，燕铁木儿就开始了紧张的备战工作，他向大都的寺观贷款，招募死士，购买战马，征调输送大都的粮食以供军用，从府库中拿出金钱犒赏军士，并向各行省征发钱帛、兵器，诸卫军无统属者、谒选及罢退军官都被编入军队。为了防范上都方面的军队，燕铁木儿在大都北面部署防线，重点防守从西到东的四大关隘：紫荆关、居庸关、古北口、迁民镇（今山海关）。其弟撒敦和其子唐其势回到大都后，奉命屯守最重要的居庸关和古北口。不满上都政权而南归的阿速卫指挥使脱脱木儿所部也被部署在古北口。上都方面则以辽王脱脱、诸王孛罗帖木儿、太师朵带、中书左丞相倒剌沙、知枢密院事铁木儿脱留守上都，其余部队分四路南下：梁王王禅率军攻打居庸关，诸王失剌进攻古北口，诸王也速帖木儿、辽阳行省平章秃满迭儿率领辽东军进攻迁民镇，湘宁王八剌失里绕道山西直逼紫荆关。

枭雄燕铁木儿

上都政权拥有军事上的优势，但是其财政、经济较大都方面远逊，因此上都方面采取了全面出动、分路合击的策略，从东向西对迁民镇、古北口、居庸关、紫荆关这四个屏障大都的关隘同时发动攻击，目的是让大都守军顾此失彼。燕铁木儿此时处于两难境地，如果他在四个方向平均分配兵力，必然因防线薄弱而均被突破，如果集中兵力于某个方向，则会让其他方向的敌军乘虚而入。

八月二十五日，上都诸王失剌、平章乃马台、詹事钦察率军逼近古北口，脱脱木儿率军主动出击，在古北口以北的宜兴迎击上都军队。此战大都军的主力是阿速卫。阿速又称"庵蔡""阿兰"，来自高加索以北的顿河地区，属于斯基泰人的一支，今天的奥塞梯人即为其直系后裔。阿兰人在极盛时曾和汪达尔人一起横扫欧洲，但是绝大多数已融入当地民族。窝阔台统治时期，蒙古军队第二次西征，阿速国王杭忽思率众归降，窝阔台为其赐名“拔都儿”。杭忽思派遣长子阿塔赤率领一千阿速士兵入直宿卫，成为怯薛军的一部分。阿塔赤后来随蒙哥汗远征南宋，随军抵达四川钓鱼山，在与宋兵作战中因功受赏，蒙哥汗亲自赐酒，赏以白金。蒙哥汗死后，在忽必烈汗与阿里不哥、阿蓝答儿、浑都海的汗位争夺战中，阿塔赤率先赴敌，即便腹部中箭，也毫不畏惧，忽必烈汗闻讯后大加褒奖，赏以白金，召入宿卫。之后，他扈驾亲征阿里不哥，从征李璮，领兵南征破金刚台，从攻安庆府，下五河口，进攻沿江诸郡，屡建奇功。再之后，他带五百阿速军镇戍镇巢军（今安徽巢湖市），因横征暴敛，民不堪命，被南宋降将洪福趁其喝醉酒时杀害。忽必烈悲悯不已，赐其家族白金五百两、钞三千五百贯、封一千五百三十九户，命其子伯答儿继承千户，佩戴金虎符。

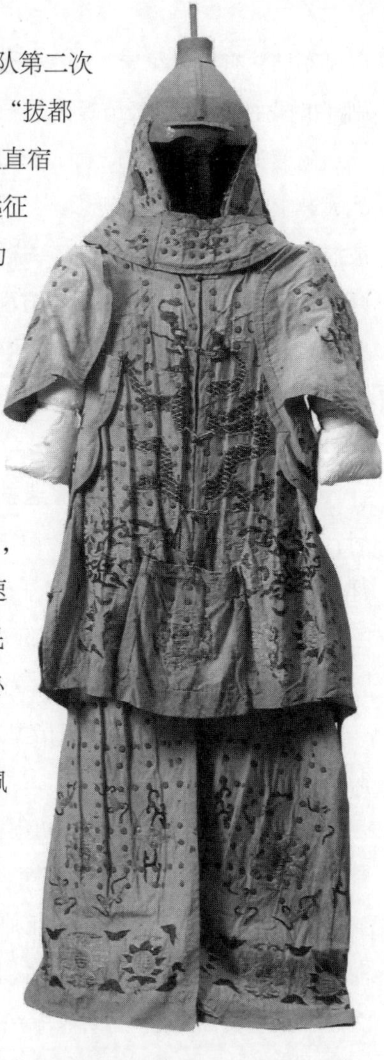

另一支阿速军部队来自阿速贵族阿思兰。在蒙古西征军围困阿儿思兰之城时，他携其子阿散真归降，得蒙哥汗的手诏，专领阿速士兵，这支部队仅有阿速军总数的一半，另一半则留守故国。后来阿散真战死，蒙哥汗遣使裹尸还葬。阿思兰向蒙哥汗进言说：“我的长子死了，不能为国效力，今天把我的次子捏古来献给陛下，愿用之。”捏古来跟从兀良哈台南征哈剌章有功，被赐白金、名马，后来从征伐宋，中流矢而死。其孙忽都帖木儿，还在海山潜邸时便从征海都，因功受赏白金。元武宗至大二年（1309年），元朝政府设立左、右阿速两卫，将全军的阿速士兵集合在一起，主要屯垦于大都以北、古北口内的潮河川以及云中（今山西大同）等地。左阿速卫亲军都指挥使司，置达鲁花赤、都指挥使、副都指挥使等官，属枢密院，掌宿卫宫禁，兼营屯田以供军食。右阿速卫亲军都指挥使司掌宿卫城禁，兼营潮河、苏沽两川屯田，

▲ *元军装备的泡钉棉甲，前襟装饰有龙纹，藏于日本的元寇史料馆*

以供军储，有达鲁花赤、都指挥使、副都指挥使、佥事、经历等官。

阿速卫不愧为精锐之师，经过激战大破上都军，钦察被斩杀，乃马台被捕获送往大都处死，失剌率军撤走。两都之战的第一场战斗以大都方面的胜利而告终，这一战不但振奋了士气，也使原本游移不定的贵赤卫南下归附，燕铁木儿便将其派往古北口。

▲ *蒙古勇士图*

上都军在古北口方向遭遇挫败后，将主要矛头转向居庸关，梁王王禅、右丞相塔失铁木儿、太尉不花、平章买闾、御史大夫纽泽等上都政权的重要人物率领大军占领居庸关以西的榆林。九月一日，燕铁木儿亲自前往居庸关督战，派遣撒敦率军袭击榆林的上都军，将其击败，一直追到怀来才撤回。隆镇卫指挥使斡都蛮则率军在陀罗台袭击上都诸王灭里铁木儿、脱木赤，将其俘获。

上都军两战皆败，北线一度陷入沉寂。但数日之后，东线战场就燃起了战火。上都诸王也先帖木儿、辽阳行省平章秃满迭儿率辽东军攻入迁民镇，大都连忙命撒敦率军到蓟州东的流沙河抵御，改由元帅阿兀剌驻守居庸关。九月十二日，已升任同知枢密院事的脱脱木儿也率阿速卫离开古北口，与秃满迭儿所部在两家店激战。九月十五日，为了加强东线的防御，燕铁木儿亲自率军东征。九月十六日，趁大都军主力东调之机，王禅率部攻破居庸关，其侦察兵进入京畿，大都面临被两面夹击的危险。原本驻扎在三河准备东征的燕铁木儿当机立断，改变攻打辽东军的计划，率领主力急行军，“蓐食倍道”，抵达榆河迎战王禅部。面对大都危局，图帖睦尔亲自出城检阅部队，并试图御驾出征。燕铁木儿为了争取时间，单骑前往大都，阻止说：“乘舆一出，民心必惊，军旅之事，臣请以身任之。”图帖睦尔这才作罢回宫。之后，燕铁木儿果断粉碎了阿速卫指挥使忽都不花、塔海帖木儿、同知太不花倒戈的密谋，率军在榆河迎战王禅率领的上都军。

王禅为也孙铁木儿之弟梁王松山之子，自祖父甘麻剌开始就世代镇守云南，也孙铁木儿上台后又将他移镇潭州路，地位极为显赫。但是此人长期脱离封地，久居大都，为人风流，以家中名妓众多而闻名，其中最著名者则是大都名妓马头。他不仅缺乏将才，在军中也缺乏威望。因此当燕铁木儿率领大都军英勇出击时，上都军迅速大败。之后王禅的将领枢密副使阿剌帖木儿、指挥忽都帖木儿又引军前来。战斗十分激烈，燕铁木儿亲自参战，与阿剌帖木儿格斗，侧身挥刀砍中了对方的左臂。其部将和尚突击忽都帖木儿，也击中对方的左臂。上都军士气为之所夺，加之塔失帖木儿率军观望不前，大都军遂占据红桥。

九月二十日，双方隔着榆河列阵，燕铁木儿命善射者射杀上都军，将其击退。大都军前进至昌平县以东的白浮林南部，燕铁木儿命令知枢密院事也速答儿、八都儿、亦讷思等分为三队，“张两翼以角之”，将上都军击退。九月二十二日，上都军收集部队与大都军鏖战于白浮之野，战况十分激烈，“周旋驰突，戈戟戛摩”。燕铁木儿带头冲锋，亲手杀死七名敌人，战斗到太阳落山，双方才回营驻扎。二更天时，燕铁木儿派遣阿剌铁木儿、孛伦赤、岳来吉率领精锐百骑夜袭上都军大营，并鼓噪射击。上都军猝不及防，黑夜之中不分敌我，竟然自相残杀，损失惨重。次日，王禅趁着大雾，率领残部逃入山谷。天气晴朗之后，王禅收集残余部队列阵出山，燕铁木儿率军驻扎白浮以西，列阵以待，王禅不敢进攻。当天夜里，燕铁木儿故伎重施，又命撒敦绕至其后、部曲八都儿压制其前，夹营吹铜角以扰乱敌军，上都军再次上当，损失惨重。三更之后，王禅自知败局已定，连忙逃走。天亮后，燕铁木儿率军追击，上都军在昌平之北被追上。此时他们已经丧尽了斗志，大都军顺利取得重大战果，“斩首数千级，降者万余人”。九月二十四日，上都军又一次被打败，王禅只好单骑亡命，逃回上都。也速答儿、也不伦、撒敦追之不及，燕铁木儿便命令也速答儿及佥院彻里帖木儿率军三万守居庸关，自己回到昌平以南。

▲ *骁勇的蒙古士兵*

虽然居庸关方向的威胁得以解除，但代价是其他关隘的危机加深了。九月二十六日，因阿速卫东调，古北口防御变得薄弱而被上都军攻陷，上都政权的知枢密院事竹温台率军攻掠石槽。大都朝廷紧急从河南调动蒙古军老幼战士五万人来京师防守，然而远水不解近渴。

燕铁木儿连忙回师东向，他采取了由近及远的策略，于九月二十七日派撒敦率先锋部队急行奔袭，自己则率大军继后，一路抵达石槽。当时上都军正在埋锅造饭，猝不及防之下被击溃。燕铁木儿率大军追击四十里至牛头山，上都方的驸马孛罗帖木儿，平章蒙古答失、牙失帖木儿，院使撒儿讨温等被俘获后，处死于阙下。各卫将士大部分投降，残余部队北逃。夜里燕铁木儿派遣撒敦突袭，将上都军逐出古北口。

由于大都军主力在西线作战，东面防御空虚。因此虽然脱脱木儿两次在蓟州附近击败辽东军，“杀获无算”，但依旧无法阻止辽东军的攻势。也先帖木儿、秃满迭儿率军于九月二十八日逼近通州，大都告急。朝廷甚至不得不命令都城里长招募壮丁及工匠万余人，加强防御。雪上加霜的是，此时西部战场也发生了危机。九月上旬以来，从山西绕道进攻的西路上都军一直在冀宁、管州、碑楼口、淳州等地与山西的大都军激战，但难以取得进展。因此大都方面对山西战场掉以轻心，未加重点防御。不料西路上都军中的一支——诸王忽剌台部竟然于九月二十九日攻破紫荆关。一时间，大都在东西两个方向上，都有上都军兵临城下。

燕铁木儿闻讯后昼夜兼程，于十月一日抵达通州，他派脱脱木儿率军四千西援。脱脱木儿兵力薄弱并不足以阻挡忽剌台部，燕铁木儿的目的只是阻滞其攻势，为自己击败辽东军争取时间。燕铁木儿率部到达通州之后，趁辽东军立足未稳之际，发动猛烈攻势，辽东军狼狈逃到潞河对岸。次日，双方夹河对峙，辽东军自知不敌，“列植黍秸，衣以毡衣”，燃火为疑兵，连夜逃跑。燕铁木儿率军渡河追击，于十月五日驻扎于檀子山之枣林，也先帖木儿、秃满迭儿、阳翟王太平、国王朵罗台、平章塔海率辽东军来攻，大都军殊死战斗。激战至夜间，燕铁木儿之子唐其势率军陷阵，杀死太平，上都军全军崩溃。此后撒敦率轻锐部队邀击辽东军，因未能追上而作罢。

同时，因燕铁木儿率大都军主力与辽东上都军激战，大都兵力空虚，西路上都军突破脱脱木儿、卜颜、斡都蛮、也速台儿等部的阻挡，于十月三日逼近涿州。虽然涿州官员募集壮丁守城，但未能阻挡上都军的攻势。十月五日，忽剌台的游兵已经进逼南城，朝廷做了最大规模的动员，京城居民每户都必须出壮丁一人，手持武器帮助军队守城，并在各个城门储备水瓮以防止火攻。次日，脱脱木儿、章吉、也先捏三支大都军在良乡以南合击上都军，转战至卢沟桥。战斗中忽剌台身受重伤，上都军士气大挫。燕铁木儿此时刚刚结束了对辽东军的战斗，随即又率诸将领军循北山西进回援。为了提高行军速度，他下令脱去马衔，在马上系上皮囊，囊内盛满豆子以在行军中喂养战马，士兵们则在行军途中边吃边走。大军日夜兼程，终于赶到了卢沟河。忽剌台听闻燕铁木儿到来，望风而逃。

十月十一日，辽东军趁燕铁木儿西进之际，攻入古北口，燕铁木儿又率军北上，战于檀州南野，辽东军再次被击败。东路蒙古万户哈剌那怀率麾下万人投降，残余部队东逃，秃满迭儿逃回辽东。忽剌台、阿剌帖木儿、安童、国王朵罗台、塔海等被捕获后处死。

至此，上都政权对大都的四路进攻都以失败告终，战场主动权转入大都手中。

除此之外，陕西行省也参加了对大都集团的进攻。因此八月十一日，大都政权派万户彻里帖木儿率军驻守河中府，八月十八日又派万户孛罗率军防守潼关。九月一日，陕西军攻入河中府，窃取府库中的一万八千锭纸钞，杀死河中府同知不伦秃。为了防备陕西军的进攻，枢密院下令湖广行省参政郑昂霄、万户脱脱木儿率领蕲、黄戍军及平阳、保定两个万户，共三万军队调往黄河沿岸，以防陕西军。九月十日，为了统一对陕军的作战，大都下令在汴梁设立行枢密院，以同知枢密院事也速台儿为知行枢密院事，任务是防守太行山诸关，并攻打河中、潼关的陕西军，湖广行省参政郑昂霄则奉命戍守虎牢关。

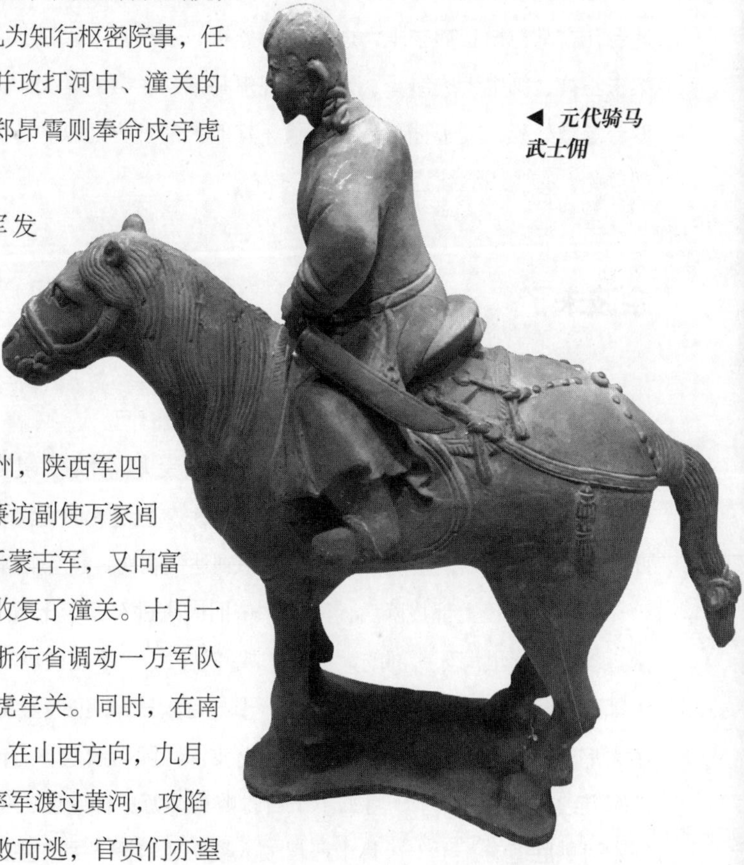

◀ 元代骑马武士佣

九月下旬，陕西军发动了全面攻势。在河南方向，二十五日，靖安王阔不花率军攻陷潼关，万户孛罗率军撤退，阔不花乘胜占领陕州，陕西军四处劫掠豫西各地。河南廉访副使万家闾深夜赶赴行省，征调四千蒙古军，又向富户借款以供应军资，才收复了潼关。十月一日，大都政权紧急从江浙行省调动一万军队赶往潼关，又调兵防守虎牢关。同时，在南面铁木哥率军攻打武关。在山西方向，九月二十九日，也先帖木儿率军渡过黄河，攻陷河中府，彻里帖木儿战败而逃，官员们亦望风而逃。然而陕西军虽然攻势猛烈，取得了重大战果，但毕竟是在次要战场，并不足以弥补上都军在主战场上的失败，也无法扭转局势。

上都四路大军相继败北，不但使上都政权的主力部队丧失殆尽，而且也激化了其内部矛盾。控制辽阳行省的东道诸王之中原本就存在着不同支系之间的矛盾，哈撒儿的后代齐王月鲁帖木儿对斡赤斤的后代辽王脱脱早有不满。他虽一度依附于上都政权，但是与也孙铁木儿之间并无很深的渊源，盖因上都政权兵力强大而已。眼看上都军屡战屡败，月鲁帖木儿料定上都政权气数已尽，为了保存自身实力，也为了与辽王的斗争，他决定倒戈。在东路元帅不花帖木儿（燕铁木儿的叔叔）的支持下，他率军攻打上都。此时上都主力均在前线，辽王脱脱和梁王王禅等硬着头皮率军出战，结果一触即溃，脱脱被杀，王禅逃走。十月十三日，倒沙剌被迫带着皇帝玉玺出城投降，但天顺帝阿剌吉八在乱军中不知所终。此时上都四路大军中只有湘宁王八剌失里所部还在坚持战斗，但上都政权投降的消息传来后，其军心迅速瓦解。十月二十六日，知枢密院事也速台儿在马邑擒获湘宁王，送往大都处斩。十一月十六日，上都中书左丞相倒剌沙、梁王王禅、御史大夫纽泽、知枢密院事马某沙、撒的迷失、诸王也先帖木儿、国王朵罗台等被处死，其子孙则流放边疆。其他上都官员则以“皆循常岁例从行”的理由得到赦免，有些还继续担任高官。

余波未了

上都虽然投降了，但是两都之战并没有随之结束，因为支持上都的残余势力依旧动作不断，因此两都之战的余波又持续了一段时间。

山西战场：十月十五日，陕西行台御史大夫也先帖木儿率军攻破晋宁（今山西临汾），二十六日又占领潞州（今山西长治）。但是此时已经传来上都投降的消息，因此当十一月三日知枢密院事也先捏率军到达武安时，也先帖木儿不战而降。

河南战场：上都投降后，陕西军依旧向东进军，于十月十九日在巩县黑石渡与河南行省平章阿里海牙所部的大都军交战并获胜，一举攻破虎牢关。河南行省为之震动，大都下令河南修筑城堡、加强防御。十一月六日，陕西军逼近行省驻地汴梁，却得到了大都的招降诏书，军心为之瓦解，这支部队随后溃散。上都投降后，铁木哥所部陕西军继续攻打武关，于十月二十一日打败襄阳万户杨克忠、邓州万户孙节，攻陷武关。铁木哥乘胜追击，于十一月十三日攻入襄阳，襄阳县尹、主簿均被杀害。阿里海牙督军南下，又在江、黄峡口[①]设置铁索、准备舰船，防止陕西军顺江东下。十一月十九日，荆王也速也不哥派人到襄阳招降，铁木哥率军撤走，不知所终。

四川战场：四川行省平章囊加台与梁王王禅交情深厚，因此早在九月十一日大都就下令湖广行省加强对归州（今湖北秭归）和峡州（今湖北宜昌）的防御。上都政权投降后，朝廷又下令从江浙和河南调集五万军队增援湖广，威顺王宽彻不花也奉命还镇武昌。十一月二十六日，囊加台自称镇西王，派兵烧绝栈道，公开与大都朝廷决裂，但此时天顺帝阿剌吉八已不知所终，因此他打出了拥护和世㻋的旗号。图帖睦尔曾派怯薛前往招抚，允许囊加台改过自新，但被拒绝。囊加台兵分两路，向南攻打播州（今贵州遵义），于天历二年（1329 年）正月十九日迫使播州宣慰使杨延里不花投降。在播州土司的引导下，四川军攻打乌江峰，但被击败，八番元帅脱出也击败了乌江北岸的川军，齐王月鲁帖木儿率领五万大军随后赶到。在北线，囊加台写信给自己的弟弟陕西蒙古军都元帅不花台寻求支持，但后者拒绝参加叛乱，斩杀了哥哥的使者。之后囊加台以鸡武关为基地，攻打兴元路（治今陕西汉中）的三叉、柴关等地，还想诱降巩昌总帅汪延昌但没有成功。二月十日，囊加台率部占领白土关，逼近襄阳，图帖睦尔下令湖广行省全力阻截，并从多处调兵支援。囊加台尚未来得及攻打襄阳，后院便已经起火。二月二十六日，播州土司被月鲁帖木儿招降。图帖睦尔乘胜追击，从河南、江浙、江西、山东调集一万一千名士兵和两千名禁卫军参战。至四月，湖广行省参政郑昂霄已经抵达播州石虎关，囊加台被迫投降。同年八月，囊加台以大不道之罪被处死。

云南战场：站在上都一方的诸王秃坚在战败后逃入云南行省，这和云南原本是梁王王禅的封地有关。天历二年三月，秃坚联合梁王在云南的旧部诸王答失不花、平章马忽思聚众五万，攻打行省右丞相也尔吉尼，也尔吉尼不敌，只得退走八番顺元宣慰司（治今贵州贵阳）。至顺元年（1330 年）正月，秃坚与万户伯忽、阿禾、怯朝率军攻打中庆（今云南昆明），杀死了廉访司的官员，捉获行省左丞沂都。二月，秃坚、伯忽又攻陷昆明附近的仁德府、晋宁州，秃坚自立为云南王，封伯忽为丞相。大都朝廷此时才开始重视这股叛军，任命河南行省平章乞住为云南行省平章、八番宣慰使帖木儿不花为行省左丞，率军入滇镇压叛军。为了拉拢云南各地土司以孤立叛军，

① 《元史》中并未明确指出其位置，根据兵要地理和战争形势推断，“江”应指江夏（湖广行省、武昌路治所，今武汉市武昌区），“黄”应指黄冈（黄州路治所，今黄冈市黄州区）。陕西军如果想从汉水进入长江，再顺江东下，必然要经过两地。

图帖睦尔还赏赐八番、顺元、曲靖、乌撒（今贵州威宁）、乌蒙（今云南昭通）、蒙庆、罗罗斯（今四川西昌等地）、嵩明州等地的土司钱币布帛，并对有功的乌撒土司禄余等人加以赏赐，遥授行省参政职务。然而禄余却在“诱胁”下投降伯忽，罗罗诸蛮均投靠叛军，云南行省平章帖木儿不花被害。罗罗蛮参加叛军，打死前来平叛的元军一万余人。元廷大为震怒，从江浙、河南、江西调来了两万军队，由诸王云都思帖木儿率领，会同湖广行省平章脱欢入滇平叛。鉴于有更多的土司加入了叛军，元廷于六月在云南设立行枢密院负责平叛，以河南行省平章彻里铁木儿为知行枢密院事，陕西行省平章探马赤、近侍教化为同知、副使，并赐给驿玺书十五张、银字圆符五枚。朝廷又从朵甘思（今西藏昌都东部与四川甘孜、阿坝等地）、朵思麻（今青海、甘肃、四川交界地区）及巩昌诸处征调军队一万三千人，并配备战马四万匹。

七月，元军分兵两路：彻里铁木儿会同镇西武靖王搠思班等由四川进军，教化跟随豫王阿剌忒纳失里等由八番进军，分路合击云南叛军。但秃坚、伯忽等叛军攻势十分猛烈，禄余又联合乌蒙、东川（今云南会泽）、茫部（今云南镇雄）土司出兵帮助伯忽的弟弟拜延等攻打顺元。罗罗斯土官撒加伯则联合乌蒙兵万人攻打建昌县（今四川西昌），云南行省右丞跃里帖木儿率军抵抗，斩首四百余级，四川军也在芦古驿打败了撒加伯。豫王阿纳忒剌失里及行枢密院、四川、云南行省官员率领各路军队分道讨伐叛军，又因乌蒙、乌撒及罗罗斯靠近西番，所以命宣政院派兵严加守备，又命巩昌都总帅府调兵千人防守四川。闰七月，叛军的攻势终于被阻止，叛军转而将进攻的矛头指向西方，撒加伯及阿陋土官阿剌、里州土官德率军八千撤毁栈道，并派人与西番勾结，想从大渡河进攻建昌。四川行省从各地调兵一千七百人，交由万户周戡统领，直抵罗罗斯界，以控制西番及诸蛮部，又遣万户昝定远率军五千会同邛部同知马伯所部蛮兵增援周戡部，并在叙州（今四川宜宾）和成都增加兵力。叛军联合西番的企图由于元廷已命宣政院严阵以待而被粉碎，使者也被跃里帖木儿抓获处死。乌蒙土司阿朝连忙率部投降，元军分路合击，先后在周泥驿、木托山、

▲ *元至顺三年铜火铳*

金马山大败叛军，伯忽及其弟伯颜察儿、拜延，部下拜不花、卜颜帖木儿等叛军首领均被处死。伯忽死后，元军又大败阿禾所部的蒙古人叛军，将其处死。当年年底，各路元军在伽桥、古壁口与七千叛军交战，跃里铁木儿左颊中流矢直插耳后，他拔出箭矢继续参战，最终收复中庆。

收复中庆后，元廷任命探马赤为云南行省平章，也儿吉尼为知行枢密院事并加官太尉，豫王阿剌忒纳失里、镇西武靖王搠思班、荆王也速也不哥皆奉命率军留镇云南，并对各地土司的建制和辖区进行了调整。但秃坚依旧在修筑城堡，布兵拒守，坚持抵抗。至顺二年（1331 年）六月，趁元军主力撤退之际，乌撒、罗罗蛮起兵杀害戍军，撒加伯亦杀掠百姓解恨。云南行省及行枢密院奉命暂停撤走戍军，知行枢密院事彻里帖木儿则率军攻打叛乱土司锁力哈迷失，杀死七百余人。十一月十一日，蒙古都元帅怯烈率军在澄江路（治今云南澄江）一个岛屿上攻打秃坚残部，元军架起云梯登山，破其栅，杀敌五百余人。秃坚之弟必剌都古彖失举家跳入湖中自杀。秃坚的另外两个弟弟和三个儿子均被处死，秃坚本人则不知所终。至此，亲上都的残余势力被彻底消灭，虽然云南禄余等土司的叛乱直到元顺帝上台后的至元元年（1335 年）才被平定，但已经和两都之战无关了。

两都之战初期，上都方面明显占据优势。其一，天顺帝阿剌吉八以皇太子身份继位符合大义名分，得到大部分朝廷高官和宗室诸王的拥戴，各行省中陕西、四川、辽阳都站在上都一边，而在河南、甘肃、湖广、江浙也有不少上都的支持者。其二，扈从也孙铁木儿至上都的随驾大军和怯薛军是蒙古军队的主力，而且还有精锐的陕西军和辽东军相助。因此上都政权得以在短时间内组织四路大军围攻大都。大都的四大屏障——迁民镇、居庸关、古北口、紫荆关都曾被攻破，上都军队的前锋甚至一度兵临大都近郊，其游骑更是逼近了南城。与之相比，大都军队主要是由侍卫亲军各卫的留守部队、屯田军人和闲散军官组成，除了钦察卫、阿速卫和贵赤卫外，都缺乏战斗力，而支持大都的湖广、江西、江浙三个行省的军队战斗力并不强，只有河南的驻军有较强的实力。但最终的结果却是大都政权取得了战争的胜利。这固然跟机缘气运有关，但也绝非偶然。

▼ 元代笠形盔

首先，也孙铁木儿在继位前本身并无储君身份，违背了“宗亲各受分地，勿敢

妄生觊觎”这一万世所共守的不易成规，并违反自己“愿守籓服”的盟书。他又与弑杀硕德八剌的南坡之变难脱干系，因此其统治缺乏正统性。加之也孙铁木儿以外藩入继大统，省、院、台高官要职多为漠北贵族和晋邸旧臣鸠占鹊巢，引起了大都朝廷各派势力的不满。也孙铁木儿生前尚能控制住局势，但各方势力早已暗流汹涌。当他去世之后，皇太子阿剌吉八年幼无知，难堪大任，而中书左丞相倒剌沙虽然主持朝政，但是他贪污纳贿、卖官鬻爵，在朝廷中一向缺乏威望。也孙铁木儿驾崩后，他为了贪权，逾月不拥立太子继位，引起朝野疑惧，丧失了政治上的主动权。

其次，大都政权由于受到南方各省的支持，因此在物资方面远较上都政权占优。早在南宋时期，南方经济就已经超过北方。在十三世纪蒙古对金、宋及西夏的战争中，北方和四川所遭到的破坏尤为严重。元朝初期，南方各省（除四川外）人口占到全国的八成以上，虽然世祖朝之后，北方和四川经济有所恢复，但依旧远不如南方。站在大都一方的中书省直辖区、河南行省、江浙行省、江西行省、湖广行省拥有大部分全国户口和钱粮，给原本在军事上处于劣势的大都朝廷以源源不断的财源支持。如江浙通过海道向大都输送了三百一十万石粮食，江浙、江西、湖广向大都提供了六万件兵器，河南行省和中书省直辖的河间路、保定路、真定路向大都军提供了大批军马，伯颜所控制的河南行省更是在两都之战初期向大都提供了大批钱粮兵器。站在上都方面的岭北、辽阳、四川、陕西，在元朝时多是落后地区，原本就难以为上都政权提供充足的财政军需支持。1328—1330 年的寒冷气候，更是让其中最为富庶的陕西行省发生了大饥荒，以致流民遍地，甚至发生了人吃人的惨剧。支持上都政权的塞北诸王领地内也遭遇大雪灾，牲畜大量死亡。

最后，上都政权虽然在战争初期占据军事优势，但却犯下两个致命错误而为燕铁木儿所乘。一是没有及时掌握色目卫军中的精锐部队。虽然大都政变时侍卫亲军中的色目卫军主力多在上都，但是眷属均在大都，他们害怕祸及家人，军心并不稳固。燕铁木儿则利用自己世代掌管钦察卫军，与色目卫军上层联系密切的优势，招降了阿速卫、贵赤卫这两支精锐卫军南下归顺大都政权，成为大都军的骨干力量。二是在初期兵力占优势的情况下，上都政权却犯了兵力分散的大忌，让四路大军分别出击。虽然大都以北的诸关隘均被上都军攻破，但因无法以优势兵力支持后续进攻，从而给了大都军以喘息之机。燕铁木儿就是利用了上都军的这一弱点，在各关隘布置少量守军以迟滞上都军的攻势，自己则亲自掌握大都军的主力，采取迅速奔袭的办法，对突破关隘的上都军各个击破。

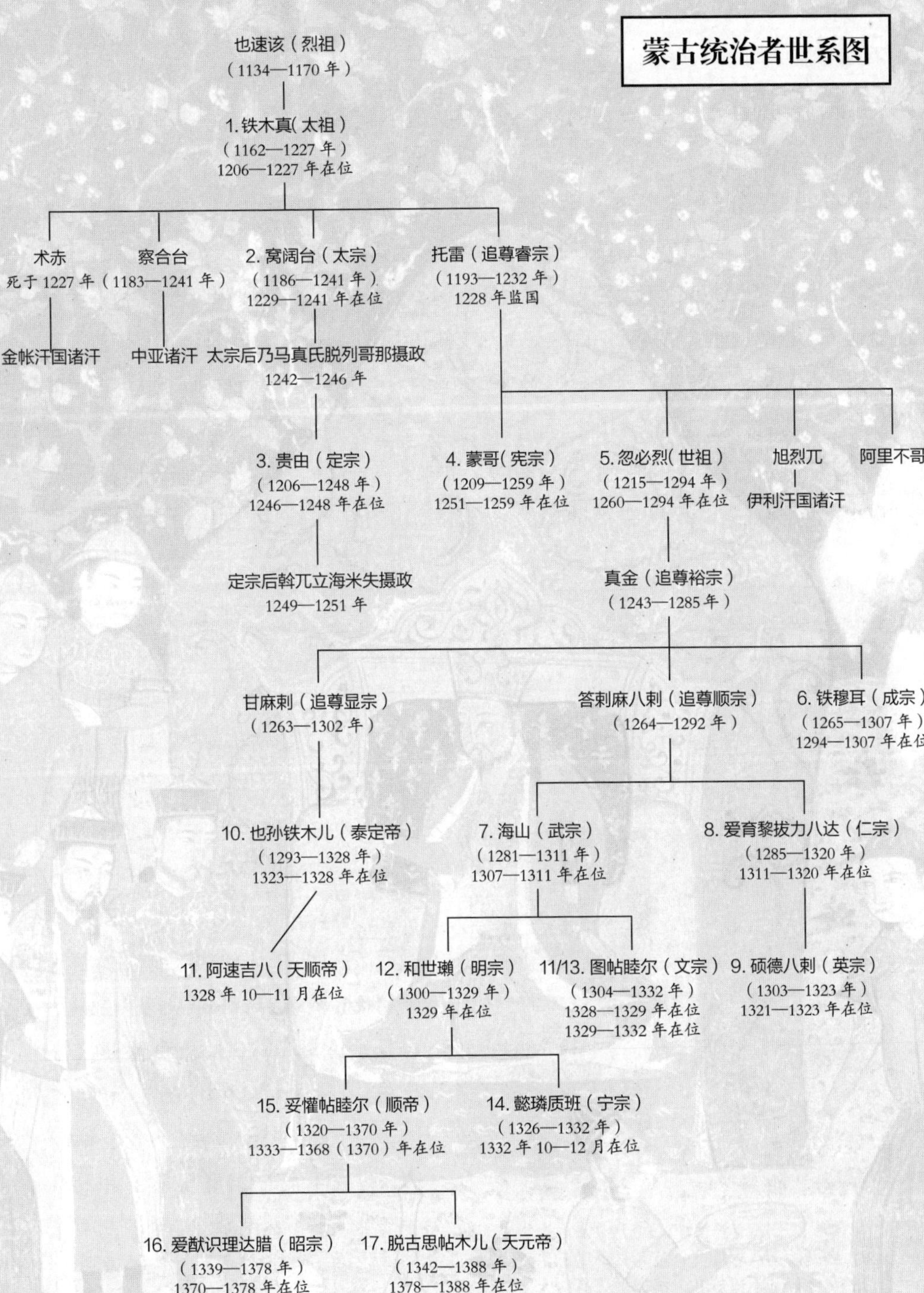
蒙古统治者世系图
也速该（烈祖）
（1134—1170 年）
1. 铁木真（太祖）
（1162—1227 年）
1206—1227 年在位
术赤
死于 1227 年
察合台
（1183—1241 年）
2. 窝阔台（太宗）
（1186—1241 年）
1229—1241 年在位
托雷（追尊睿宗）
（1193—1232 年）
1228 年监国
金帐汗国诸汗
中亚诸汗
太宗后乃马真氏脱列哥那摄政
1242—1246 年
3. 贵由（定宗）
（1206—1248 年）
1246—1248 年在位
4. 蒙哥（宪宗）
（1209—1259 年）
1251—1259 年在位
5. 忽必烈（世祖）
（1215—1294 年）
1260—1294 年在位
旭烈兀
伊利汗国诸汗
阿里不哥
定宗后斡兀立海米失摄政
1249—1251 年
真金（追尊裕宗）
（1243—1285 年）
甘麻剌（追尊显宗）
（1263—1302 年）
答剌麻八剌（追尊顺宗）
（1264—1292 年）
6. 铁穆耳（成宗）
（1265—1307 年）
1294—1307 年在位
10. 也孙铁木儿（泰定帝）
（1293—1328 年）
1323—1328 年在位
7. 海山（武宗）
（1281—1311 年）
1307—1311 年在位
8. 爱育黎拔力八达（仁宗）
（1285—1320 年）
1311—1320 年在位
11. 阿速吉八（天顺帝）
1328 年 10—11 月在位
12. 和世瓎（明宗）
（1300—1329 年）
1329 年在位
11/13. 图帖睦尔（文宗）
（1304—1332 年）
1328—1329 年在位
1329—1332 年在位
9. 硕德八剌（英宗）
（1303—1323 年）
1321—1323 年在位
15. 妥懽帖睦尔（顺帝）
（1320—1370 年）
1333—1368（1370）年在位
14. 懿璘质班（宁宗）
（1326—1332 年）
1332 年 10—12 月在位
16. 爱猷识理达腊（昭宗）
（1339—1378 年）
1370—1378 年在位
17. 脱古思帖木儿（天元帝）
（1342—1388 年）
1378—1388 年在位

兄弟相残

两都之战虽然以大都政权的胜利而告终，但是两都之战的起因——皇位之争并没有结束。图帖睦尔虽然取得了战争的胜利，但是由于和世㻋才是海山的长子（两人均非嫡子），在法统上具有无可争议的优势，所以图帖睦尔登基时自称“皇弟居摄”“谨俟大兄之至”。虽然这并非图帖睦尔的本意，但在和上都政权的战争中，却是在政治上树立合法性，争取诸王大臣支持的重要筹码。上都投降之后，图帖睦尔派遣哈散及撒迪等人相继去迎接和世㻋，西域诸王都支持和世㻋南下继位。于是诸王察阿台、沿边元帅朵烈捏、万户买驴等率军扈行，和世㻋的旧臣孛罗、尚家奴、哈八儿秃也追随他往大都进发。到达阿尔泰山之后，岭北行省平章泼皮奉旨迎候，武宁王彻彻秃、佥枢密院事帖木儿不花随即赶到。于是和世㻋命孛罗先行进京。两都之民听闻使者到来，欢欣鼓舞地说：“吾天子实自北来矣！”支持海山的诸王、旧臣也争先拜见，犹如聚会般热闹。

▲ *元代八思巴文金圣旨牌，藏于内蒙古大学民族博物馆。其两面刻八思巴文，意为：借助长生天力量，皇帝的名字神圣不可侵犯，不尊敬服从的人，将被定罪致死*

在巨大的政治压力之下，天历二年（1329年）正月，图帖睦尔不得不又派遣中书左丞跃里帖木儿迎接和世㻋。当月，图帖睦尔的使者在行宫中觐见和世㻋，根据图帖睦尔的命令向和世㻋劝进。和世㻋顺势在和宁（即蒙古帝国旧都哈拉和林）之北即位（明宗），扈行的诸王、大臣都入帐朝贺，撒迪派人回京师报告图帖睦尔。图帖睦尔收到消息后，下令从二月二十一日开始，文武官员的任免都要报告行在。但是根据帝国的传统，和世㻋还要在上都召开忽里勒台大会，举行选汗仪式才能正式继位。于是和世㻋一行继续南下，图帖睦尔则派遣中书右丞相燕铁木儿携带皇帝印玺前来迎接，御史中丞八即剌、知枢密院事秃儿哈帖木儿等也各率部属随行。此外，图帖睦尔又送来“金千五百两、银七千五百两、币帛各四百匹及金腰带二十”给和世㻋行在，和世㻋登基及近侍所用的服饰也都已准备停当。和世㻋给中书左丞跃里帖木儿下令，从御史台、司农司、枢密院、宣徽院、宣政院的储备中提取金银宝钞，用于忽里勒台大会的准备工作。

当燕铁木儿于四月抵达行在，率百官献上皇帝印玺之时，和世㻋拜他为太师，继续保留其中书右丞相的职务和太平王的爵位，并承认之前图帖睦尔任命的所有官员。作为对弟弟拥戴之功的回报，登基后的和世㻋派武宁王彻彻秃、中书省平章政事哈八儿秃到大都，立图帖睦尔为皇太子，并为他设置詹事院。显然，和世㻋想用承认图帖睦尔和燕铁木儿既得利益的代价来换取皇位的巩固。然而，和世㻋和图帖睦尔、燕铁木儿之间的矛盾却在暗地里不断激化。

一方面，和世㻋任命了大批亲信占据重要职位：哈八儿秃为中书省平章，伯帖木儿为知枢密院事，孛罗为御史大夫，昭武王火沙为知行枢密院事，彻里铁木儿为中书省平章，阔儿吉司为中书右丞，怯来和只儿哈郎为甘肃行省平章，忽刺台为江浙行省平章，那海为岭北行省平章，潜邸旧臣及扈从怯薛中有八十五人被授予官职。另一方面，和世㻋召见御史台官员，下令整顿吏治，“凡诸王、百司，违法越礼，一听举劾”，并要求省、院、台必须将百司庶政及时奏报皇帝，枢密院必须将军务机密即时上报，“百司及纮御之臣，毋得隔越陈请”，其目的显然是分割燕铁木儿的权力。

燕铁木儿浴血奋战，是为了通过拥戴海山后人，成为朝政的主宰者。此时却要迎来一个比也孙铁木儿更加专制的皇帝，燕铁木儿自身的地位也很有可能会被和世㻋的潜邸旧臣与亲信大臣所取代。这些人大多在两都之战中毫无功劳，燕铁木儿自己却可能会重蹈铁失兔死狗烹的覆辙。此时的燕铁木儿不仅本人权倾天下，就连他的叔叔不花帖木儿也成为知枢密院事，家族势力已然膨胀，自然不甘心乖乖交出权柄。因此他决定进行人生中的第二次政治赌博：支持图帖睦尔复辟，因为后者显然比深沉果敢的和世㻋更容易控制[①]。此时的图帖睦尔不但丧失了皇位，而且势力不断受到哥哥排挤，有可能连储君之位都难以维持，毕竟海山、爱育黎拔力八达两系手足相残的教训近在眼前，因此也选择了与燕铁木儿合作。图帖睦尔、燕铁木儿要想达成目的，必须阻止和世㻋在上都召开忽里勒台大会，因为一旦和世㻋得到黄金家族集体拥戴，拥有了蒙

① 早在少年时和世㻋就因为英锐而被答己皇太后所排斥。

古大汗权位，图帖睦尔将永远丧失复辟的机会。因此，图帖睦尔和燕铁木儿合谋，要在和世瓎进入上都之前将其除掉。此时的和世瓎却依旧信心满满地向上都进发，浑然不知自己将面对怎样残酷的命运。也许他是想重复当年爱育黎拔力八达让位给海山的历史，却没考虑到当年跟随他父亲海山南下的是三万大军，而自己身边只有一千八百名侍卫！

不过和世瓎毕竟已经有了皇帝的名分，得到了许多宗室成员和大臣的拥戴，甚至已经初步建构起自己的权力系统，所以图帖睦尔和燕铁木儿不能公然发动军事政变，而必须采取隐蔽的暗杀行动。八月，图帖睦尔以皇太子的身份在上都附近的王忽察都与和世瓎会面，和世瓎在行宫宴请太子与诸王大臣，酒宴一连数日不休。一天夜里，和世瓎在酒宴上喝下毒酒，于次日暴卒身亡，燕铁木儿马上以武力胁迫皇后将玉玺授予图帖睦尔。图帖睦尔在数日后返回上都，在燕铁木儿等人的拥戴下再次登基，并改元至顺。燕铁木儿以两次拥戴之功，获得殊荣，已故的曾祖、祖父、父亲都被追封为王，他自身更是位极人臣，到了无官可加、无爵可晋的地步。但为表尊崇，图帖睦尔还是让他成为独相，下令“凡号令、刑名、选法、钱粮、造作，一切中书政务，悉听总裁”，“诸王、公主、驸马、近侍人员，大小诸衙门官员人等”均不得不通过他而隔越闻奏。燕铁木儿不但位极人臣，而且还在个人生活上受到特殊优待，燕铁木儿被允许娶也孙铁木儿的遗孀，其官邸建于皇太后宫的西南。燕铁木儿的儿子塔拉海成为图帖睦尔的养子，图帖睦尔自己的儿子古纳答剌则改名燕帖古思，成为燕铁木儿的义子，可以说燕铁木儿已经是有实无名的太上皇。燕铁木儿自己也先后娶了宗室之女四十人，挟震主之威，肆意无忌。

图帖睦尔本人对汉法儒学颇有兴趣，然而他的个性过于隐忍，气度和勇气不足，加之有燕铁木儿为首的色目军事贵族集团的挟制，

▶ 元代御马佣

他虽试图在朝政上有所作为，如尊崇儒学、镇压西南叛乱、编订《经世大典》等，但却难以扭转王朝的颓势。受两都之战的影响，元帝国原本就脆弱的财政濒临崩溃，因此图帖睦尔削减了对诸王的赏赐，并允许富民输粮补官，但由于宫廷和寺院的开支无法缩减而依旧赤字累累。他还曾试图用建立奎章阁的办法来延引儒生士大夫参政，但遭到燕铁木儿的激烈反对，赵世延、虞集、柯九思等人都遭到弹劾，最终知奎章阁事的职位也落入燕铁木儿之手。为了巩固皇权，杀害和世瓎之后，图帖睦尔又纵容妻子卜答失里杀害了和世瓎的皇后八不沙，流放和世瓎的长子妥懽帖睦尔于高丽的孤岛之中，并对外宣称他不是和世瓎之子。图帖睦尔的儿子阿剌忒纳答剌则被立为皇太子。然而，杀害哥哥的罪行始终让他难以释怀，尤其是阿剌忒纳答剌在被立为太子后一个月就不幸夭折，更引起了他对因果报应的恐惧，这让年纪轻轻的他惶惶不可终日。至顺四年（1333 年），年仅二十九岁的图帖睦尔去世，虽然之前他已经立自己的幼子古纳答剌为皇太子，并让他改名以获得燕铁木儿的保护，但临死之前，他还是对燕铁木儿表达了自己对当年弑杀兄长的后悔。作为补偿，他要求自己死后让和世瓎的儿子妥懽帖睦尔继承皇位："昔日五忽察都之事，为朕平生大错，悔之无及。燕帖古思虽为朕子，然今日大位，乃明宗之大位也。汝辈如爱朕，立明宗之子，使绍兹大位，则朕见明宗于地下，亦可有辞以对。"

燕铁木儿原本是想让自己的义子燕帖古思继位，但碍于先帝遗诏难违，加之图帖睦尔的皇后卜答失里的坚持，他选择了立和世瓎的幼子懿璘质班为帝（宁宗）。其原因在于懿璘质班年仅七岁，天历之变时更只有四岁，没有对那段血腥历史的记忆，远比已经十三岁的妥懽帖睦尔更容易操纵。然而，人算不如天算，懿璘质班在位仅仅四十三天就病死，帝位再次空悬。燕铁木儿再次提议立燕帖古思为帝，但是皇太后卜答失里害怕儿子继位之后会遭受天谴早夭而亡，因而坚持立和世瓎长子妥懽帖睦尔。在太后的施压之下，燕铁木儿只能派中书左丞奇尔济苏，将已经被流放于桂林的妥懽帖睦尔迎回大都。燕铁木儿见到妥懽帖睦尔后，两人骑着马并辔而行，燕铁木儿在马上举鞭指画，将国家多难的背景下自己遣使奉迎的缘由讲给对方听，想获取信任。妥懽帖睦尔惧怕燕铁木儿，一言不发。于是燕铁木儿心生疑虑，害怕妥懽帖睦尔长大后会为父亲复仇，所以迟迟不立他为帝。为此，他还指使太史说："帝不可立，立则天下乱。"并以此为理由，拖延数月之久。在此期间，国家大事皆由燕铁木儿决断，只需在名义上上奏卜答失里即可。妥懽帖睦尔眼看将与帝位失之交臂，连性命也十分堪忧，但他却突然遇到了难得的好运气。只因此时的燕铁木儿由于长期主掌天下大权，

▲ *元代巨型酒瓮——渎山大玉海，存于北海公园团城。历史上有多位元帝便是因酗酒而亡*

已然奢靡腐化，尤其是耽于女色，以至于“后房充斥不能尽识”。有一次燕铁木儿在赵世延的府邸大摆宴席，男女列坐，名为鸳鸯会。燕铁木儿见一角有一位美女在座，便问此人是谁，意欲带回府邸。左右连忙说：“这是您的夫人啊！”由于日复一日的荒淫，原本能征惯战的燕铁木儿变得身体羸弱，最后居然溺血而亡。

燕铁木儿一死，妥懽帖睦尔继位的障碍便被扫除了。在卜答失里的主持下妥懽帖睦尔终于得以登基（顺帝），改元元统。但为了不破坏图帖睦尔朝的政治格局，燕帖古思被立为皇太子，燕铁木儿的女儿答纳失里则被立为皇后。图帖睦尔时代的旧臣依旧主掌朝政：伯颜为太师、中书右丞相，燕铁木儿的弟弟撒敦为太傅、中书左丞相，燕铁木儿的儿子唐其势则继承太平王的爵位兼任御史大夫。面对妥懽帖睦尔近乎傀儡的地位，当年和世瓎的近臣阿鲁辉帖木儿为了保护少主，向他献策：“天下事重，宜委宰相决之，庶可责其成功；若躬自听断，则必负恶名。”妥懽帖睦尔依计而行，隐藏于暗处，对朝政不闻不问，以待时机。机会很快到来，撒敦突然去世，虽然唐其势晋升为中书左丞相，但失去制约的伯颜已经成为权相。唐其势大怒道：“天下本我家天下也，伯颜何人，而位居吾上！”于是唐其势与叔父答里联合，试图拥立蒙哥的重孙诸王晃火帖木儿为帝。但其阴谋被郯王彻彻秃[①]揭发。六月三十日，当唐其势伏兵东郊，亲自率勇士突入宫阙时，伯颜及完者帖木儿、定住、阔里吉思等早已张网待捕。唐其势、塔拉海都被处死。残余党羽投奔答里，答里杀死朝廷派来劝降的使者祭旗，率和尚、剌剌等抵抗朝廷，被搠思监、火儿灰、哈剌那海等所败，只得北逃投靠晃火帖木儿。朝廷命孛罗、晃火儿不花追袭，阿鲁浑察抓获答里送往上都，晃火帖木儿在路上自杀。政变中，燕铁木儿的儿子、图帖睦尔的养子塔拉海逃入内宫，求皇后答纳失里庇护。答纳失里将弟弟藏在自己的座椅之下，以后袍遮掩。如此幼稚的伎俩自然马上就被识破，伯颜下令左右将塔拉海拽出来当即斩首，鲜血溅到皇后的衣服之上。

① 彻彻秃为蒙哥第三子玉龙答失之孙。伯颜先祖为蔑儿乞人，被铁木真击败后世代为奴，伯颜幼时曾为彻彻秃的奴婢。

伯颜向顺帝禀告说：“岂有兄弟为逆而皇后党之者！”遂将她抓了起来。皇后向顺帝高呼：“陛下救我！”但顺帝却不为所动，答道：“汝兄弟为逆，岂能相救邪！”皇后被伯颜派人毒死，曾经显赫一时的燕铁木儿家族彻底覆灭。

伯颜当权之后被封为秦王，他重蹈了燕铁木儿的覆辙，一时间大权在握，“时天下贡赋多入于伯颜家，省、台官多出其门下。每罢朝，皆拥之而退，朝廷为之空矣”，连伯颜昔日的使长郯王彻彻秃都被他杀害，时人称“天下之人，唯知有伯颜而已”。他甚至与太皇太后卜答失里过往甚密，在她的寝宫中通宵不出，民谣称伯颜“上把君欺，下把民虐，太皇太后倚恃着”。这位权臣对汉人，尤其是士人恨之入骨，下令废除科举、禁止汉人持有武器、禁止汉人蓄养马匹、禁止汉人学习蒙古文字，中书省、枢密院、御史台、六部、宣慰司、廉访司乃至各州府长官都不得任用汉人，甚至曾提议将张、李、赵、王、刘五大姓汉人屠戮殆尽，只因顺帝反对而未施行。反对废除科举的汉人参政许有壬还受到政治上的侮辱，被强迫担任颁发废科举诏时的班首。伯颜的倒行逆施，激化了原本就很严重的民族矛盾：棒胡、范孟端起义于河南，光卿、石昆山起义于惠州，李智甫、罗天麟起义于闽漳，彭莹玉、周子旺起义于袁州。就是蒙元统治集团内部也有御史大夫阿乂赤、诸王完者帖木儿预谋行刺伯颜未遂的事件。虽然均被镇压，但是蒙元的江山已经处于风雨飘摇之中。至元六年（1340 年）二月，司天监发现彗星出于紫薇，垣数十丈，在夜空中徘徊十余日，占卜者预测十五年后将发生大乱。伯颜和卜答失里大为恐惧，合谋废黜顺帝，改立燕帖古思为帝。为此伯颜请顺帝与燕帖古思

◀ *历代蒙古大汗的归葬之地——不儿罕山*

一起出猎柳林，试图加以谋害，只是顺帝以生病为借口并没有同行。伯颜本能地感到了危机，但是他没有想到危机来自自己的至亲之人。

伯颜的侄子御史大夫脱脱虽然深受叔叔的养育提拔之恩，但是对叔叔的倒行逆施一直很不满，也害怕伯颜将来势败后会祸及整个家族，于是他秘密将伯颜意图弑君的消息传递给了顺帝。顺帝与亲信高保哥、月怯察儿密商后，决定先让月怯察儿率领三十名怯薛于深夜出城潜入柳林，偷偷带着燕帖古思入城以防止伯颜拥立其为太子。与此同时，脱脱下令收缴大都各门的钥匙，派亲信控制各个城门。顺帝在脱脱的保护下驾临玉德殿，召见中书省和枢密院诸大臣，决议废黜伯颜军权。而要剥夺伯颜的军权，顺帝必须发布诏书。诏书原本应由翰林院起草，但为了防止翰林院中的伯颜亲信泄露机密，顺帝命令中书省平章沙只班将他的门客范汇用毡子裹住放在车上，秘密送入宫中，由范汇起草诏书。四更时，中书省平章只儿瓦歹、沙只班带着诏书前往柳林，削夺伯颜的军权。天明时分，大都城门均被关闭，脱脱踞坐城门之上，向官员百姓宣读了诏书。伯颜派人前来询问情况，脱脱传达圣旨，宣称只治罪伯颜一人，随从皆无罪。伯颜所带卫军听到天子诏命后，纷纷回归本卫。伯颜的养子詹因不花和知院落失蛮尚书建议伯颜拥兵入宫，“以清君侧”。伯颜见大势已去，没有采纳。此时伯颜接到了被任命为河南行省左丞相的诏书，他请求入宫向顺帝告辞，但使者奉顺帝的旨意要求他马上起行。

伯颜到达河南后，顺帝又下诏将伯颜安置在今广东省阳春县，并将太皇太后卜答失里流放至东安州（今河北廊坊）。太子燕帖古思先是被流放潘阳路（今山东淄博），后顺帝又派云都赤、月怯察儿押送他去沈阳。燕帖古思知道月怯察儿是奉命来杀自己的，连忙乘马渡河逃命，但仍被月怯察儿追上后处死。尚书高保哥揭发图帖睦尔生前污蔑顺帝非和世瑓之子，顺帝大怒之下将图帖睦尔的神主从太庙中撤除。伯颜行至江西豫章驿，服毒自杀，其家产均被抄没。不久脱脱又逼迫其父亲马札儿台辞去中书右丞相之位，改任太师。此后便形成了以脱脱为中书左丞相、益都忽为中书右丞相、韩家奴为御史大夫、汪家奴为枢密使的新班子。至此，两都之战中的胜利者图帖睦尔—燕铁木儿集团被消灭殆尽，此时离两都之战只有十二年，昔日战场上的胜利者已灰飞烟灭。

元帝国的丧钟

两都之战历时仅数月便告结束，即便算上陕西、四川和云南反图帖睦尔政权的余波，也仅四年时间。但它是自至元元年（1264 年）忽必烈与阿里不哥之战结束后，六十多年间蒙元帝国爆发的第一次大规模内战，战火波及除南三省之外的全国大部分地区，双方动用了几十万军队参战，对于整个蒙元王朝的命运产生了很大的影响。

▲ 成吉思汗庙壁画——蒙古“四杰”

其一，蒙元统治阶级在内战中因为自相残杀遭受重创，元朝的统治根基大为动摇。蒙元统治是典型的贵族政治，其统治集团以蒙古、色目贵族为主体，辅以少数汉军世侯及个别南人高官。蒙古贵族中地位最高的当然是黄金家族的宗室诸王，其次是和黄金家族世代联姻的驸马家族和以“四杰”[①]后裔为首的功臣世家。在两都之战中，众多蒙古显贵因为支持上都政权而遭到大清洗：梁王王禅（也孙铁木儿之侄）、辽王脱脱（铁木真之弟斡赤斤后裔）、诸王孛罗帖木儿（世系不详）、阳翟王太平（窝阔台后裔）、诸王忽剌台（窝阔台孙海都后裔）、湘宁王八剌失里（甘麻剌之孙）、赵王马札罕（铁木真之婿孛要合的后裔）、国王朵罗台（木华黎后裔）、靖安王阔不花（忽必烈之子脱欢后裔）、诸王失剌（世系不详）等或被处死，或被流放。曾长期掌控漠北的晋藩一系则被彻底消灭，作为维系蒙元帝国与漠北本土纽带的晋藩退出历史舞台，无疑大大削弱了元朝在漠北的控制力。朝廷中，中书左丞相倒沙剌、中书省平章乌伯都剌、中书省平章伯颜察儿、中书左丞朵朵、中书省参政王士熙、御史大夫纽泽、辽阳行省平章秃满迭儿等人遭到严厉惩罚，甚至有人被处死。由于这些官员多为回回人或依附于回回人倒沙剌，因此回回人在朝中的势力遭到重创。两都之战后，遭籍没财产的官员、贵族在百人以上，大部分上都官员虽然没有被严厉惩罚，但仍有许多人被削去官职不复任用。

其二，权臣政治出现，皇位更迭频繁，蒙元的皇权遭到严重削弱。由于宗室和驸

① 木华黎、博尔术、博尔忽、赤老温，其中赤老温家族后裔政治地位不高。

马平时主要居住于封地之中，因此蒙元中枢的权力实际上掌握在以三大家族为首的怯薛集团手中。原本由于怯薛与元朝皇帝兼蒙古大汗之间有着人身依附关系，因此虽然元朝先后出现过阿合马、桑哥、铁木迭儿等权臣，但是他们始终受到三大家族的压制，无法真正威胁皇权。然而两都之战后，三大家族遭到严重打击，如博尔忽后裔淇阳王完者帖木儿被流放，木华黎后裔国王朵罗台被处死，博尔术后裔广平王木剌忽被夺爵。由于三大家族子弟都两边下注，外加朝廷需要功臣后裔点缀，因此未遭灭门之祸。但是由于王爵落入家族内旁支之手，家族中高官显贵的人数也大为减少，因此在政治上作用明显下降。怯薛集团的衰落削弱了皇帝对朝廷的掌控力，加之两都之战后皇权之争更加激烈，短短数年间皇位五易，皇权的威信大为下降，这就为权臣政治的出现提供了契机。

两都之战后相继执政的燕铁木儿和伯颜虽然曾为海山家族的宿卫，但本身并非蒙古功臣世家出身，燕铁木儿的先祖是来自东欧的色目贵族，而伯颜虽是蒙古人，却来自与铁木真为敌的蔑儿乞部。因此他们得以专权是由于自身在两都之战中所建立起来的个人势力，而非依赖皇帝的宠信。这两个军阀因此有了不依赖皇权而专擅朝政的实力，甚至成为废立皇帝的“造王者”。燕铁木儿不仅位极人臣，操控朝政，而且如前所说其在婚姻、住所、后代教养方面享受的待遇都已与太上皇无异。其叔叔不花帖木儿、弟弟撒敦、儿子唐其势则都被授予军政要职，燕铁木儿家族实际控制了整个朝廷，以至于燕铁木儿在图帖睦尔死后，违背图帖睦尔的遗诏，改变皇位继承人选，也无人敢过问。继燕铁木儿之后，当权的伯颜同样权势煊赫，如前所说，“天下贡赋多入于伯颜家，省、台、官多出其门下”，其仪仗、扈从之盛，远在皇帝之上。郯王彻彻秃为伯颜的使长，且曾帮助伯颜铲除燕铁木儿家族，但仅因拒绝将女儿嫁给伯颜之子，

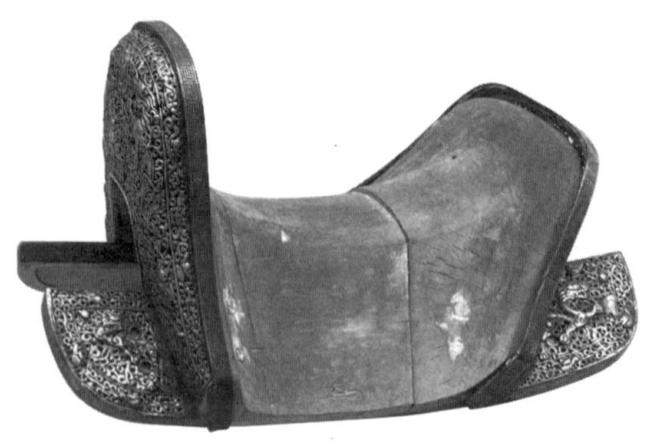

◀ 成吉思汗的马鞍，现藏于内蒙古博物院

便惨遭杀害，连皇帝也不敢过问。最后在脱脱的支持下，顺帝才铲除了伯颜，但此时距离红巾军大起义的爆发，已经只有十一年了。雪上加霜的是，燕铁木儿和伯颜都是坚定的反汉化派，如前所说，伯颜甚至废除科举，扬言杀光汉人五大姓。元朝的汉化步伐不但停滞不前而且严重倒退，在不断的政治动乱中丧失了最宝贵的改革时机。

其三，战争加剧了蒙元帝国的经济困难，恶化了财政危机，激化了民族矛盾。两都之战造成了对社会经济的极大破坏，使民众深受疾苦。战争所波及的京畿和陕西、河南、四川、云南等行省，百姓均因战乱流离失所，时人记载："初，关、陇、陕、洛之郊号称沃土，国家承平百载，年谷丰衍，民庶乐康。然自致和之秋，军旅数起，饥馑荐臻。民之流亡十室而九。"江西、江浙、湖广三省虽然未遭兵灾，但是承担了浩大的军费开支，如前所说，江浙、江西、湖广三省每省要制造兵器六万件，江浙从海路向大都提供粮食三百一十万石。同时，战争也耗尽了朝廷的储备，"上都积贮，已为倒剌沙所耗，大都府藏，闻亦悉虚"，以至于为了筹备和世㻋的登基仪式，不得不投入御史台、司农司、枢密院、宣徽院、宣政院的储备资金。陷入财政危机的朝廷采取了多种措施来增加财政收入：一是滥发纸币，战前的泰定四年发行纸钞 50 万锭，而战后的天历二年发行纸钞数已高达 123 万锭；二是增加盐税，从也孙铁木儿时的每引 125 贯，增加到 150 贯。这种饮鸩止渴的政策反过来又增加了民众的负担，并造成了严重的通货膨胀，民生更为凋敝。

雪上加霜的是，两都之战前后气温骤然下降，太湖冰厚数尺，人在冰上如履平地，洞庭的柑橘冻死几尽，江西等地也出现大雪、江河结冰、夏季低温的现象。寒冷的天气，造成了全国性的大灾荒。陕西数年大旱灾，仅凤翔府一地就有饥民四万七千户，甚至出现人吃人的惨剧。除陕西外，腹里[①]、河南行省、湖广行省、江西行省、甘肃行省、岭北行省、辽阳行省的数十个路、州都发生了灾荒，甚至连富裕的池州、广德、宁国（治今安徽宣城）、太平（治今安徽当涂）、建康、镇江、常州、湖州、庆元（治今浙江宁波）诸路及江阴州也有灾民六十余万户，全国性的饥民当有数百万户。

天灾人祸、战乱宫变频仍之下，各地义军蜂拥而起，虽然都被元军镇压，但是元朝的统治也进入风雨飘摇之中。如果说忽必烈与阿里不哥之战毁灭了蒙古帝国，那么两都之战则敲响了元朝灭亡的丧钟。从这个意义上讲，两都之战是一场没有胜利者的战争。

① 今河北、京津、山西、山东和河南、内蒙古部分。

参考文献

[1] 宋濂，王祎主编．元史 [M]. 中华书局，点校．北京：中华书局，1976

[2] 佚名．蒙古秘史 [M]. 余大钧，译注．石家庄：河北人民出版社，2001

[3] 拉施特主编．史集 [M]: 第二卷．余大钧，周建奇，译．北京：商务印书馆，1985

[4] 任崇岳．庚申外史笺注 [M]. 郑州：中州古籍出版社，1991

[5] 苏天爵．元朝名臣事略 [M]. 姚景安，点校．北京：中华书局，1996

[6] 叶子奇等．草木子（外三种）[M]. 吴东昆等，点校．上海：上海古籍出版社，2012

[7] 范文澜，蔡美彪主编．中国通史（第 7 册）[M]. 北京：人民出版社，1979

[8] 韩儒林主编．元朝史 [M]. 北京：人民出版社，1986

[9] 周良霄，顾菊英．元代史 [M]. 上海：上海人民出版社，1993

[10] 白寿彝总编，陈得芝主编．中国通史（第八卷）[M]. 上海：上海人民出版社，1997

[11] 傅海波，崔瑞德主编．剑桥中国辽西夏金元史 [M]. 史卫民等，译．北京：中国社会科学出版社，1998

[12] 军事科学院主编．中国军事通史（第十四卷）：元代军事史 [M]. 北京：军事科学出版社，1998

[13] 萧启庆．内北国而外中国：蒙元史研究 [M]. 北京：中华书局，2007

[14] 李治安．元代政治制度研究 [M]. 北京：人民出版社，2003

[15] 陈高华，史卫民．元代大都上都研究 [M]. 北京：中国人民大学出版社，2010

[16] 钮希强．元朝两都之战研究 [D]. 兰州：西北师范大学，2010 年

[17] 曹金成．元朝两都之战与各地反文宗政权的叛乱 [D]. 呼和浩特：内蒙古大学，2014

[18] 傅光森．元朝中叶中央权力结构和政治生态 [D]. 台湾：中兴大学，2008

[19] 萧功秦．论大蒙古国的汗位继承危机 [J] 元史及北方民族史研究集刊，1981,5

[20] 萧功秦．论元代皇位继承问题 [J] 元史及北方民族史研究集刊，1983, 7

[21] 谭其骧主编．中国历史地图集 [M]. 北京：中国地图出版社，1982

[22] 中国人民革命军事博物馆．中国战争史地图集 [M]. 北京：星球地图出版社，2007

倒幕第一强藩

岛津氏萨摩藩维新简史

作者 / 姜海洋

▲ *萨摩藩岛津氏家徽 “丸中十文字”*

萨摩藩，是日本德川幕府时代的外样大名[①]岛津氏属地，辖地 77 万石，居日本诸藩第二，藩城在鹿儿岛。

从幕末到现代，萨摩藩在日本史上的重要地位有目共睹。该藩是日本倒幕强藩中的第一大主力，在近代日本的藩阀政治中，萨摩藩阀的影响力一直延续到二战结束，可以说是日本政界上百年来最强悍的政治势力。

徘徊在破产边缘的萨摩藩

岛津家的源起，可以追溯到近卫家的家臣惟宗忠久。忠久之祖传说是从中国大陆漂洋过海来到日本的弓月君一族。弓月君自称是秦始皇的子孙，故以秦为名，其族称为秦族。另一说法为，忠久是源赖朝的七男，是赖朝与其家臣比企能员之妹丹后局所生之子。

总之，源赖朝建立镰仓幕府后，岛津家成了地方大名。1193 年（建久四年），源赖朝任命忠久为日向岛津庄地头[②]。不久后，他追加忠久为萨摩、大隅、日向三国的守护。忠久到任后，根据庄名更姓为“岛津”。岛津家就这样诞生了。

当时的日本九州，居住着名为“隼人”的土著居民。隼人仍然没有对日本本州传来的文化全部接受，也就是说尚保留有蛮夷习俗。所以当地民风彪悍，屡次起来和中央的大和朝廷对着干。他们曾几次起义，每次都对中央政府造成很大的震动。忠久因为有“三国守护”的名号，大义上受中央支持，所以到任后虽然屡经挫折，但是仍取得一定进展，很快成为九州的一大势力。

镰仓幕府结束后的室町幕府—南北朝时期，岛津家一直站在武家一方，作为武家部队的急先锋反抗中央，岛津家家主岛津贞久还是武家军队的一位名将。就这样，岛津家从室町时期进入了战国年代。

1527 年（大永七年），岛津家的分支——伊作家的岛津贵久继任本家家督。他的

① 指不是幕府嫡系家臣出身的大名。

② 地头是负责管理“庄园”及“公领”事务的职务名称，其责任有征收、上缴年贡、管理土地、维持治安等。

继位引发了岛津家的分裂和内战。1536 年，贵久从岛津家的另一分支——萨州家手中，夺下伊集院城，又于 1538 年（天文七年）在加世田城战中大胜萨州家家主岛津实久，统一了日后岛津家的根据地——萨摩。因为贵久的胜利奠定了日后作为战国大名的岛津家的基础，所以他被称为真正的岛津家之祖。

统一萨摩之后，贵久把居城移到内城。之后他致力于让自己的“三国守护”变得名副其实，因此掀起了一系列的战争。

1554 年（天文二十三年），贵久派遣其子义久、义弘进攻萨摩和大隅之间的蒲生家，并依次攻下了蒲生家的各个城池。3 年后，蒲生家灭亡。

▲ *战国时代的日本六十六国*

至此，岛津家夺取了大隅国的一部分。

1561 年（永禄四年），大隅的肝付家家督、高山城主肝付兼统与岛津家开战。1566 年，肝付家在高山城合战中战败，并于 1574 年投降。后来肝付家成为岛津家的重臣。

▲ 关原合战屏风图

肝付家的投降让岛津家夺取了大隅国，实力大大扩张。这样岛津家就引起了九州另一强豪——大友家的注意。在夺取了大隅国之后，岛津家准备让自己的“三国守护”之名彻底名至实归，就发动了进攻日向国的战争，于是与同样进军日向的大友家开战。当时岛津家的家主义久和他的几个兄弟，都是相当出众的人杰，以至于当时世人皆称“岛津家没有暗主”。同样幸运的是，岛津家由于其地理位置，成为第一个接触西方人的日本大名。在引进了西方的铁炮（火绳枪）之后，岛津军队的战斗力得到了大大提高。此后，岛津家如旭日东升，实力蒸蒸日上，战场上也屡战屡胜。

1578 年，岛津家在耳川合战中大胜大友家的 4 万大军。从此，中九州的强豪大友家如日落西山，逐渐为岛津家吞并。

在击破大友家后，吞并了日向国的岛津家，就跟北九州的霸主龙造寺家发生了冲突。1584 年，岛津军在冲田畦设下伏击，大破龙造寺军 3 万余人，还打死了龙造寺家家主龙造寺隆信。

可以说，连战连胜的岛津家犹如海涛一般横扫九州。但眼看岛津家就将成为九州唯一的大名时，九州外的形势却起了翻天覆地的变化。已成为“天下人”的丰臣秀吉基本完成了本州的统一，开始向九州征伐，决心完成统一事业。岛津家实力毕竟不如秀吉强大，虽然战术上多次获得胜利，但最终不得不向秀吉宣誓效忠。最后，岛津家的封地被定为萨摩、日向两国和大隅的一部分。秀吉的此次敕封，基本奠定了日后岛

津藩的领地规模。

总体来说，岛津家因为受本州文化开化最晚，又多次和来自本州地区的大名战斗，所以其武士一向以吃苦耐劳、勇猛好战著称。特别是引进了铁炮之后，粗野的民风配合先进技术，构成了岛津军队的一道独特风景。这种野蛮落后和先进开化的结合与冲突，始终贯穿着岛津家的历史。日后萨摩藩藩兵战斗意志凶悍，且精于西方武器，可谓深得传承。

在臣服于秀吉后，岛津家因为处于九州，而成为秀吉侵朝军队的主力部队。在朝鲜战场上，岛津军凶猛残暴，堪称是中朝联军最棘手的敌人，以至于朝鲜人将岛津军的主将岛津义弘称之为“鬼石蔓子”①。

① “岛津”的日语发音是“shimazi”，即石蔓子。

但是这场侵略战争远远超出了日本的承受能力，在明军的英勇奋战下，日军屡战屡败，丰臣秀吉死后，最终败溃回国。归国后的岛津家，本应休养生息，但是又出兵参与了德川家康与石田三成对决的关原合战。岛津家在关原合战中，选择了石田方的西军，结果战败后遭到德川幕府处罚。岛津家虽然没有被取消家名，但是土地被没收不少，仅剩萨摩、大隅两国领土和日向的一部分。此后，历经战国两百年战火而顽强活下来的岛津家成了萨摩藩，变为德川幕府三百大名之一。

在江户时代，由于德川幕府的各种打压措施，比如参勤交代等制度，财政困难可以说是普遍困扰各藩的一个老大难问题，而萨摩的财政困难可居各藩之首。甚至可以毫不夸张地说，萨摩藩在江户时代两百年里，基本上一直处于破产的边缘。长年囊中羞涩加上地理位置偏远，让萨摩藩士被江户人视为乡下人①，屡遭歧视。这种不公正待遇可以说是日后萨摩藩士积极参与倒幕运动的诱因之一。

因此对于萨摩藩来说，成功的财政改革意义非比寻常。作为日后幕末四大藩国中的头号强者，萨摩藩能从一个两百年来濒临破产的藩，摇身一变成为雄藩之首，乃至开创后来近百年的藩阀政治，其稳定的财力支持一直是最重要的原因。因此这其中的艰辛与血泪自然值得详细讲述。

萨摩藩自开藩以来，因为财政上的困境，一直不能开展各种改革事业，这就造成了萨摩藩的长期落后。而长期落后的意识形态又反过来成为改革的阻碍，于是形成了一个可怕的恶性循环。

具体说来，萨摩藩的财政问题是因为经常性和非经常性的支出都太多了，这要归咎于萨摩藩的藩组织体制。萨摩藩的藩组织体制相当独特，名叫“外城制”。这个独特的制度近似于镰仓幕府时的御家人制度，是岛津家被镰仓幕府任命为守护后的一种历史遗留。

外城制的最大特点是藩里的武士并不聚集在主城附近居住和生活，而是居住在田间地头附近的小型据点里。萨摩藩内有大量被称之为“麓”的山地城寨和平原城寨等小型军事据点，这些地方统称为“外城”，而岛津家家主所在的主城则被称作“内城”。

① 当时的观念是，以江户为中心，离江户越远的地方越被认为是乡下。而藩国体制又让地域歧视十分严重。比如在日本的民族史诗《忠臣藏》里，其主角之一，赤穗藩浅野家的大名浅野长矩就是一个“乡下大名”。这就是为什么幕府特别请了人来教他礼仪的缘由。整个《忠臣藏》的故事就是因这场礼仪学习而引起的。故事中，赤穗藩在播磨国，离京都不是很远，所以比赤穗藩更远的萨摩藩，其地位在江户人的眼里可想而知。

参勤交代

参勤交代，亦称为“参觐交代”，是日本江户时代独有的一种制度，由幕府第三代将军德川家光于1635年正式确立。参勤交代制度要求各藩的大名每年须前往江户向幕府将军汇报工作，并在江户执行一段时间的政务。幕府在江户城为各位大名提供居住地点，同时要求大名的妻子在江户居住。大名居住一段时间后即可返回自己的封地执行政务。大名在江户城的居住地，称之为“藩邸”。参勤交代作为幕府政治下各大名的封建义务，极大地稳固了幕府的统治。究其原因，首先，参勤交代是大名自费出行。限于日本当时原始的交通情况，这种出行对于大名来说是不小的财政负担。与此同时，各路大名大多有攀比心理，为了招摇显摆，大多在参勤交代路上大搞排场，这就很好地打压了大名的财政实力。其次，交通极其不便。大名在江户的时间是有硬性规定的，而前往江户的路途又要耗费很多时间。总的来说，大名一般只有三分之一的时间待在领地，另外三分之二的时间，不是待在江户，就是在前往江户的路上，或者是返回领地的途中。特别是那些外样大名，领地偏远，来回一趟，一年下来就没剩多少时间了。大名长期不在领地，藩政大权就只能交给家臣来处理，这就让大名的权威受到了限制。最后，参勤交代需要大名的正妻在江户居住，这等于是拿大名的正妻做了人质。所以参勤交代既限制了大名的财力，又浪费了大名的时间，还得到了大名的身边人做人质，这极大地削弱了大名的造反能力。同时，大名在江户的消费活动，也刺激了幕府直辖领地的经济发展，使得幕府的力量越加强大。所以这种制度为幕府政治的稳定和日本日后的统一，做出了非常卓越的贡献。

▼ 大名参勤交代队列

▲ *鹿儿岛市内的萨摩藩外城遗迹，现今大部已经成为房子的地基*

在这些军事据点中，居住着大量的半武士或准武士集团。这些人平时耕种，战时组织起来出击。

当年岛津家作为镰仓幕府时期的守护大名，为了尽快统一本地，承袭了古老的御家人制度，对领内大量的地方豪族和其郎党都予以了保留。进入战国时代，这些郎党就转化成了所谓的“外城士”，即“准武士”。同时，外城制也是萨摩藩长年争战的结果。因为萨摩藩自进入战国以来到德川家开幕为止，战争就一直没停过，因此比起其他藩而言，萨摩藩需要更多的动员兵来维持其战斗力。所以萨摩为了能兼顾战争和耕种，而且也为了便于控制领地，将大量武装人员部署在乡间。

根据统计，萨摩藩的武士和准武士占其总人口的 26% 以上，接近 40%。其武士人数比例之高，可以说在日本诸藩里名列前茅。另外，岛津家是在几乎完成九州统一目标时，被本州中央政府打败，并被迫吐出大量土地的。这就导致岛津家大量武士和准武士一下失去了土地，而岛津家又不能将之抛弃，结果就造成了萨摩藩藩士众多的情况。

总之，由于藩士太多，而领地却遭到了削减，这些藩士的俸禄问题让萨摩藩极为挠头。

另外，德川幕府也没少让萨摩藩的荷包大出血。萨摩藩跟德川幕府可以说是苦大仇深。在关原合战中，岛津家不但从属西军，还用铁炮打伤了德川四天王之一的井伊直政[①]，这让幕府对岛津家深怀戒心。于是萨摩藩的参勤交代任务自然是少不了的。萨摩藩本来就是离江户最远的藩之一，所以每次参勤交代都所耗不菲，一趟约 5 万两白银，其财政负担沉重无比。

此外，德川幕府在两百年里还不断派下大量的劳役任务给萨摩藩，这其中比较著名是“宝历治水事件”。

“宝历治水事件”发生于 1753 年（宝历三年），德川幕府勒令萨摩藩承担改修木曾三川分流工程的任务，当时的萨摩藩主为 7 代目岛津重年。幕府这种赤裸裸削弱萨摩藩的举动，引起了萨摩藩士的一片不满，萨摩藩士甚至叫嚷要起来和幕府开战。但是岛津重年任命的首席家老[②]平田靭负认为，萨摩藩无力对抗幕府，于是劝说激进藩士忍耐。在成功说服了激进藩士后，平田靭负出任治水总奉行。

当时工程全程花了近 40 万两白银，一期预算就要了 12 万两之多。幕府方仅仅同意萨摩藩可以雇用一些技术人员，而劳动力、设备和资金则要萨摩全额负担。当时萨摩藩虽然财政危机减缓，然而还是处于破产边缘，其大部分资金都是向大阪商人借来的，比如一期预算中有 7 万两白银就是借的，以黑砂糖做抵押。工地的工作条件也非常糟糕，传染病（赤痢）流行。幕府方面则行政苛急，屡次催逼完工。萨摩藩士在经过重体力劳动后，食物仅被定为一汁一菜[③]，而一般体力劳动者的食物应为一汁三菜，甚至连避雨的雨具，幕府方都要求穷困的萨摩藩士自行购买。于是萨摩藩士饥寒交迫，很多人生病，还有 30 余人病死。许多萨摩藩士因不堪忍受，以切腹自杀抗议。甚至有记载讲道，因幕府方面逼迫太过，连在工地现场的许多德川家武士都看不过了。有两名德川家派来的监工不平于萨摩藩士的凄惨，跟萨摩藩士一样切腹来向上面抗议。最后，萨摩藩付出了包括平田靭负本人在内的 80 余人死亡的代价，才完成了工程。就这样，以“宝历治水事件”为代表，幕府对萨摩藩的种种打压，愈发加剧了萨摩藩的财政困难。

① 有趣的是，后来岛津家和德川家和解时，做中人的就是井伊直政。

② 家老是藩国最高级别的官员。其中领头者，即宰相，一般称之为“家老首座”，幕府内则称为“大老”。但是幕府内大老长期以来被认为是荣誉性职务，实际的二把手是老中首座。但是在藩国里，家老和家老首座仍然是藩主下的群臣之首。

③ 一汁一菜是非常传统的日式菜肴搭配法，号称是日式菜肴中最简单的组合。汁就是汤，菜就是酱菜。一汁一菜，包含汤一碗、酱菜一碗、饭一碗。一汁一菜的做法出现得很早，但是主要是在德川幕府时期得到推广，德川幕府为了弘扬武士安贫乐道的精神，所以提倡简朴之风。这种倡导历经多位将军的宣传，逐渐成为幕府政治思想的一个重要组成部分。

▲ *白州台地*

除了名目繁杂的支出外，萨摩藩的收入也非常成问题。江户时代，衡量各藩财富的尺度是米的产出量，因而产米的土地乃是财政的基石。萨摩藩的土地相当于现在日本的鹿儿岛和宫城两县，其中有很大部分是日本独有的小高原，叫作“白州台地”①。这种小高地是因为活火山喷发所流出的熔岩和岩石碎片堆积而成。这样的土地在现今日本的鹿儿岛县占52%，宫城县占16%。它们有一个很严重的问题，就是土壤锁水性极差，雨后经常涌水，使得作物的培植非常困难。而且，因为是由火山灰和碎片堆积而成的缘故，在河流的冲刷下，这种土地容易出现各种奇特的地貌，而多变的地貌又加剧了灌溉的难度。外加萨摩藩所处的位置面向黄海和东海，往往成为大型台风的登陆点。于是灌溉上的困难和大量的自然灾害，使得萨摩藩虽然名义上有77万石的收入，实际上收入往往只有35万石多点。

低廉的收入和高昂的支出，以及长年的战争消耗，使得萨摩藩极度贫困。而萨摩藩一直徘徊在破产的边缘，却没有破产，主要得益于萨摩藩对琉球的侵占。在萨摩藩第一代藩主岛津忠恒时期，通过征服琉球，岛津家夺取了奄美大岛4万石的土地，同时获得了从琉球的朝贡贸易中捞取利益的权力。正是这些利益大大缓解了早期和中期萨摩藩的财政窘况，而且也让萨摩藩获得了强大的经济来源。这其中特别值得一提的，是奄美大岛生产的黑砂糖，它是日本当时极为贵重的货物。从本州到九州，不管是点心，还是传统的酒酿，制作时都需要黑砂糖。而当时黑砂糖最大的产出地是奄美，所以这份巨大利益为萨摩藩独占。黑砂糖更为萨摩藩建立了财政信用，藩厅借助黑砂糖之利，成功获取了大阪等地商人的大量贷款，为早期和中期的藩财政提供了难以估量的助益。然而，萨摩藩夺占奄美和黑砂糖利益，仅仅是有效缓解了财政上的窘迫，实际上只是让萨摩藩处于一种吃不饱、饿不死的状态，而且黑砂糖之利也引得德川幕府给萨摩藩摊派了更多的劳役。比如“宝历治水事件”就是因为幕府得知岛津重年上任后为了挽

① シラス台地，音译为“西拉斯”，指火山灰台地。

救萨摩藩财政，大大加强了与琉球的贸易和对奄美大岛的控制，才派下了治水劳役。

就这样，萨摩藩财政仍需要靠借款以维持日常开销，而借款所附加的高额利息，渐渐成为萨摩藩财政的又一重大负担。因此，早期萨摩藩的各项改革，只不过是缓解了财政危机，并未真正扭转财政困局，甚至为之后的财政增加了重大困难——巨额利息。

这从萨摩藩的藩债上可以看出来。1616 年首代藩主岛津忠恒柄政时，藩债仅有 2 万两白银左右，到了 1640 年 2 代目岛津光久上任后，藩债膨胀到 35 万两白银，萨摩藩的信用遭到质疑。多亏当时幸运地发现了永野金山，才使萨摩藩的信用得以维持。然而萨摩藩的金山采掘仅进行了两年，就被幕府打压，遭到严令禁止，直到 1656 年方才解禁。解禁之后，萨摩藩的财政稍有缓和。然而到了 3 代目岛津纲贵时期，萨摩藩屡遭自然灾害袭击。最开始是洪水，之后又是风灾，藩城鹿儿岛还发生了大火。更倒霉的是，闻知萨摩藩金矿复工，幕府的打压马上就紧跟而至——萨摩藩被强令协助出资修缮宽永寺大殿，结果财政立刻吃紧。

总之，虽然凭借金银开采和黑砂糖这种独占货物，以及琉球等地的供奉等，萨摩藩勉强维持住了摇摇欲坠的信用，但是萨摩藩的财政困局并没有得到真正意义上的扭转。而且，萨摩藩的金山储量并没有想象中的那么多，很快就采掘完了。为此，萨摩藩在 1658 年开始大规模地开发新田，并强迫农民种植乌柏树。萨摩藩还实行了蜡专卖制，希望通过蜡产业来改善萨摩藩的财政。但是蜡产业不能立即见效，于是萨摩藩只能从地租上想办法。萨摩藩名义上 1 石谷米收 4 斗 1 合为地租，实际上经常收到 5 斗以上。结果农民平均日常只有米 1 撮[①]、地瓜 5 个、粟米 3 撮、麦 1 撮为口粮，生活非常悲惨。巨额藩债、专卖制度和苛政导致农村经济疲惫不堪，最终使萨摩藩收入缩减。一方面收入减少，一方面支出暴增，这就意味着萨摩藩在改革的道路上，还有很远的路要走。

▲ ***黑砂糖，萨摩藩的主要来创汇商品。虽然当时白糖已经开始出现，但是对于日常的日式点心来说，黑砂糖仍然是主要的甜味剂。可以说，黑砂糖在整个萨摩藩历史上扮演了非常重要的角色***

① 1 撮是日本古代计量衡的一个单位，一般 1 石 =10 斗 =100 升 =1000 合 =10000 勺 =100000 撮（才）=1000000 毛。

“兰癖大名”的改革尝试

岛津家作为昔日强盛的大名，却沦落成受人歧视的乡下人，不但失去了当年的荣光，还屡屡遭到打压而过着苦痛贫困的生活。而其他各藩，或因为先天优势，或因为进行改革而实现了富强。两相对比，这种境遇就成了萨摩人改革的源动力。于是在经受了长年的落后和歧视之后，有个人决心在萨摩来一次大变革，结束这落后的局面，把萨摩变为一个绝不逊于其他藩国的强藩。他就是萨摩藩第 8 代藩主岛津重豪。也是自他执政起，萨摩进入了一个动荡的改革时代，最终经过激烈的变革脱颖而出，成为引领日本的一代强藩。

岛津重豪出生于 1745 年 11 月，为萨摩藩 7 代藩主岛津重年的长子。他诞生后不久其母便因病死去，其父岛津重年也长年生病，这使得他从小就被迫学习如何担起藩政的担子。1755 年，“宝历治水事件”导致萨摩藩债务飞涨，沉重的藩政压力使岛津重年旧病复发，最终病逝。11 岁的重豪继位，开始正式学习如何处理藩政。此后一段时间里，藩政由其祖父——原萨摩 6 代藩主岛津继丰掌管，直至重豪于 13 岁元服，被授予萨摩守之职，才正式从名义上接管了藩政。1763 年，18 岁的重豪正式亲政。

重豪接过来的萨摩藩，仍然是一个乱摊子，国力非常贫弱不说，萨摩藩和其他各藩比起来，依然非常落后。萨摩藩到重豪时已经传了 8 代，居然还没有一所藩校，而其他各藩大多都有藩校，甚至还有历史悠久的著名藩校。萨摩藩虽然有盖藩校的计划，但是一直以来受困于财政而无法实行。正因为知识传播的落后，藩内的改革更难以推行。

▲ *萨摩藩藩政改革先锋——8代藩主岛津重豪*

重豪一生爱好学问，对东西方文化都很有兴趣。而且重豪 10 岁时曾跟随父亲参勤交代，到过江户，因此对江户兴盛的学术和富饶的生活羡慕不已。回到萨摩后，他发现萨摩藩不但学术不彰，而且藩内还保存着很多或野蛮或落后的风俗习惯，这让他更加厌恶萨摩的困穷形象。因此他认为萨摩藩的问题是缺乏文化，如果用文化滋养萨摩藩士，革除落后的风俗，萨摩藩必然可以腾飞。于是他在上任后决心以强力手段推进学术，务求在文化上改变萨摩藩的落后面貌。

1770年，重豪开始准备藩校建设计划。1771年，重豪批准在藩城鹿儿岛二之丸外征地3400坪，用作藩校建设。同年，萨摩藩开工兴建宣成殿（孔庙），随后兴建讲堂、学舍、文库等设施。其建筑式样和设施完全仿照幕府的汤岛圣堂和昌平坂学问所。1773年，藩校初步完工，定名为“造士馆”。初代教头是岛津重豪在江户时结识的名学者荻生徂莱门下高徒山本正谊。同年，岛津重豪下令再为造士馆加地4139坪，用来修建综合性演武场。

1773年，重豪下令设立医学馆（又名“医学院”）以研究中医学，同时还在藩内开设了吉野药园，作为医学馆的附属。他还仿照江户的医学馆，制订了《学规八略》这种教育规范。医学馆的设立是萨摩藩医学教育之始。医学馆招生不问身份，即便是町人也可以入馆学习，首次在萨摩藩打破了身份门第的限制。

但是岛津重豪仍然感到萨摩藩的教育十分不足，于是在1779年设立明时馆（后改名为“天文馆”），附属于造士馆。明时馆是萨摩藩属天文台和历法研究机构，后来更成为萨摩藩的兰学研究机构。明时馆自成立后，专注于历法方面的事务，还编撰了一部《萨摩历》。因为受到西方文化的影响，重豪在佐多村又开设了佐多药园，是为藩属植物园，尝试培育热带作物，更成功地将龙眼引进了日本。这一系列教育设施的设立，开创了中世到近代萨摩藩的教育体系。

造士馆藩校的设立，为暮气沉沉的萨摩藩注入了一股强劲的活力。由于造士馆藩校教学不问等级上下，只要是武士或准武士都可以入校学习，使得许多下级出身者得到了受教育的机会并磨炼了自己的才学，进而成为日后萨摩藩的骨干。另外，造士馆自成立起就注重文武兼修，并配有相关的演武馆，后来还引入兰学，这使得萨摩藩士的整体素质有了质的提升。

明治维新时期，所有萨摩藩出身的维新志士，乃至日后大正时期的萨摩藩出身者，早年基本全部都在造士馆学习过。造士馆的高才生包括西乡隆盛、大久保利通、东乡平八郎、伊地知正治、松方正义、川村纯义、大山严等。后来萨摩藩政权虽屡经变化，多次发生政治清洗，但是改革派仍然人才不断，这和造士馆藩校的成绩是分不开的。

在建设学校和各种文化设施的同时，重豪还组织人手进行了图书编撰工作。重豪

▲ *佐多药园纪念碑*

▲ **第七造士馆高等中学（简称“七高”）的学生章。造士馆在明治维新后成为鹿儿岛造士馆高等中学，后改为日本第七造士馆高等中学，后来又衍生出鹿儿岛大学**

▲ *萨摩藩医学馆遗址纪念碑*

▲ *造士馆藩校遗址纪念碑。造士馆藩校遗迹现在已是日本鹿儿岛市的一个重要观光点*

▲ **重豪设立天文馆时立的纪念碑，当时亦有指路作用。现在的天文馆是日本鹿儿岛市的一个地名，是鹿儿岛市最繁华的商业街**

时期，造士馆先后编撰了许多图书，例如《南山俗语考》（语言学）、《成型图说》（农学）、《岛津国史》（历史）、《质问本草》（医学）、《鸟名便览》（动物学）等。这些图书不但风靡一时，还为日本近现代的科学和历史研究提供了宝贵的材料。特别是《鸟名便览》和《质问本草》两书，被认为是日本最早有关植物学和动物学的记录。另外，重豪还大量引进理学著作，如《近思录》《传习录》等，强调藩士的忠诚观念，灌输上尊下卑的封建伦理，明确等级地位，以此强化萨摩藩的封建体制。还有，可能是受西方带来的各种光怪陆离的新鲜事物的触动，性喜猎奇的重豪对兰学也十分青睐。重豪本人是长崎荷兰商馆的常客，还曾登上荷兰船出海漫游长崎。他甚至跟孙子岛津齐彬一起，会见了江户时期著名的荷兰医生斯波德（Philipp Franz Balthasar von Siebold），并长期花重金向荷兰商人购买西方物品用以收藏。而重豪的收藏，也是萨摩藩接纳兰学的开始。

为了进一步推进文化事业，重豪甚至还在藩内鼓励各种形式的游乐，以求建立文化气氛。为了方便他藩籍属的乐师、戏子来萨摩，重豪下令萨摩藩的关所全部大开，允许他藩人自由出入。他还引入京都风格的戏剧，让藩厅组织艺伎公演，更组织了相扑比赛，同时鼓励藩士冶游。如果萨摩藩士去京都等地，参加了当地的文化活动，例如伊势神社参拜仪式，并能将其介绍回萨摩的话，就可以得到奖赏。

为了促进文化的传播，重豪甚至下令革除一些萨摩土语，以京都口音代之。同时，重豪把能否说京都口音作为选拔人才的一个标准，能说京都腔者加以重用，一时间外界文化（主要指京都文化）之风刮遍萨摩藩。

就这样，萨摩藩文化上的落后和贫弱，在重豪改革后大为改观。萨摩藩士在接受了这样一次文化洗礼之后眼界大开，观念也随之改变，而且素质也得到了提高。例如西乡隆盛，他不过一个下级藩士，也能写出很好的诗作，这在以前的萨摩藩是不可能的。以前萨摩藩是个强横尚武的地方，藩士大多没有文化，连穿着打扮都是战士的形象[①]，为此还曾经被来访的儒学者赖山阳讥刺，并写了一首《兵儿诗》。而在重豪改革之后，萨摩藩涌现出了西乡隆盛、大久保利通、五代友厚等有杰出才干的人，这是对重豪改革最直接的肯定。

与此同时，重豪上任后，为了改变萨摩藩跟幕府之间，因多年积怨所导致的对立

① 衣服多为短袖，冬天还禁止穿日本式的布袜子。

局面，采用联姻战略来改善萨摩藩的外交处境。重豪一生精力过人，一直活到 89 岁，共育有子女 26 人。他通过缔结政治婚姻，四处结盟来改变萨摩藩的封闭状态。他一开始就自立为榜样，娶了御三卿一桥家德川宗尹之女为正室。之后，他将儿子分别过继给了中津藩、福冈藩、八户藩、丸冈藩，他们都成了这些藩的藩主。重豪还把女儿嫁入松平家、柳泽家这些历代幕府权门。通过他们的牵线，重豪更把三女茂姬嫁入将军家成为御台所。

重豪的这一系列策划，大大改善了萨摩藩的处境，使得重豪成为对幕府极有影响力的一个人物。父凭女贵的重豪，其权势炙手可热，当时人甚至称重豪是“高轮下马将军”[①]。重豪的外交战略，大为改善了萨摩藩的形势，使得外部因素对之后的藩政改革起到了不同程度的作用，促进了改革的成功。重豪执政时期，可以通过借款来维持财政，也与他的这种权势密不可分。之后萨摩藩的各项改革，之所以可以在幕府获取支持，甚至于幕末时期以一介外样大名参与幕政，也都是由于重豪打下的基础。

就这样，重豪以创立造士馆藩校为代表的一系列改革，极大地改变了萨摩藩的落后面貌，可谓意义非凡。特别是造士馆不问身份教授学识的做法，打破了传统的身份界限。“不问出身、只求才干”自此逐渐成为萨摩藩内的主导思想，使得大量有才的萨摩藩下级藩士脱颖而出，而人才的丰裕正是萨摩得以成为日后倒幕强藩的主要原因之一。然而重豪的改革摊子铺得很大，而且对萨摩藩既有的传统教育（即乡中教育）不予以重视，甚至当作需要被改革的对象而加以打击，导致行政过火，培育了很大一批反对派。

过大的摊子还导致财政吃紧，使得萨摩藩在之后的改革道路上步履维艰。另外，重豪急于改变萨摩藩的落后面貌，行政过急，这是萨摩藩极度脆弱的财政所不能承受的，甚至加速了萨摩藩的破产。

更倒霉的是，重豪的私生活非常奢侈。他爱好广泛，对于西洋物品和中国的进口货都很热衷，而且为了自己的爱好不怕花钱。他因为长期购买西洋物品，而被称为“兰癖大名”。重豪还特意建造了一个大宝物库来收藏他的藏品，取名“聚珍馆”，而且还立石碑纪念。

重豪甚至为了面子而跟幕府将军德川家齐进行过荒唐的斗富比赛。当时的幕府将

① 萨摩藩邸在江户高轮。

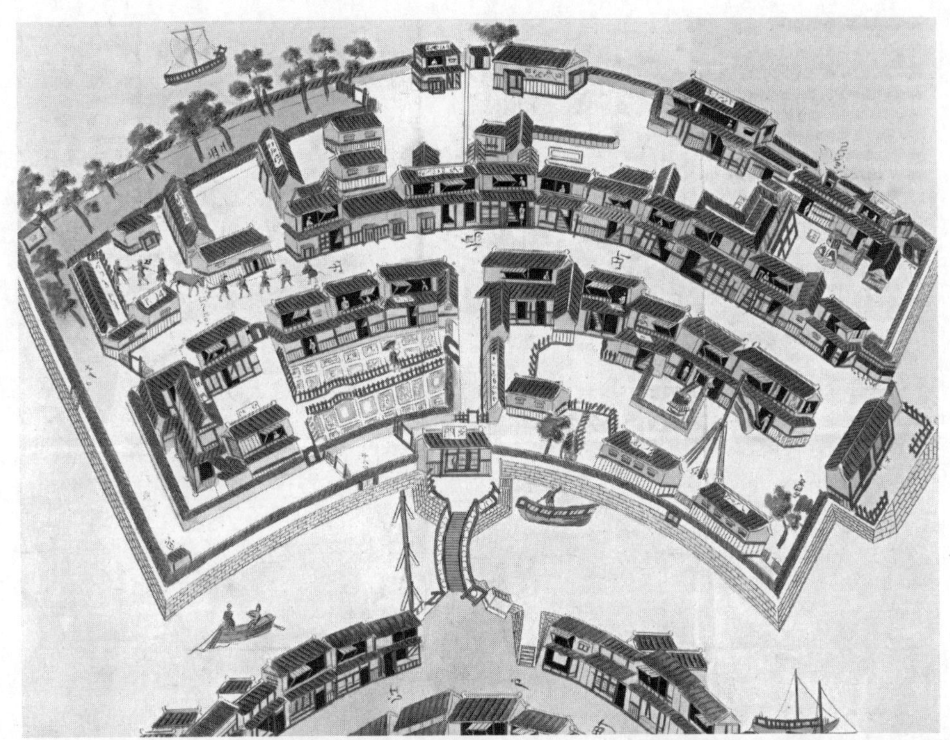

▲ *长崎荷兰商馆图。西方科学在日本当时被称之为“荷兰学”，简称“兰学”。重豪一生在购买西方物品上不惜金钱，是荷兰商馆的常客，时人称这样的人叫“荷兰癖”（简称“兰癖”）。在馆长伊萨克–提斯辛格（Isaac Titsingh）的帮助下，重豪收集了不少西方的东西，都存在聚珍馆里*

军德川家齐，在江户史上以奢侈成性而闻名，辅一上任就打倒了幕府历史上最著名的大贪官田沼意次，没收其家产，大发横财。这样尤嫌不足，他还纵容手下收受贿赂，所以他在江户史上被人称之为“俗物将军”而恶名昭彰。这样的一个人居然对重豪的奢侈也甘拜下风，他甚至对他的正室，御台所近卫寔子（重豪之女）说道：“我真想过公公那样的生活啊。”拥有420万石土地以及各种利益，包括金银山收益的幕府将军，居然在豪奢上对一个实际收入只有35万石多点的藩主的生活表示羡慕，重豪的奢侈可见一斑。

另外，重豪的外交改善策略是依赖于嫁女的政治婚姻。然而嫁女一方需要出嫁妆，重豪之女所嫁对象往往又是大名，甚至还有将军德川家齐，这样就需要耗资不菲的高规格婚礼。嫁妆不能节省，这就导致了萨摩藩的财政因被重豪无节制的索求而几近崩溃。为了应付各项开支，重豪的解决办法是大规模借贷。他不但向大阪等地的商人借贷，

德政令

德政令是日本封建时期的一种法令。简单来说就是批准武士可以免除借债，有权借钱不还，如果武士以封地做抵押借钱，可以直接无偿收回，为此发生任何债务纠纷问题政府一概不予受理。这项法令起源于日本镰仓幕府末期，泛滥于战国时期，是造成日本商品经济不发达的重要原因之一。但在织田信长、丰臣秀吉等“天下人”逐渐完成日本的统一事业后，随着流通环境的改善，治安逐步向好，日本商业取得很大发展，商人势力日渐增强。因此德政令虽然没有明文法律规定禁止，但是已大为减少，逐渐被视作为一种杀鸡取卵的愚政而消失。到重豪时期，直接搞德政令这种做法已经十分罕见。

还通过政治婚姻向其他大名借贷，这使得萨摩藩赤字飞涨。重豪为了偿还借款，开始使用减俸、强令奉献俸禄、增税等手段来敛财。到最后，他甚至要对大阪商人搞德政令。这一系列措施引发了藩内的不满。随着赤字滚雪球般的增大，藩内的不满逐渐累积起来，最终引发了萨摩藩藩政改革的第一次冲突——“近思录崩事件”。

“近思录崩”与财政破产

1787 年重豪退隐，但仍然对藩政有着强大的控制力。重豪好享乐的个性使得他对任何节约政策都抱有抵触心理，这使新藩主岛津齐宣不能对财政做出大刀阔斧的改革。提倡节俭和紧缩开支的政策陷入了无限的争吵而被拖延，萨摩藩的财政也跟着一天天败坏下去。到了 1801 年，藩债已经从重豪继位时的 90 万两白银累积到 120 万两白银，萨摩藩的财政与信用接近崩溃。严峻的现实迫使以上级藩士桦山久言和下级藩士秩父季保为首的藩政改革派，倾向于使用强硬手段来推进激进的改革，以避免破产的灾难。改革派借助通过组织学习程朱理学教科书《近思录》的读书会形成了团体，并开始对藩政施加影响，因而这个团体被称作“近思录党”。被藩政所困扰的齐宣，逐渐青睐近思录党的政策。

▲ *维新后刚刚改为七高的造士馆*

与此同时，萨摩藩之前改革所引发的一些问题也逐渐暴露出来，这其中就包括造士馆内的学术斗争问题。萨摩藩的学术斗争由来已久，最早因学术斗争引发的政治干预事件是 7 代藩主岛津重年时期的“古学之崩事件”。日本自进入中世以来，随着阳明学的传入，重新解释儒学的需求越加旺盛。阳明学派、国学派、古学派等新学派纷纷崛起。新的改革理论也传入了偏僻的萨摩藩，使得藩内出现了一些小的改革团体呼吁改革。这些人凭借各种儒学经典来议论藩政，指责藩内的各种不良风气。然而当时藩内教育水平低下，改革团体力量很弱。1750 年，以御用人皆吉续安为首的藩政改革派，对藩内财政等方面发表了议论，结果和保守派起了冲突。最后实力强盛的保守派胜利，皆吉续安等 10 人被判流放。这件事情给早早学习帝王术的重豪留下了很深的印象。此后的造士馆初代教头山本正谊虽然是荻生徂莱门下，但是没有像荻生徂莱那样对程朱理学持批判态度，而是采用折中态度。他在强调实践的同时也强调诗文的修养，而且对于理学中的三纲五常表示赞赏。这样就让馆里另外几个对荻生徂莱非常信服的教头，例如川上嘉善和赤崎贞干等人很是不满，于是起来反对山本正谊在造士馆内任职。结果川上嘉善的反对被岛津重豪弹压下去。山本正谊虽然也因此被临时替下，但是在新的首席教头赤崎贞干死后，他又一次被任命为首席教头，这让造士馆内的荻生徂莱学派大为不满。这些不满者很多都是近思录党成员，推崇荻生徂莱的“经世致用”观念，希望以荻生徂莱的经世论来改造萨摩藩。

“近思录崩事件”的导火索，是“鹤龟问答”和“萨摩藩邸失火事件”。1793 年，重豪开始放手让齐宣处理藩政，但是藩中柄政的家老，仍然是重豪派系的市田盛常等人。于是齐宣向家臣发布了名为“鹤龟问答”的卷子，希望家臣以寓言性质的文章来发表自己对藩政的看法。改革派在自己的问答文章中公开提出，“君主应该谨慎自己的开销，把民众的生活列为考量”，这是对重豪浪费政策的直接攻击。随后，改革派还猛烈批判重豪的奢侈生活，“过去创业时期的君主是历经苦难建立基业的，因而懂得百姓的苦痛。现在的君主不懂民间疾苦不说，不是性好女色，就是把玩珠宝，要么大兴土木，要么四处冶游，不体恤民情到了极点”，并且提出“万民安乐才是国君的第一职务”。改革派的问答受到了齐宣的赞赏，于是齐宣将其编成册子向藩士散发，表示自己的改革决心。

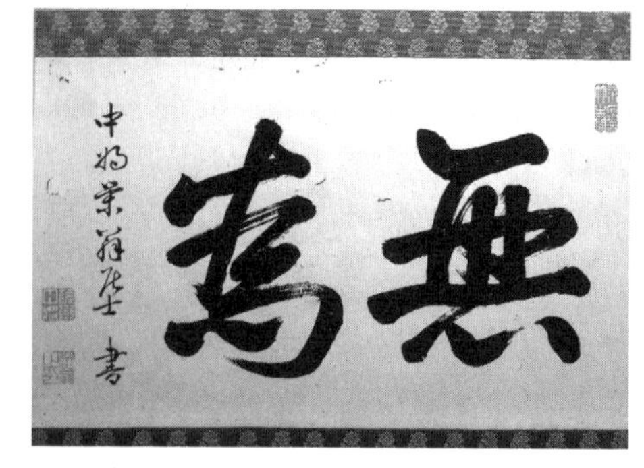
▲ 重豪亲笔书法——“无为”

这些册子散发后不久，江户的萨摩藩邸因为失火完全被毁，这对于财政窘迫的萨摩藩来说是一个重大打击。因为藩邸修复是萨摩藩的封建义务，然而修复藩邸就要付一大笔钱，这很可能会导致财政破产。虽然齐宣最后强令藩士献纳俸禄解决了问题，但是这件事刺激他决心使用极端手段进行改革。趁着重豪前往江户参勤交代之际，齐宣开始清洗反对派，先后免去6名重豪派系的家臣，逼迫重豪派的高桥种央等人或隐居或出家。为了显示改革决心，近思录党对反对者不问身份，一律严厉打击，连贵为岛津家一门四支的加冶木家家主岛津久照都不能幸免。同时，他们大力提拔近思录党人员。桦山久言被提拔为家老，而经过桦山的推荐，秩父季保也被提拔为家老，从此近思录党开始掌握萨摩藩藩政。

使事态进一步激化的，是所谓的“千万之方东上事件”。千万之方是重豪的正室，齐宣的母亲，但是重豪平日宠爱的是留居江户的侧室——市田盛常之女。市田盛常这个人原来是大阪地区的一个足轻[①]。他因为女儿受到重豪的宠爱而父凭女贵，成为萨摩藩的家老，甚至以一个外姓人获得了岛津家一所持的资格[②]。他因为出身太低，又帮助重豪大肆铺张浪费，在藩内名声极臭。随着近思录党上台，作为重豪政策的直接代言人，市田盛常的日子自然越来越不好过，所以也不会说近思录党什么好话。而作为重豪安插在藩内的探子，他将自己的意见上报给远在江户的重豪后，进一步加剧了重豪的忧虑。

自从重豪专宠侧室后，千万之方已经与重豪分居20余年。1807年，重豪却突然来信，以寂寞为由希望让千万之方来江户，并且要市田盛常作为江户驻留的家老跟随。

① 足轻是指日本封建军队里的低级步兵。足轻不是武士，他们需要在战场上表现出众才有可能成为武士。等到德川幕府封建体制固定后，足轻逐渐成为下级杂役的代名词。

② 只有岛津家出身的人才能有一所持资格。

这封信引起了近思录党的疑惑，因为市田盛常之女在 6 年前就已经去世，这时候才以寂寞为由，让分居 20 余年的人搬去江户，近思录党认为这是非常可疑的。他们最终的结论是，重豪要通过市田盛常了解藩内的形势，然后布置反改革计划。得出此结论的近思录党大为紧张，他们说服齐宣，使齐宣决定使用强硬手段铲除重豪派。1808 年，齐宣宣布罢免市田盛常的职务，连其子的职务也一概免去，更将市田一伙人统统免职或强制隐居。近思录党彻底掌握了藩政。

大权在握的近思录党马上提出了数条政策。首先，10 年内停止参勤交代，并废除一批税种，如一文出银、牛马出银等皆被废除。其次，废除重豪那些在殖产兴业政策下所盖的赔钱产业（指药园和明时馆）；取消奢华的鹰狩；撤除官员以裁减支出，包括大番头、鹰匠头、鸟见头等用于藩主打猎消遣时的职务都被取消。再次，大规模扩大对琉球的贸易，以求增加收入。近思录党指望通过这些措施，来结束萨摩藩的困境。

近思录党的政策，不能说不是有效的赤字紧急应对策略[①]，其中的很多内容，后来被调所广乡用在他的改革政策里面。然而近思录党的政策中最大的问题是没有考虑幕府的态度。比如虽然萨摩长期以来跟琉球做交易，但那是走私，不能放到台面上。按照近思录党的方案，是要把走私做成大规模跨国贸易，这样就挑战了幕府的权威，是幕府所不能容忍的。停止参勤交代幕府更不会答应。另外，废除重豪的事业等于是直接否定了重豪，同样为重豪所不能容忍。近思录党肆意打击反对者的做法，例如其大权在握后，马上逼迫山本正谊从造士馆教头的位子上退下来，都在藩中造成了新的不满。此举削弱了近思录党本身的力量不说，还迫使反改革派加强了团结。

就这样，近思录党的改革，大大触怒了性喜奢侈的重豪。近思录党的肆意打击行为，使得作为强势领主的重豪怀疑，近思录党将会在萨摩藩内形成一个尾大不掉的派阀。因此重豪决心用强硬手段粉碎改革派。重豪意识到，想要歼灭改革派，幕府是他最大的靠山，因为近思录党的一系列政策都是无视幕府的。通过婚姻，重豪在江户有很大的政治影响力。当时幕府的若年寄[②]有马誉纯，是重豪被过继的第八子的养父。由于萨摩藩剥夺了市田盛常的一切职务，所以藩内需要再派出一个人成为驻江户藩邸家老。齐宣选定的是岛津安房。但是当岛津安房到达江户，准备面见幕府老中报告藩政改革

① 近思录党为了敛财，甚至下令取消娼寮。

② 若年寄是官职名称，在幕府中是三把手，仅次于老中。由于作为幕府最高领导的幕府将军并不事事都管，而理论上的群臣之首——幕府大老很少任命，一般都是荣誉名称而无实权，所以幕府实际上群臣之首是老中，二把手是若年寄。

时，却因各种理由被拒见。这都是受重豪指使的有马誉纯暗中操作的结果。

1808 年 7 月，身为藩主的齐宣需要去江户履行参勤交代义务。他选定秩父季保同行，然而秩父季保却因为儿子病死一时不能成行。齐宣一方面同情秩父季保，另一方面也不愿意在改革刚开始时离开藩内，于是便称病拖延。重豪抓住机会，威胁齐宣如果不来江户，他就要将齐宣装病这件事捅到幕府去。齐宣意识到如果此事捅到幕府去，便是对幕府的大不敬。特别是他身为藩主却因为家老的私事而背上藐视幕府的罪名，幕府严厉追究起来很可能会导致秩父季保等人切腹。他希望保住秩父季保的性命，于是向重豪妥协，结果却中了重豪的计策。

因为齐宣既然已经“重病”，就必然不能理事了，所以重豪就可以合理合法地以齐宣“重病”的名义代为管理藩政，对藩政进行直接干涉。于是获得了幕府支持的重豪于 8 月底回藩，随后开始反攻倒算，以导致藩政混乱的罪名清洗近思录党。近思录党 77 人全部遭到处罚，所有近思录党的政策全部被废除，近思录党的文书亦被焚烧。为了证明胜利，重豪下令恢复鹰狩，还特意命令市田盛常的长子市田义宜为掌握藩政大权的勘定奉行。岛津齐宣因为任用近思录党，被迫隐居，将藩主位子让给儿子岛津齐兴。近思录党首领桦山久言和秩父季保被命隐居，随后被勒令切腹。另有 11 人也被勒令自杀，25 人被流放。萨摩藩最初的财政改革失败了。

重新掌握藩政大权的重豪接着过奢靡无度的生活。也正由于重豪这种无节制的浪费政策，萨摩藩的藩债疯狂膨胀，在接下来的 15 年里由 120 万两白银膨胀到惊人的 500 万两白银。当时萨摩藩财政一年收入是 14 万两白银，可利息一年就是 80 万两白银。萨摩藩的信用彻底清零，无论是高利贷，还是各藩之间的借贷都遭到拒绝。陷入债务雪球陷阱中的萨摩藩财政终于宣告破产。

无所不用其极的调所广乡

由于再也无法靠借贷来维持财政，重豪的奢华生活受到了影响。为了逃避债务，重豪甚至对来催债的大阪商人使出了德政令这样的昏招，结果招致大阪商人憎恨，使重豪再也无法从大阪弄到一分钱。重豪意识到，他必须找出一条出路，解决这恐怖的藩债问题，不然萨摩藩就彻底完蛋了。因此，虽然他镇压了近思录党，但是也不得不寻求解决藩债的策略。为此他开始觅求财政方面的人才。1827 年，重豪发布命令，向全藩征求财政改革建议。在诸多的建议中，一个名叫调所广乡的人，其策论很对重豪的胃口。于是重豪在 1828 年，破格提拔调所广乡，让他负责主管萨摩藩的财政再建工作。

▲ 萨摩财政改革的领军人物——家老调所广乡

调所广乡生于 1776 年，来自一个城下士家庭，父亲叫川崎基明。城下士在下级藩士中级别最低。后来，广乡被另一名城下士调所清悦收养，改姓调所。调所清悦是藩内负责奥中茶道方面的下级藩士，因自己无子，故收养广乡以求传承家业。因此调所广乡为了继承家业，从小学习茶道。齐宣时期，他当了奥中的茶坊主，负责茶会上的杂役和司茶工作。在这段时间里，调所广乡因为受到亲姐姐的鼓励而发奋努力，学习民政，颇有见解。他曾经屡次在藩主齐宣的垂询中，因对答如流而受到青睐。1798 年，他作为驻留藩士被派去江户，在江户藩邸里当了一名小纳户（藩主身边的杂役），因而被重豪所认识[①]。之后，调所获得重豪的信任，被提拔为茶道头。在求得策论后，他更是被提拔为町奉行，其策论也被重豪公开。

两年后，重豪干脆封了调所"御侧用人役，御两隐居样御续料挂"这么一个官。所谓"两隐居"指的是隐居的重豪和齐宣，"续料挂"是负责财政的官员。在萨摩藩，这个官位专门负责走私机构——唐物方，而走私对于萨摩藩的财政有多么重要自然不言而喻。调所被提拔到这么一个位置，说明他已经成了重豪信任之人，是萨摩藩财政最主要的官员之一了。

调所上任后尝试扩大走私规模，并取得了几次不错的成绩，因而受到重豪的赏识，还因此得到过感谢状。就这样，下级藩士出身的调所，此时已经被重豪视为心腹。重豪有一次甚至称他为眼代，比作是自己的眼睛。成为重豪心腹的调所，接下来奉命和同僚一起去大阪调查和处理藩债情况。搞过德政令昏招的重豪所派来的人，自然不可能在大阪有什么好果子吃，所以调所等人开始被迫隐姓埋名，搞潜入调查。调查结果

① 一说调所是被重豪的家老岛津重秀所赏识，而后被其推荐给重豪的。

显示，萨摩藩必须先弄到一笔钱来应对迫在眉睫的财政支出。可是萨摩藩此时名声太臭，调所等人上门觐见富商的时候，屡吃闭门羹，甚至被骂出门来。即便是比较亲近萨摩藩的商人，如出云屋孙兵卫等，都不愿意为调所等人安排会见事宜。萨摩藩的惨境深深刺痛了调所的心。

但是调所广乡可不是一个轻言放弃的人。为了能会见大阪富商，好回报重豪的知遇之恩，调所抱着必死决心再见孙兵卫。会面时调所手持短刀，露出上身，以示随时做好切腹自杀的准备，声言必须见到能出资的商人。孙兵卫为调所的意志所惊，答应奔走安排会见事宜，并顺利领来 5 名大阪商人。接下来调所还是这副打扮，劝说这几个人出资。这些人在调所的劝说下，终于同意借贷给债务累累的萨摩藩。可能是出于对调所的信赖，这些人出资时附带的条件，居然有调所全权掌管这笔钱的花销这么一条，可见调所给他们留下了深刻印象。重豪对调所的工作大为赞赏，于是开出条件，只要调所能够在将来完成三个任务，立刻将调所提拔为家老。

这三个任务分别是：第一，从 1831 年（天保二年）起，调所要让萨摩藩财政有 50 万两白银的盈余；第二，萨摩藩财政原计划需要有一笔常备金，以应付非常时期的非常开支，但是因为藩债累累，一直未能实现，调所要负责实现此事；第三，调所要将萨摩藩成立以来的债务全部还清。

重豪这个命令，在时人看来可谓无理至极。幕末诸藩都陷入财政困局，在这个大环境下实现 50 万两白银盈余都是极为困难之事，更别说那 500 万两白银的巨额藩债了。所以重豪的要求简直就是不可能完成的任务，但是调所的回答是：“麻烦，不过能想办法解决。”重豪对调所的回答非常满意。于是顶着藩内对调所出身的舆论非难，重豪使出独裁手段力排众议，扶持调所出任家老。所以在 1832 年，56 岁，出身下级藩士，原以奉茶为业的调所广乡被任命为萨摩藩家老，全权负责财政改革事宜。

▲ *调所的后台——萨摩藩主岛津齐兴*

在任命调所为家老的第二年，重豪病逝，重豪之孙岛津齐兴正式接任藩政事务。不管是从重豪晚年时的布置，还是从现实角度来说，萨摩藩的首要问题都是处理藩债，改善财政。因为调所的改革才刚刚开始，舆论满怀期望，所以齐兴继续重豪时代的政策，仍然重用调所。齐兴先后封给他使番、町奉行等职务，还让他兼任三个乡的地头。获得藩主信任的调所开始推行他的政策。

调所的第一项改革针对的就是藩债问题。经过调查之后，调所认为，除非停止以借贷维持的财政，并且将原来债务带来的每年 80 万两白银的利息解决掉，否则萨摩藩根本不可能开展任何改革。近思录党时期，也有过这样的解决思路，但是调所的手段却是近思录党所不敢想的。被惊世骇俗的提拔速度扶持起来的调所，想出来的解决方法也一样的惊世骇俗。为了解决债务问题，调所居然公开使出流氓般的赖账和诈骗手段。

调所上任后，通过大阪商人出云屋孙兵卫向各地的债主发出信件，称萨摩藩准备还清债务，所以请债主们把凭据带来，以备重定新的借据。消息传出后，各地的债主纷纷来到萨摩藩。调所将债主们齐集一屋，先借口方便统计，把债主们的借据骗到手，然后堆了起来。接下来，他在众目睽睽之下，点火把借据当场烧了个精光，把债主们震得目瞪口呆。随后，调所公开了他的还债方案：他将在几年内还款大约 2 万两白银，剩下的债务一律改为 250 年内还清，并且该方案以取消一切利息为前提。根据调所的方案，萨摩藩的藩债最终要到 2086 年左右才能还清。调所这种做法根本就跟赖账无异，且不说还款期超过一般人的生命界限，还要取消利息变成无息贷款，这种方法自然不可能被本性逐利的商人接受。所以调所此言一出，立刻激起债主们一片愤怒。然而调所马上使出流氓手段威胁债主。

调所烧掉了借据后，将写有新条件的借据发给他们。所有债主都被新借据上的条款激怒了，鼓噪大喊。有人甚至不顾封建身份差别[①]，跳起来抓住调所的衣襟，声泪俱下地请求调所改写借据。结果调所威胁道："借据上是一字不能改的，谁有不满就拿刀把我砍了吧！"此话一出，瞬间将这些债主震得不敢再讲。接下来，调所更是宣布如果不接受新借据，那就一毛钱也别想拿到。碍于萨摩藩家老的尊贵身份，无法可

① 德川幕府统治下，等级森严，不同人之间身份差别明显。而且法令规定如果违反封建身份差别，武士可以行使各种特权，例如著名的"斩切御免"（武士有权斩杀任何对其表现出无礼举动的非武士之人，法律规定对此等杀人行为不予追究。而"无礼"的尺度归武士衡量），所以无论是商人们在萨摩藩家老面前狂呼乱叫的行为，还是商人抓住调所的行为，在当时都是典型的违反封建身份差别的犯罪。调所是有权将这些人当场杀死且不负任何责任的。

想的债主们只好同意接受借据。调所的阴谋得逞了。

调所的做法传出之后激起了很大的风波。大阪、江户等地的商人被调所的做法气个半死。而且当时幕末各藩都陷入财政危机，商人们深恐调所开的先例会被其他藩仿效[①]。于是商人们联合起来，向大阪奉行和幕府状告。然而碍于调所的尊贵身份，商人们不敢状告调所本人，遂迁怒于出云屋孙兵卫（赖账这个主意就是孙兵卫出的），一状将他告到大阪奉行那里。于是孙兵卫被逮捕下狱。调所马上动员萨摩藩在重豪时期与幕府缔结的上层关系来营救，结果孙兵卫在狱中不但好吃好喝，最后只判他流放并永远不得进入大阪。幕府对商人们的控诉亦互相推诿，最后这事只得不了了之。而孙兵卫被流放后来到萨摩，被岛津齐兴赐予了武士身份，改名滨松孙兵卫。

气不过的商人们纷纷对萨摩藩的藩属商人施以围堵。结果调所以孙兵卫为例子，声言取消债务者可以获得武士身份，以此分化参与围堵政策的商人，使萨摩商人仍然可以在大阪等地继续经营。但是，调所因为藩债的处理方法恶名昭彰，连带着齐兴也不被商人们所喜。

除了赖账外，调所还使出制造劣币[②]这样的招数。因为长年累积的藩债，萨摩藩内用于还款的硬通货非常少。虽然调所赖账成功，但即便是将还款日期拖上 250 年，在刨除各项支出后，萨摩藩的硬通货仍然不足以支付已经承诺的还款额度。但是如果借款来还债，又将变成拆东墙补西墙。于是调所在下辖的乡内私设造币工场，铸造含银量不足的劣质货币来应付还款的差额。调所私设的造币工场所制造的劣币前后达 290 万两白银，对萨摩的财政助益极大。

除了非常规手段之外，调所也着力进行行政方面的改革，以求减少支出。为此他裁撤官员数目，调整财政结构，规定除了整备道路、桥梁这类必须支出的费用外，其他费用一律砍去。他还严禁藩内请客应酬，节日庆祝也统统被取消。

为了节流，调所上任后还闹出了强迫有马一纯回萨摩藩一事。有马一纯是重豪之子，本名岛津久亮。作为重豪婚姻战略中的一环，他以成为有马家的婿养子，当上有马家家主为目的，长期居住在江户藩邸。但是因为身体不好，他没有被过继给有马家，结果成了在藩邸里吃闲饭的人。调所上任后，开始关闭部分萨摩藩邸，裁减人员以节省开支，于是有马一纯就进入他的视野范围内。调所下令强制将有马一纯送回萨摩藩，

① 事实上，长州藩村田清风改革时也用了调所这一招，不过村田还算有良心，只将期限改为 37 年。

② 调所造劣质货币一事出自原口虎雄的《幕末の薩摩—悲劇の改革者、調所笑左衛門》一书，尚有争议。

▲ ***俵物交易场面。调所曾经投资并指挥人手在萨摩制作俵物，但未能成功***

一下裁减了常规支出近千两白银。调所的节流政策，对解决萨摩藩的财政危机起到了决定性作用，一举扭转了财政困局，使萨摩藩成功地摆脱了债务怪圈，得以走上良性循环之路。

在裁减支出的同时，调所也着力增加收入。作为原来唐物方的主管，调所做起走私生意来是得心应手。在当上家老后，他更是大搞走私。调所时期，萨摩藩通过琉球，和中国、西方等势力进行着相当庞大的走私生意。比如琉球特产的一种朱粉，被萨摩藩大量走私到大阪市场上贩卖。为了维护自己的走私利益，调所更是大力整治私下的倒买倒卖活动。同时调所在全日本范围内建立起了走私渠道。当时中国对俵物（干制的海产品）和海带需求非常旺盛，名菜往往需要这些东西来压轴，于是调所秘密建立了一条纵贯日本的走私渠道。调所将这条通道的起点定在虾夷地区，这个地区盛产品质优秀的海带和干货，中转点为富山、金泽，之后运到萨摩，再通过坊津和琉球，走私给中国商人，以换取中国的特产，如中药、染料，再运回国内销售。萨摩藩从这个走私渠道中获得了极大的利益。

另一方面，调所大力加强萨摩藩的特产买卖管理制度。尤其是萨摩藩第一特产黑砂糖，调所更是直接采用了彻底掠夺和专卖的方法。萨摩藩的黑砂糖产地位于奄美诸岛，主要是奄美大岛、德之岛和喜界岛三岛。原来萨摩藩的黑砂糖政策是将年贡折算成相对数量的黑砂糖，在征收了约等于年贡的黑砂糖后，允许岛民保留剩余的黑砂糖以交换一些生活用品。调所上任后，马上改变以往的政策，派出军队对这些产糖岛屿实行军管，对黑砂糖实行低价强买①，并且禁止私留黑砂糖。岛民的生活所需改为配

① 调所设计了一种叫羽书的东西作为代金券来收购黑砂糖。但是由于羽书没有发行保证，而且只能用在这三岛上，实际和强行没收无异。

给制，所需物资由萨摩藩的军船进行运输。调所还制定了严酷的法律，设立一个叫“三岛方”的机关，专门负责征收黑砂糖，并对于岛民的生活实行监控。新法律勒令岛民除了甘蔗外，严禁种植其他作物。为此萨摩军队还不惜代价地填平了当地原有的水稻田，以种植甘蔗。当地每家每户都被分配了黑砂糖生产额，完不成就要遭到严厉的惩罚。他还让名为黍恒目和黍检者的官员每日监督岛民劳作，15—60 岁的人都被强制劳作，制造黑砂糖。为了保证最大生产量，调所制定了极其详细和严苛的刑法：甘蔗栽种的位置不对，就要遭受鞭打；制造出来的黑砂糖不好，就要处以枷刑；连小孩子用舌头舔甘蔗都会被送官究办。其行政之苛酷，导致三岛岛民人人困苦。时人把三岛岛民的惨况甚至与十八层地狱作比，称之为十九层的“黑糖地狱”。

与此同时，调所还加强了专卖制度，指定只有萨摩藩授权的商人可以销售黑砂糖。同时他努力削减流通费用，提高黑砂糖的品质，使得萨摩藩的黑砂糖利益大为增加，最高时甚至盈利 20 倍。调所为了保证萨摩藩的黑砂糖利润，还不择手段地排斥竞争对手。当时农学者大藏永常写了一本名为《甘蔗大成》的书，打算出版以普及甘蔗的栽培法，调所听到风声后马上鼓动幕府将其取缔。最后幕府在调所的鼓动下，颁布命令严禁此书出版。但是后来高松藩还是弄到了这本书，并开始栽种甘蔗，制造黑砂糖。西南各藩也都从高松藩那里取经，黑砂糖的制造方法也就渐渐地流传开来了。调所为保住黑砂糖利益，干脆派人到别的黑砂糖产地去，不计成本地收购黑砂糖，人为地造成黑砂糖价格高涨，以保障萨摩藩的黑砂糖利益。调所的作为效果是明显的，黑砂糖在幕末成了萨摩藩最重要的收入来源。可以说，黑砂糖为萨摩藩财政的健全和信用的恢复起到了难以估量的作用。

▲ *岛民在三岛的甘蔗园里劳动的场面*

除了强化对奄美三岛的榨取外，调所对萨摩藩内的年贡也极尽搜夺之能。萨摩藩原来使用的年贡收取法被称为“检见法”，这是一种年贡量浮动的征收法。萨摩藩因为长期遭受多种自然灾害袭击，土壤锁水性又差，因此作物产量经常波动，于是萨摩藩特别发展出检见法这种收取年供的方法。检见法并不征收定量年贡，而是每次在征收年贡之前，先对收获量进行检定，然后根据农作物的丰歉来制定年贡的征收数量。

调所上任后，把检见法改为定免法。具体做法是由藩厅规定每家应该缴纳的年贡指标，然后进行摊派。这种摊派方法有效地扭转了萨摩藩以往收入不稳定的情况，确实增加了藩内的财政收入，对财政情况的改善提供了助益。但是和之前的政策一样，调所行事过苛，摊派时毫不考虑实际情况，完全是一刀切，与其说是征收不如说是搜刮。

为了完成摊派的额度，萨摩各乡和岛津家诸分支不得不采取一系列措施，如减薪、加税等，这就让包括准武士在内的下层藩士和百姓全部陷入生活困境。西乡隆盛著名的“虫子与草根”的诗句，就是作于这一时期，以讽刺调所的搜括政策。

当然，调所的搜括政策也不是完全没有好处的。为了保证收入最大化，调所严厉查禁各种贪污行为，以前萨摩藩的税官经常从收上来的禄米中私自提成，有时候甚至达到了年贡的两成之多[①]。调所上任后马上颁布政策，严禁官员的这种行为。一时之间，萨摩藩风气大为扭转。但是调所的政策总的来说，残酷性仍然大于带来的好处。

例如，调所为了尽可能地敛财，瞄上了西本愿寺的献纳。长期以来，为了寻求宗教上的慰藉，萨摩藩的农民都向西本愿寺捐纳财物。调所得知此情况后，援引战国时期的例子，称西本愿寺是一向宗的寺庙，而一向宗是应该被禁止的。借此，他对藩内向西本愿寺献纳的各种财物一律收夺。为了保证收夺顺利，调所最后干脆禁止萨摩人信奉一向宗。为此，他还出台政策奖励民间检举揭发一向宗信徒，对于拒绝改宗者不惜动用酷刑，民众稍有反抗，即调兵镇压。通过这些作为，调所有力地削减了开支，并增加了收入，大大地促进了整个财政改革的成功。

近代军改与由罗骚动

在进行了一系列的开源节流措施后，萨摩藩财政开始走上正轨，逐渐有了积蓄。于是调所开始实行进一步的改革。调所仿效当时诸藩的做法，鼓励培植经济作物，发展相关产业，并对本藩内的特产实行专卖政策，以求增加财政的长远收入。为此调所

① 这个提成有点像明朝官员的靴尖踢斛，以夸大甚至增加正常损耗的量来贪污。

设立了多个新机构，包括负责新田开发的劝农方、奖励皮革制造业的鲸牛马骨方等。调所时期，萨摩藩开始尝试种植烟草、油菜籽、芝麻、香菇、郁金香等，并对萨摩藩原有的特产——硫黄、樟脑等实行专卖。调所对能改进生产量和产品品质的人都大加犒赏，而对制造次品的人则大加处罚。恩威并举的策略使得这些产业在齐兴时期，都取得了很不错的进展，为后来萨摩藩进一步的产业发展奠定了基础。

举例来说，因为调所的奖励政策。萨摩名产——瓷器萨摩烧在日本国内外销量都有了显著增长。为了振兴陶瓷业，调所还派村田堂元为总帅，在苗代川地区大搞陶瓷产业复兴。村田到任后，奖励技术开发，雇用肥前地区的陶工，建设了所谓的“肥前传烧物窑”。他组织工人实行技术传授，使得萨摩藩的陶瓷技术进步很快。之前萨摩藩不会制作南京烧和素烧彩色人形这两种很受欢迎的陶瓷器，直到村田实行技术扶植政策后，才有了突破。同时，村田鼓励妇女从事木棉业，使得该地区逐渐富裕起来。

另外，在藩主齐兴的指挥下，萨摩藩首次开始尝试玻璃工艺品的制造。玻璃自古作为一种独特的装饰品，一直以来在日本都极为受欢迎。江户时代的日本在玻璃制造业上取得了很大发展，出现了名为“江户切子”的玻璃瓶和各种玻璃工艺品。1846 年，齐兴为了给将要建设的炮术馆准备硝酸等药物，同时也出于发展萨摩藩的医药业、改善财政的目的，成立了中村制药所。为了建立配套设施，萨摩藩又从江户地区招募了玻璃工人——加贺屋的职人四本亀次郎，在制药所内为药品制造玻璃瓶子。这是萨摩藩玻璃制造业之始，为后来齐彬时期发扬光大的玻璃制造业提供了早期准备。除了振兴产业以外，调所时期，萨摩藩先后在新田开发和产业育成项目上投资近 200 万两白银，为日后富国强兵打下了基础。

更值得一提的是，萨摩藩也进行了大量的军事改革。萨摩藩的军事改革源于西方带来的外部压力。1824 年，萨摩藩发生了“宝岛袭击事件”。6 月 28 日，一艘英国远洋捕鲸船出现在萨摩藩属西南诸岛中的一个名叫“宝岛”的岛屿附近。船员向当地萨摩藩政府官员求

▶ 瓷器萨摩烧。萨摩烧源于朝鲜，是岛津义弘侵朝时掠夺当地技工来萨摩定居后才引入的技术，经历代钻研和传扬后成为日本著名的陶瓷器产品。后来日本将萨摩烧带到万博会，一炮打响，成为当时日本出口的拳头产品，为日本的发展带来很大助益

取食物，结果遭到拒绝。交涉失败的英国船员决定改求为抢。他们在抢夺耕牛的时候和萨摩藩兵起了冲突，结果英方被打死一人，被迫撤退。事情报到幕府之后，幕府出台了《文政异国船打走令》（《異国船無二念討払令，異国船打払令：文政令》）。随后到了1837年7月11号，美国商船莫里森号来到萨摩藩，以交还遇难漂流人员为由，借机向萨摩藩要求通商。结果美国人的要求被萨摩藩拒绝，船只也被威吓性的射击逼退。

到了1844年时，局势变得更加危险。法国东方舰队司令官瑟希勒（Jean-Baptiste Cecille）海军少将率法军舰队在那霸靠港，要求日本开国通商，并允许传播基督教。瑟希勒还放下狠话，称如不同意就要攻占那霸港。为了防止事态恶化，萨摩藩紧急调遣了一支128人的部队赶到那霸港协同防守。最后经过交涉，萨摩藩答允法国可以在那霸进行交易。但是接二连三地来自西方的冲击，极大地震动了萨摩藩。齐兴明白萨摩藩已成为日本对抗西方的最前线，因此也开始把精力投入到军事改革上来。

1840年时，调所已经成功实现财政盈余50万两白银的目标，使萨摩藩有能力进行初步的军备改革。当时佐贺藩的西洋枪炮术改革在日本影响极大。为了强化武备，萨摩藩决心仿照佐贺。早在1838年，齐兴就开始派遣藩士去长崎，向兰学家高岛秋帆学习西式枪炮术。1842年，萨摩藩任命藩士成田正右卫门（高岛秋帆的学生）为本藩的枪炮术指导，这标志着萨摩藩正式接纳了西式枪炮术。1846年，萨摩藩模仿佐贺藩成立了洋式方和铸制方，开始制造青铜火炮，整饬海防事宜。同时，萨摩藩还成立制药馆，为枪炮提供必要的化学药品，将以前的对外部门异国方改为军务局，命令其对外国兵制进行研究。这是萨摩藩近代军事改革的开始。到了1847年，萨摩藩建设了炮术馆，负责教授藩士西式枪炮术。这是萨摩藩第一次进行近代武器的训练，意义十分重大。

萨摩藩的改革动作很快，到了次年，在萨摩藩进行的军事演习中，已经有总数达千人的洋枪队来进行射击演习，同时还进行了约52人的西式马枪队演习，以及火炮试射。不过萨摩藩的改革进展虽快，但程度仍相当有限，因为同时参加演习的还有大量的旧式火绳枪手。到了1849年，萨摩藩的军事改革取得了很大成绩。首先，铸制方成功制造出了合用的枪身和炮身，标志萨摩藩武器制造技术有了长足的进步。同时，萨摩藩又进行了演习，这一回出动了2400人，岛津齐兴之子岛津齐彬甚至也在其中，他们基本全部持有当时比较先进的前装戈贝尔步枪（Geweer），还有6门大炮。

齐兴进行的军事改革，是萨摩藩近代军事改革的前奏。他置办的各项产业，以及

▲ 前装戈贝尔步枪，“戈贝尔”是荷兰语，本意就是“步枪”，后来泛指这一类的前装步枪。这里的戈贝尔是指荷兰制Mle AN9 1814年型前装步枪

进行的训练和演习，都被日后的齐彬纳入了自己的改革范围内，并发扬光大，成为之后萨摩藩强军的开始。

调所时期的一系列改革，基本解决了困扰萨摩藩的财政问题，实现了萨摩藩财政盈余。1844 年时，藩内有 150 万两白银的积蓄，为日后萨摩藩的改革奠定了经济基础，并且为之后的军备和产业改革提供了早期准备。但是调所在改革中多次使用无赖手段，依靠不近人情的方法榨取财富，以非法活动的收入来增加财政进账，这都极大地激化了藩内的矛盾。而萨摩藩的空前赤字也逼得调所不得不用苛急的行政方法来强令推行改革，以致调所时期无论是百姓还是准武士人员，都生活在水深火热之中。萨摩藩的人民对调所观感极差，特别是生活艰难的下级藩士，更是将调所视为寇仇[①]。矛盾越积越深，最后终于因为萨摩藩的继承人问题爆发出来，这就是萨摩藩改革的第二次重大事件——“由罗骚动”。

调所本人生活简朴，而且大力打击贪污行为，但是他上任后的搜刮政策，让他在下级藩士眼中俨然是一副贪官污吏的形象。同时，中上级藩士也对调所的种种饱受非议的手段十分不满，特别是定免法的推行以及严厉打击贪污的行为，损害了中上级藩士的利益。他们还认为调所的改革会导致萨摩藩灭亡。但是调所深受齐兴重用，而且作为齐兴长期以来的政治顾问，极得齐兴的信任，因此藩士们逐渐将摆脱痛苦生活的希望放在下一任藩主上。到了 1849 年，齐兴已经年近 60 岁了，按照当时的惯例，他该准备退休隐居了，因此继承人的问题也正式走上了台面。

岛津齐兴有两个儿子，正室贤章院夫人所生的长子岛津齐彬和侧室由罗夫人所生的次子岛津久光（忠教）。这两个人之间各有所长。齐彬于 1809 年出生在江户，幼

① 齐彬上台后，调所家因此遭到迫害，以致全家死绝。调所家的家名继承者成了调所广乡的表弟。

时受曾祖父岛津重豪抚养，作为长子长年在江户居住。齐彬本人才华出众，口碑极好[①]，他精力充沛，年富力强，自小就受到曾祖父重豪的青睐和称赞。他还通过重豪的关系，跟幕府中许多人都有很深的交情，后来还成了幕府老中阿部正弘的好友。而且齐彬背景很好，齐彬之母贤章院来自鸟取藩藩主池田家，地位尊荣。齐彬的夫人是御三卿一桥家一桥齐敦的女儿，政治权力很大。所以齐彬当时被认为是重豪再世。

但是齐彬不受他父亲齐兴的喜欢。因为齐兴喜欢住在萨摩，而厌恶江户。他的正室长年居住在江户，而侧室由罗夫人在萨摩陪伴他。所以他逐渐喜欢上了侧室由罗夫人所生的次子久光。久光出生后，原来是要过继给分支种子岛家当继承人的。但是因为齐兴偏爱久光，不久就把久光改为岛津家四门（重富、加治木、垂水、今和泉）中地位最高，被公认为是下任藩主位置的重富岛津家的家主。然而，久光虽然更受齐兴的喜爱，但是他母亲由罗夫人出身低微。由罗夫人是江户的町人出身[②]，并非武士家庭，这就让久光除了他父亲之外别无依靠。所以齐兴虽然不喜欢齐彬，却碍于齐彬的各种背景而不能废掉齐彬，因此迟迟不能决定谁才是下任家主。齐兴的这种态度，就把萨摩划成了久光和齐彬两派。

作为齐兴长年最亲密的政治顾问，调所倾向于久光。因为齐彬本人自小受重豪影响，对兰学有狂热的爱好，为此花了不少钱。而且齐彬在江户结交幕府官员时也花了很多钱，一度被认为是重豪第二。经历过重豪时期债务苦痛的调所，自然不可能对齐彬有什么好感，因此他对齐彬继位表现出了明确的反对态度。出于“敌人的敌人就是朋友”这个道理，反调所的中下级藩士则对齐彬满怀希望。特别是齐彬本人才干出众，而久光的才干相比起来并不是特别出色，这点也让中下级藩士们对齐彬十分爱戴。这种情况被生性敏锐的齐彬觉察到了，他可以说是喜忧参半，喜的是自己在藩内的人气，忧的是因为调所的反感使得自己的位子极不确定。为了夺到藩主的位子，齐彬决定对自己的老对头调所下手。齐彬认为自己的位子之所以悬疑，主要是因为调所这个政敌对自己的恶劣态度所致。所以作为藩内权力最高的家老和齐兴最重要的政治顾问，调所被齐彬认为是继位的最大障碍。同样，出于对藩内支持者的回报，齐彬也必须打倒调所。于是齐彬开始私下安排人手，收集对调所不利的证据。

① 齐彬本人会荷兰语，还曾用荷兰语写日记。他师从过很多名学者，如高野长英等。松平庆永称他是近世第一英明果断之人。

② 有小客船员、水果店员和木匠出身等多种说法。

调所在上任以来的这几十年里，为了改善藩内的财政，大耍流氓手段——搞走私、私造劣币等，做尽了幕府原则上严厉禁止的事情。所以齐彬很容易就弄出来一大堆对调所不利的证据，并将这些材料交给了幕府老中——齐彬的老朋友阿部正弘。作为当时幕政改革派的旗手，阿部一直以来苦于幕府内部保守势力强大，想引外援以对抗，而作为当时日本第二大的藩国，萨摩藩自然是一个潜在的强援。为了获取这个强援，阿部极想让自己的好朋友齐彬继承藩主之位，因此他在收到这些材料后马上开始行动。阿部的行动点燃了“由罗骚动”的导火索——“调所自杀事件”。

1848 年末，收到齐彬找来的大量材料之后，幕府下令招调所来江户进行讯问。齐彬的工作做得非常到位，所收集的材料里人证物证俱全，让人不能抵赖。阿部拿着这些材料直接审问调所，并意图要把这些罪状扯到齐兴身上。调所眼见事情难以转圜，为了不连累齐兴，于 1849 年 1 月 13 日服毒自杀，享年 73 岁。

调所自杀的消息传到萨摩藩后，马上引起了两派人士的不同反应。齐彬派自然欢欣鼓舞，中下级藩士额手相庆，因此齐彬派的活动更加踊跃，一心想赶快推举齐彬上任。久光派则士气沮丧，特别是偏好久光的岛津齐兴，因为失去了自己最大的功臣和政治盟友，对于齐彬的做法是怒不可遏。从此齐兴对齐彬派更加厌恶，心中暗自决定要以强硬手段粉碎齐彬派。

▲ *幕末名人阿部正弘，他可能是德川幕府史上最有名的老中*

藩内的两派从此势不两立，斗争越来越激烈。调所自杀的同年，萨摩藩发生的“笃之助死亡事件”，进一步激化了两派的斗争。笃之助是岛津齐彬的第四子。自齐彬和久光两派斗争伊始，一个流言就在萨摩藩内四处散布。该流言称，由罗夫人和久光派的人联手，使用咒术来诅咒齐彬的后代遭灾。流言四散的同时，现实情况似乎也给这个流言提供了证据。齐彬曾先后有过三个子女，但是全都没有活到成年就夭折了，而久光的子女则一路平安。两相对比之下，这个流言具有了极大的说服力。齐彬派的藩士对此流言虔信不疑，并因此对久

▲ 矗立在东京上野公园的西乡隆盛塑像。西乡一生坎坷，政治生涯跌宕起伏，他曾为了维新大局而舍弃派系利益，但最后却又为派系利益战死。在他的理想里，普通人并无位置，但是他秉正刚毅的作风却又为普通百姓所欣赏。他是一位非常复杂，难以一概而论的人物

▲ 大久保利通。大久保利通能屈能伸，精于权谋。他确实是一位有理想的人，能为维新大局考量，敢作敢为。但是他拥抱新时代的目的却是为了实现自己派系利益的最大化，而不完全是为了维新大局。普通人受惠于他的理想，却不欣赏他为理想而实行的权术。他和他的老友西乡的这种复杂性，反映了一个古老的东方国家在外来压力下，努力拥抱陌生变革时所产生的各种光和影

光派极为痛恨。这回齐彬四子笃之助的突然死亡，自然也被归结为由罗夫人的诅咒所致，结果激起齐彬派一片愤怒。许多齐彬派的下级藩士甚至准备暗杀久光派的上级藩士，藩内的派系对立达到顶峰，骚动正式爆发。

骚动爆发给齐兴提供了一个极好的机会，齐兴开始通过各种手段打压齐彬派的藩士。打压的高潮是 1850 年 1 月 15 日的“由罗暗杀计划事件”。当时齐彬派的 3 名中级藩士近藤隆左卫门、山田清安和高崎五郎右卫门被人举报在策划暗杀由罗夫人，以及久光派的家老岛津久德等人①。齐兴闻报后立即下令逮捕 3 人，然后马上清洗齐彬派的藩士。被举报的 3 人和另外 3 人被勒令切腹，有 50 余人被流放或勒令蛰居。这

① 此暗杀计划的真伪目前仍有争议。

50余人里，有很多人被齐兴私下勒令自杀。为了彻底消灭齐彬派，齐兴不择手段，甚至祸及死人。当时齐彬派在藩内的最高级官员是家老二阶堂主计和岛津壹岐，而二阶堂主计在骚动前已经病死，岛津壹岐则在江户驻扎。齐兴先是下令剥夺二阶堂主计的藩士资格，然后派人去江户藩邸强迫岛津壹岐立刻蛰居，之后私下勒令其切腹。

久光派也趁机反攻，对齐彬派的下级藩士展开清洗，一时间被牵连者甚广。例如日后维新三杰之一的大久保利通，其父大久保利世本来是琉球萨摩藩馆里的一个小官员，只因对齐彬抱有好感，就被硬栽了个罪名勒令流放，连带着大久保利通也受了连累。他当时是藩役所书记员的助手，结果因为父亲的事情被牵连而丢官，自己还被勒令谨慎行事，家里顿时陷于赤贫，只能依靠朋友的接济（例如西乡隆盛）或做点小东西卖了挣些钱来糊口。经过这一番整肃，齐兴成功地扫平了藩内的齐彬派，使得齐彬成为下任藩主的希望看似彻底落空。

然而，齐彬并没有被逼到山穷水尽的地步，他还有充足的外援。由于齐兴的残酷清洗，不少齐彬派藩士为了保命，纷纷脱藩逃离萨摩，跑到别的藩国去了。而重豪时期萨摩藩推行的婚姻战略，使许多藩国和岛津家沾亲带故，因而愿意收留脱藩的齐彬派藩士，例如福冈藩主黑田长簿。黑田家是在重豪时代跟萨摩藩结亲的，所以黑田长簿是岛津齐彬的叔父。由于齐彬是自小被重豪带大的，因此黑田长簿对齐彬很有好感，想让齐彬上台。所以他对逃亡的齐彬派予以庇护，而且拒绝了齐兴引渡这些齐彬派藩士的要求。齐彬的另一个叔父八户藩主南部信顺也看好齐彬，因此当齐彬跑来向他诉苦时，他一口答应帮忙。在黑田和南部两位藩主的帮助下，逃亡的齐彬派藩士将骚动的情况记述下来，并一纸诉状递到了幕府里面。

齐彬的好友阿部正弘收到诉状后，决定力挺齐彬，因此开始鼓动幕府将军德川家庆逼迫齐兴下台。家庆将军对阿部正弘十分信任，于是在1851年2月召见齐兴，并在见面时赐给齐兴茶器。赐给茶器是暗示受者应该隐居的意思（茶道是隐居者的爱好），此举表达了幕府对齐彬的信任和支持。齐兴无法对抗幕府的命令，只得于3月4日正式宣布隐居，

◀ 萨摩藩一代雄主岛津齐彬

传位给长子齐彬，“由罗骚动”就此结束。

经过“由罗骚动”所引发的一系列混乱后，1851年，萨摩藩迎来了第二位雄主——11代目岛津齐彬。42岁正当壮年的齐彬野心勃勃，而这时的萨摩藩受惠于调所改革，境况大为转变，不但财政健全，而且有了大笔积蓄。于是齐彬开始了萨摩藩的第三轮改革。

早在继任藩主之前，岛津齐彬就是一个出名的“兰癖”了。所以齐彬跟他的曾祖父重豪一样，对于世界形势非常感兴趣。特别是在江户和众多兰学者接触后，齐彬对当时的世界形势有着非常深入和独到的认识，对西方的强盛也有着十分深刻的印象。而加剧他这种印象的事件，是发生在1840年的中英鸦片战争，清朝战败的消息传入日本后，震动了一大批日本人，而齐彬可以说是这些人中受震动最深的一个。偌大的清朝居然不堪西方一击，这个事实让齐彬极受震撼。特别是在1842年从荷兰商人手中购入了一本《中国鸦片战争始末见闻录》后，齐彬认识到了西方的强大，从而产生了危机意识。

齐彬认识到，西方叩开中国大门后，下一个目标必然是日本。作为日本最西的藩国，萨摩藩也必然会成为日本最先受到冲击的地方。这让齐彬产生了开国的想法。因为不管萨摩藩多么强大，比起中国来仍然只是沧海一粟。如想抵抗西方的侵略，就必须团结日本全国之力，方有可能和西方相对抗。为了团结日本对抗西方，一方面必须打破旧有的幕藩体制，使各藩国不再因为祖上出身而分成三六九等，也不再由身份决定国政话语权，而是都有参与国政的权利；另一方面应该打开国门，吸收西方的先进技术为己所用，这样日本才有能力对抗西方列强。

早先在江户时，齐彬就曾跟他的许多好友，如阿部正弘等，鼓吹“富国强兵、殖

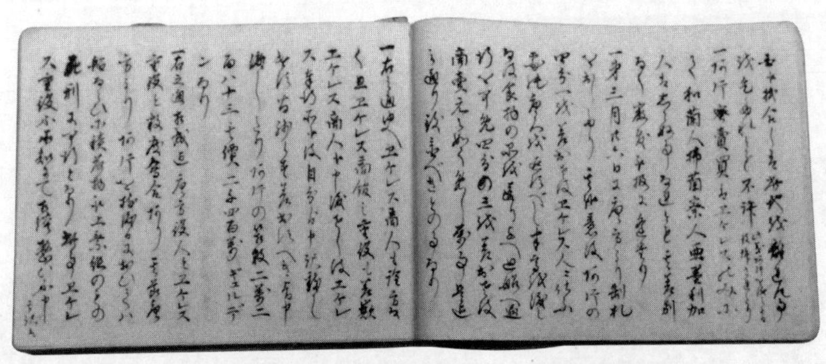

▲ *《中国鸦片战争始末见闻录》，尚古集成馆藏*

产兴业”，他还给幕府递交过建白书，提出幕政改革，必须要实现“第一政通人和，第二强化军备”。他私下拟定了新的萨摩藩藩政改革计划，准备在萨摩藩实行西式改革。现实的情况也验证了齐彬的想法是正确的。在齐彬就任藩主的1851年，西方商船访问琉球，探询日本情况，并要求在日本传教和通商。这无疑大大加深了齐彬的危机感。于是齐彬上任伊始便开始了他最重要的改革——集成馆诸事业。

齐彬自任藩主后，立马开始大规模建设。他一方面组织人手翻译西方资料，一方面同步建设近代的工厂和科学研究所。为推进近代化，萨摩藩先后设立了反射炉、溶矿炉、钻孔盘（大炮的开穴用器械）、玻璃工厂、锻造厂、蒸汽机关制造所、金属细加工所、造币所、锅灶制作所等大批工厂。这个工厂群统称为“集成馆”。除了集成馆工厂群，齐彬还建造了造船所、纺织工厂等设施。这些近代化事业被统称为“集成馆事业”。集成馆事业在当时的日本堪称空前绝后。大批西式事业纷纷设立也给萨摩藩带来了极大冲击，在非常短的时间里就将萨摩藩带入了近代化。顺带一提，齐彬的这个理念，来自于魏源的《海图国志》。齐彬毕生极爱此书，随时携带阅读，是此书最忠实的拥护者和实践者。

▼ *后人拍摄的集成馆*

▲ *萨摩藩反射炉遗迹*

集成馆事业所含项目繁多，这主要得益于调所的财政改革。萨摩藩有充裕的资金来进行建设，所以可以同时开展多个项目。但是集成馆的首个项目却是反射炉，这是因为齐彬设立集成馆事业的主要目的就是强化萨摩藩的军备，而齐彬对于军备的定义就是西式枪炮和战船。齐彬有言“对抗外敌之物最优者为大炮、炮台和坚固的军舰”。为了提供枪炮和战船所需的铁，炼铁用的反射炉自然成为最先启动的项目。因为反射炉能够精炼生铁，以大量制造近代枪炮。齐彬上任后，强化军备对抗西方成为改革的主要目的，所以齐彬自然把眼光放在反射炉上。

其实在集成馆之前，实用的西式反射炉已经在日本出现并投入使用了。日本最早设立反射炉者，是韮山藩的江川英龙。随后佐贺藩派出本岛藤太夫向江川取经，并配合另一位藩士杉谷雍助，成功造出了日本首个西式反射炉。日本反射炉的技术源流是比利时陆军少将胡根宁（U.Huguenin）撰写的《皇家列日国立铸炮厂火炮铸造法》①。

①《ルイク国立鋳砲所における鋳造砲》，原文《HET GITWEZEN IN's RIJKS IJZER-GESCHUTGIETERIJ,TE LUIK》。

这本书图文并茂地介绍了反射炉的原理和建设法，以及铁质火炮的制作方法，所以自长崎传入日本后，引起了很大轰动。幕末时期，各地的反射炉，比如幕府的韮山反射炉、佐贺的多布施反射炉和萨摩的集成馆反射炉等，其技术全部源自此书。此书有多个译本，其中一部译本《西洋铁熕铸造篇》，是由佐贺藩士手冢律藏翻译的。萨摩藩为了建设反射炉，向佐贺藩请求技术支持。因为岛津齐彬的母亲和佐贺藩主锅岛直正的母亲是堂姐妹，所以直正一口允诺，把珍藏的书送给了齐彬，后来还派了自己的近侍千柱大之助来萨摩藩视察指导[①]。1852 年，齐彬在鹤丸城的花园里，根据佐贺藩的资料开始了反射炉的建设。最初是一个很小的实验性反射炉，到了次年转移到仙严园[②]，正式开工建设萨摩藩的 1 号反射炉。经过一年左右的修建后，该反射炉于 1853 年（嘉永六年）夏天正式落成。

可是，虽然有佐贺藩的技术支持，但是萨摩藩的 1 号反射炉却失败得相当彻底。1 号反射炉的主要问题是炉内耐火砖质量极差，而且技术也不合理，最终被炉温给烧溶脱落，掉进了熔融状态的铁中，导致铁掺杂质，结果糊了口。反射炉又密封不严，湿气渗入炉内，导致温度控制不准。炉体本身设计也很糟糕，地基不稳导致炉体侧倾，最终难逃倒塌。1 号反射炉的失败让萨摩藩士垂头丧气，然而齐彬仍然斗志昂扬。面对失败，齐彬说出了幕末最强有力的名言:“西洋人是人，佐贺人是人，萨摩人也是人！”为了同是人的自尊，萨摩藩士鼓起勇气，开始了 2 号反射炉的建设。在吸取了 1 号反射炉的失败经验之后，2 号反射炉导入了所谓的天草土，使得耐火砖质量提高。1857 年建成的 2 号双基反射炉成了萨摩藩第一个实用性的反射炉。虽然操作失误、设计失误、材料不过关等问题依然困扰着萨摩藩的反射炉，但是 2 号反射炉仍顽强地持续生产，精炼生铁。

同时，萨摩藩的武器技术也进步飞快。1856 年，萨摩藩已经可以生产 3 磅炮和 5 磅炮（均为铁制）了，到 1857 年甚至可以生产 150 磅大炮。2 号反射炉的成功，大大鼓励了萨摩藩士。于是萨摩藩又建设了 3 号反射炉。萨摩藩的反射炉建设活动，为武备西洋化提供了基础，也为日本的技术进步提供了宝贵经验[③]。在反射炉的支持下，

① 齐彬时期的萨摩藩军备改革仿效佐贺之处甚多，千柱大之助的见闻后来被画下了来，这幅画名叫《萨州见取图绘》。

② 历代萨摩藩主的私人游园。仙严园在集成馆隔壁，齐彬时期两者混为一体，现为鹿儿岛市仙严园尚古集成馆。

③ 为水户藩的反射炉提供技术支持的主要是萨摩藩士竹下清右卫门的弟子大岛高任，其完成的釜石大岛高炉被认为是日本近现代制铁业的根源。

▲ *复原的萨摩藩造150磅铁制大炮*

萨摩藩又引进了高岛流枪炮术，并对照兰书开始尝试铸造枪支，很快便实现了自产枪炮。1858年（安政五年）7月，在萨摩藩进行的天保山演习中，投入的仿造和外购西式步骑枪达3000支，标志着萨摩藩军备一举近代化。

为了配合反射炉的生产，萨摩藩还建设了早期高炉。1854年，萨摩藩根据兰书的指导，建设了第一个早期高炉。一方面，这个计划是萨摩藩早就定好的，齐彬在开始制定造炮计划时就已经将反射炉、高炉和钻孔盘三者结合在一起了。另一方面，这个决策也很可能是对1号反射炉失败经验进行总结后，施加的对策。1号反射炉失败的一个重大原因，就是铁矿杂质过多，结果在炉内没有完全融化，最终导致炉口出现拥塞状况。萨摩本身并不缺铁，南九州地区产铁颇多。自18世纪起，萨摩铁就在大阪市场上大量出售了。然而萨摩的铁矿多含磷与钛等杂质，品质较差。在大阪的市场上，萨摩铁长期以来被作为廉价货出售，所以换成西式冶炼法后问题就显现出来了。萨摩铁虽然和佐贺铁一样是锻铁，但是杂质含量仍然超过预期，结果炼铁事业深受其苦，整体进度落后。为了加速冶炼，以满足铸炮和船用铁件的大量需求，高炉的建设势在必行。

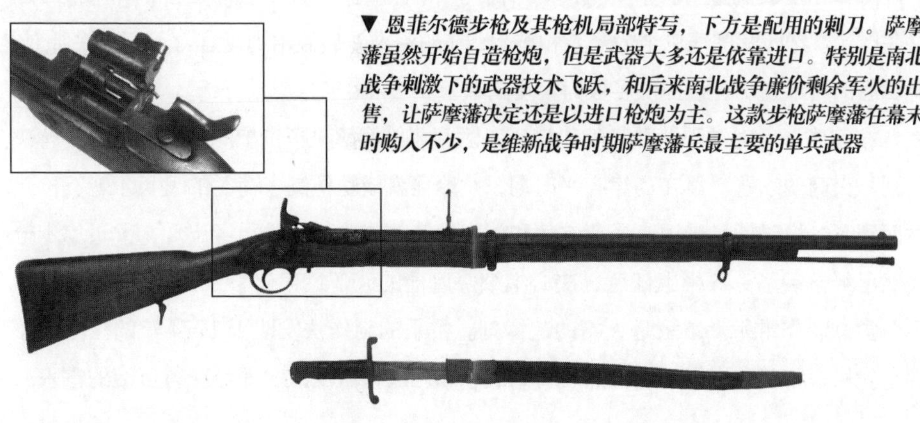

▼ *恩菲尔德步枪及其枪机局部特写，下方是配用的刺刀。萨摩藩虽然开始自造枪炮，但是武器大多还是依靠进口。特别是南北战争刺激下的武器技术飞跃，和后来南北战争廉价剩余军火的出售，让萨摩藩决定还是以进口枪炮为主。这款步枪萨摩藩在幕末时购入不少，是维新战争时期萨摩藩兵最主要的单兵武器*

▲ **集成馆的关吉水道遗迹。为了给集成馆内部各作坊提供用水，萨摩藩特地修筑了一条水道，称为“关吉水道”。关吉水道现在是尚古集成馆的一部分**

▲ **隶属于集成馆的寺山煤矿遗迹。集成馆当时就是从这个煤矿里面获得燃料的**

1854 年 7 月，萨摩藩初步完成了西式高炉的建设并进行了第一次试操作。第一次操作进行了三昼夜，投入了志布志、颖娃地区的铁矿砂和吉田地区（今宫崎县）的矿石，结果生产了 3600 斤（约合 2160 千克）的锻铁。这是日本第一次进行高炉溶矿操作，代表着日本技术的又一次突破，意义十分重大。

然而这个高炉的弱点是送风条件不良。它的鼓风机是由传统的水车驱动的，而驱动水车的小溪水流较缓，提供不了充足的动力，导致鼓风机达不到最大出力。因此萨摩藩制定了开凿沟渠引水，以改善动力的方案。但是后来因为齐彬逝世，萨摩藩的高炉改进计划便被搁置了。事实上，萨摩藩的高炉仅开动了几次就停工了，算来最终还是失败了。然而萨摩藩总结的经验和技术，在明治维新后被用到了官营釜石制铁所上，为日后的日本高炉建设提供了极为宝贵的经验。

在完成了反射炉和钻孔盘的建设后，萨摩藩总算解决了枪炮问题，接下来要解决的则是火药的问题。早在岛津齐兴时期，萨摩藩就成功仿制了荷兰的戈贝尔燧石枪。然而到了齐彬时期，米涅、恩菲尔德和施奈德等新式火帽步枪已经出现，戈贝尔步枪显然已经落后了。齐彬上任后，决心继续萨摩藩的武备近代化事业，因此于 1856 年下令尝试制作雷汞。雷汞是火帽的起爆剂。雷汞的制作法发明于 1774 年的法国，原理是先用汞和硝酸进行反应，然后将硝酸汞和乙醇再做反应，即可获得沉淀的雷汞。

由于齐兴建设的中村制药所，萨摩藩已经能够获得硝酸。制备火药的地方萨摩藩也不缺，岛津家自古就以火枪队闻名，在 1818 年藩内还保留着一个黑火药的制造厂，称为“泷之上火药制作所”①。齐彬上任后，即将西式雷汞法引入制作所内，并很快就取得了成功。但是萨摩藩辖地内却缺乏硝石，为解决硝石问题，齐彬还另立了一个部门——作硝场，配给火药制作所。作硝场由藩士石川确太郎负责。石川不仅翻译兰书，引进西方的硝石制作法，还在作硝场内尝试合成硝石，并取得了一定成绩。

在制备雷汞的同时，萨摩藩也开始了无烟火药的探索。无烟火药是指瑞士化学家舍恩在 1845 年发现的硝化纤维，其爆破力比旧式黑火药大。舍恩的发现被记载在化学书中，随后此书传入日本，并被萨摩藩士松木弘安（寺岛宗则）翻译。松木翻译成功后，建议萨摩藩也开始制作无烟火药。松木的建议获得了齐彬的认可和资助。1848 年，松木开始在萨摩藩鹤丸城的制炼所内尝试制造，最终于 1853 年成功造出无烟火药，使得萨摩藩的军备事业前进了一大步。为了制造反应用的酒精，萨摩藩还改变了传统的造酒法，使用土豆、芋头而非米来造酒，这种酒就是日后的日本烧酒。

除了制造枪炮，萨摩藩另一项大事业，就是制造西式船舶。萨摩藩的西式船舶建设，起源于 1822 年，当时藩士寺师次右卫门奉命建造了一条名为“伊吕波丸”的小船。此船吸收了一些西方的理念，采用西式的三桅杆而不是传统的独桅杆。这条船被萨摩藩用在了琉球航线上。

齐彬作为一个“兰癖”，对当时西方文化最直观的代表——西式船舶非常热衷。早在齐彬还是世子的时候，他就已经串通老中阿部正弘，力主幕府废除“大船禁令”，鼓励建设大型船舶了。美国人佩里的“黑船”撞开日本国门后，日本人的危机感加剧，更加认识到了建造大船、兴办海军的必要性。因此齐彬还是世子时就已经开始着手建造西式船舶了。

他首先命令寺师次右卫门之子寺师宗道和其兄弟市来四郎献上了“伊吕波丸”的制造资料，并在 1851 年开始兴建萨摩藩的造船厂——矶龙洞造船所（位于今鹿儿岛市吉野町）。其次，他派人去长崎收购洋书，

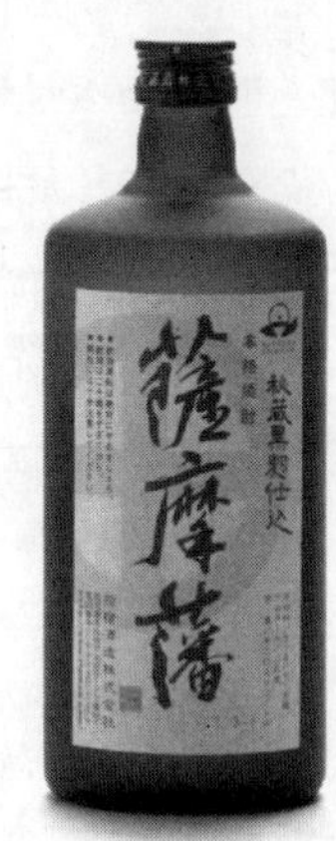

◀ ***萨摩藩制造的烧酒，现在以“萨摩藩”牌继续流行于日本。日本烧酒一般用于调鸡尾酒***

① “滝之上火薬製造所”，现存鹿儿岛市稻荷町泷之神。

特别是各种西式船舶的图绘，带回藩内进行研究，并根据带回的资料开始试造洋船。同年，萨摩藩完成试造船一条，仍然叫“伊吕波丸”，也是西式的三桅杆。这种试验船制造了好几条，都用在了琉球航线上。不过伊吕波丸级排水量小、吨位低，不能满足齐彬对大船的渴求。齐彬希望能得到西式的大帆船。但是以日本既有的造船技术，很难制造出西式船舶。

所幸的是，齐彬很快就获得了一个活宝贝，使他的问题迎刃而解。这个活宝贝就是中滨万次郎。万次郎是日本史上著名的传奇人物，本为土佐藩渔夫的他因为遭遇风暴落海，漂流到无人的岛上生活，后被一艘美国捕鲸船救出，因此随船做了水手去到美国。他旅美 11 年，因工作努力，受该船船长青睐，作为其养子在美国学习船舶技术和航海学，颇有所成。作为当时绝无仅有的欧美通，中滨万次郎最终因为思乡而返回日本，在琉球登陆后被琉球官府逮捕。作为琉球事实上的宗主，萨摩藩第一时间就知道了这件事。齐彬对万次郎的回归大喜过望。在移交万次郎期间[①]，齐彬不但亲自接见万次郎，向他请教欧美的事情，还请万次郎在造士馆进行讲学，更让藩内的船工田原直助向万次郎求教西式船舶的设计。万次郎长年在捕鲸船上干活，在美国又学过造船术，正是发展造船业的一大助力。齐彬对他的礼遇让他甚为感动，于是万次郎努力授学，大力传授知识给田原，还给萨摩藩制造了美国捕鲸船的模型。

有了万次郎的推动，萨摩藩的造船事业蒸蒸日上。1854 年，萨摩藩完成了所谓的“越通船”。越通船仍然是小吨位船舶（约 16 米长），但却采用了革命性的设计。因为越通船外观虽还是传统日本船的模样，舵也仍然是老式日本船的设计，但内部已经是彻头彻尾的西式船舶了。尤其是龙骨的铺法，完全按照美国捕鲸船设计，风帆也是西式的多桅复帆。

越通船是萨摩藩洋船制造的首个成功案例。在建造越通船的过程中，齐彬还取得数个政治胜利，为建设大型船舶铺平了道路。

▶ 幕末名人中滨万次郎。他归国时恰逢西方大力冲击日本，幕府急需知晓西方之人，因此破例提拔他为武士。他为幕末和明治时期日本对外交流做出了很大贡献。日本第一部《英日词典》，就有他的功劳

① 万次郎按规定需要移交给长崎奉行。

◀ “升平丸”绘图。特别值得一提的是，齐彬在将这些战舰敬献给幕府时，向幕府建议取消以往地方性很强的旗印，而悬挂代表整个日本的旗印。为此他设计了白底红日的旗印，这个旗印名叫“日章”，后来演变为日本的国旗

1853年6月，齐彬说服幕府，以老式日本船船小、力弱，不能敌西方为由，让幕府同意萨摩藩建造所谓的中国式的“琉球大炮船”，护卫琉球航路以免被外国船只骚扰。获得许可后，齐彬便开始建设萨摩藩樱岛造船所，同时建造中国旧式的“琉球大炮船”。

9月，齐彬取得了更大的进展。由于佩里、普嘉廷先后来航日本，在外部冲击下幕府终于认可了海军建设的必要性，解除了“大船建造禁令”。齐彬闻之欣喜若狂，马上制定了萨摩藩的造舰计划向幕府申报。齐彬雄心勃勃，声称准备建造大型风帆战舰12艘、蒸汽战舰3艘，并向幕府开出条件，称如果幕府允许他的计划，萨摩藩就会向幕府出售2—3艘大船。当时幕府中掌权的阿部正弘老中是齐彬的好朋友，也是坚定的大船建设派，在他的鼓动下，幕府通过了齐彬的提案。于是萨摩藩开始大造战船。

1854年7月，萨摩藩在牛根（今垂水市）开始动工建设西式大船“大元丸”和“承天丸”。两舰长24间（43米）。同时，萨摩藩在樱岛的有村建设了长20间（36米）的西式大船“凤瑞丸”和“万年丸”。1855年，工程宣告完成。其中“凤瑞丸”和“大元丸”出售给了幕府。在建设这些战舰期间，齐彬还下令将建设中的“琉球大炮船”改为西式战舰。1854年12月，西式军舰“升平丸”竣工。“升平丸”是萨摩藩造船事业的象征，其龙骨长15间（27米），船长17间（31米），三桅杆，装备有16门大炮，推定排水量370吨，堪称是当时日本造船业的最高杰作。后来萨摩藩将该船献给了幕府，幕府接收后将其改名为“昌平丸”，成为后来幕府海军最有名的训练舰。

然而风帆战舰在当时的地位已经逐渐被蒸汽战舰所取代。萨摩藩虽然取得了重大的技术进步，却也无法否认仍然存在的技术差距。于是齐彬开始了对蒸汽船舶的研究，并停止了西式风帆船舶的制造。但齐彬的这个决策其实是个败笔，是对萨摩藩造船事业的打击。因为当时齐彬只能用本藩的力量来做这件事，而对于一个藩来说，想搞大型的蒸汽船实在是超过了其能力范畴。幕末诸藩中，像萨摩一样制造蒸汽船的不少，成功的例子也有,但都是很小的船只,大多只有渔船大小,无论经济性和实用性都很差。所以明治维新后，这些自建蒸汽船基本上都成了对经济性和实用性不敏感的日本海军的财产。齐彬做出决策后不久，一场灾难突然降临。1855 年 10 月，日本发生安政大地震，导致萨摩藩邸严重损毁，为此萨摩藩不得不履行封建义务出钱修缮。而耗资巨大的造船事业也因为经费不继而被叫停，萨摩藩的自力造船事业就此结束。

萨摩藩对蒸汽机的探索

幕末时期的日本，因屡受西方蒸汽军舰的冲击，为了能够赶上西方，对蒸汽动力多有研究。日本多个藩国，包括幕府本身都在尝试制造蒸汽机，其中不乏成功者，萨摩藩就是一个成功的例子。

日本蒸汽机的技术源流是 1837 年由荷兰人沃尔达姆（G.J.Verdam）写的《水蒸气盘精论》[①]。1848 年此书传入日本后，由幕府的兰学学者箕作阮甫于次年翻译完毕，定名为《水蒸船说略》，共六册文字和一册图纸。书中详细记载了蒸汽机的原理和制造方法，还有关于蒸汽船和蒸汽机车的内容。该书为幕末各藩蒸汽机制造事业提供了技术来源。“兰癖”大名齐彬自然不会放过此书，1851 年就任藩主后，齐彬拿出该书，命令萨摩藩士肥后七左卫门、梅田市藏在江户萨摩藩邸里，尝试按图制造蒸汽机的模型。5 月，齐彬令鹿儿岛城内的冶炼所也制造蒸汽机的模型。8 个月后，两地的模型均告完成，于是齐彬下令投入实物建设。

最初的建造不甚顺利，于是齐彬组织几个负责制造蒸汽机的藩士前

①《水蒸気盤精説》，荷兰语《Volledige verhandeling over de stoomwerktuigen》。

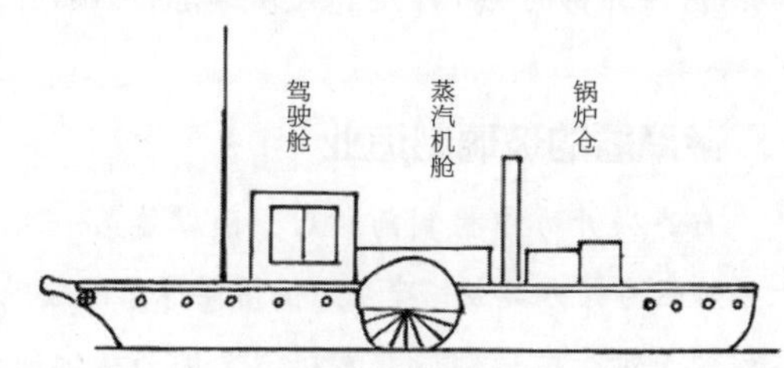

▲ ► *上图描绘了当时日本渔民常见的美国蒸汽远洋渔船。“云行丸”就是仿制这种船制作的。右图为《萨藩海军史》记载的“云行丸”草图。明治维新后，“云行丸”被划给海军学校做教材，后被拆毁。这个草图是一些建造者根据记忆重新画的*

往长崎参观蒸汽船。自重豪时期开始，由于长期购买各种西方物品，萨摩藩跟长崎的荷兰商馆有着很好的关系。所以齐彬请求参观蒸汽船时，荷兰人一口允诺。在测量了尺寸并参观了实际操作之后，萨摩藩的蒸汽机制造开始走上正轨。1855 年 7 月，萨摩藩的江户组率先完成了荷兰式 12 马力蒸汽机的制造。

齐彬大喜，下令将蒸汽机安置在一艘刚好从萨摩回航的越通船[①]上，将其改成蒸汽船。8 月 23 日，日本第一代蒸汽船的代表“云行丸”在江户墨田川开始了海试。该蒸汽船的成功航行轰动了江户，标志着实验取得成功。

“云行丸”虽然可以实现航行，然而缺点也同样突出。萨摩藩的铁工技术很差，蒸汽机虽然是 12 马力，可是因为密封不良导致到处漏气，只能发出 2—3 马力，在海上航行犹如龟爬，大概只有 6 桨渔船的速度。

① 萨摩藩建成的几条越通船被用在了萨摩到江户的航线上。

与此同时，鹿儿岛方面也完成了蒸汽机制造，并照江户方面这个思路试制了一条约 20 米长的蒸汽船，结果失败得更惨，蒸汽机根本就不工作，导致实验彻底失败。然而这毕竟是日本第一次尝试制造国产的先进科技设备，其重大意义不可低估。“云行丸”的实验成果表明，只需假以时日，日本人是可以追上西方的先进技术的。然而齐彬却很缺乏时间，幕府里的政治斗争迫使齐彬必须加快萨摩藩的军备近代化速度。1855 年的安政大地震使萨摩藩财政吃紧，于是齐彬决定将自产改为引进，停止了自造蒸汽机项目，改为向西方购买船只。为此，他制定了蒸汽军舰引进计划。齐彬派市来四郎到琉球和西方人接触，最终和法国人订立了购买一条蒸汽船的合同。同时齐彬派另一名藩士江夏十郎去长崎和荷兰人接洽。然而 1858 年齐彬的英年早逝，使萨摩藩的船舶引进计划失败了。

萨摩藩的玻璃制造业

自齐兴开办中村制药所后，萨摩藩第一次有了玻璃制造产业。齐彬上任后因为兴办集成馆事业，使得萨摩藩的玻璃制造业有了巨大的成长。齐彬本人对于玻璃制造非常热衷，因为玻璃附加值很高，如果集成馆能够制造出像著名的江户切子那样的玻璃手工艺品，并出口到国内外，无疑将会给萨摩藩带来极大的收益。齐彬曾说：“日本向各国出口的重要工艺品应该在萨摩藩制造。”于是，齐彬一方面下令让藩士宇宿彦右卫门、江夏十郎和中原犹介进行玻璃上色工艺的开发，另一方面在集成馆内建设新的玻璃窑。宇宿、江夏等人先后尝试了许多种新式玻璃技法，如上

▲ *萨摩切子*

色玻璃、平板玻璃、硬质玻璃和雕花玻璃等。在进行了数百次的实验后，萨摩藩成功突破了有色玻璃制造法。玻璃上色技法在当时是十分高难的技术，其着色剂成分需要经过反复试验，烧制也需要长期积累的温控管理经验，因此这项突破意义相当重大。

齐彬时期萨摩藩的玻璃工艺品统称为“萨摩切子”，其中以红色的“萨摩红硝子”最为有名。除了有色玻璃外，萨摩藩还实现了球面玻璃和平板玻璃的制造。萨摩的玻璃工艺品晶莹剔透，外观精美，一进入市场即被视为珍品而销售一空。齐彬马上扩大萨摩藩的玻璃产业。萨摩藩的玻璃业最盛时，拥有至少 6 座玻璃炉——铜红炉 2 座、金红炉 2 座、水晶炉 1 座、平板玻璃炉 1 座，以及数座铅玻璃炉，雇用人员数以百计（可能有 400 人）。其作为萨摩藩的主力出口商品，对齐彬时期的萨摩藩财政有着巨大的支撑作用。然而齐彬英年早逝后，萨摩藩的玻璃制造业也跟着萎缩了，后来甚至出现了仅有工人 5 名的窘况，水准大为衰退。明治维新后，萨摩藩的玻璃制品作为日本工艺品的代表，又一次进入国际市场并取得一定成就（参展维也纳世界博览会）。虽然未能恢复到齐彬时期的盛况，但对日后日本玻璃工业的兴盛起到了一定作用。

萨摩藩的西式纺织业和其他制造业

因为对外（琉球）交流需要用船，而风帆船需要大量的帆，因此萨摩藩自古以来就有相当出名的纺织业。1843 年编撰的《三国名胜图册》里就提到了鹿儿岛地区的纺织业。萨摩藩还成立了织局，负责执行调所改革中规定的奖励产业和缩减开支等相关政策。在织局的组织下，木棉纺织业得到扩张。例如，萨摩藩的政商重久佐治右卫门在藩内开办了木棉纺织屋。不过这个纺织屋影响很小，生产力也很低。到了齐彬时期，萨摩藩纺织业的规模仍然不大。齐彬就任藩主之前，豪商滨崎太平次曾经向齐彬进献过西洋的丝织品，其精美程度使齐彬深受震动。齐彬非常想让萨摩藩也能生产类似的产品，因此上任后提出了“米、盐、棉、铁乃一日不可缺之必需品”的说法，决心让萨摩藩可以生产这四大必需品。

首先，齐彬延续了调所的产业振兴政策，对棉纺织业大加奖励。其次，他设立了藩属的中村纺织所，改变原来小家小户各自为战的小棉纺工业，实现了有规模的棉纺工业。然而中村纺织所受困于技术限制（传统的手动织机），产量仍然较低。因此在1858年，齐彬从荷兰引入了西式的水力纺织机，设立了田上水车馆和永吉水车馆。

水车馆给日本的纺织业带来了革命性的变化。首先，它是用一台水车驱动四台织机，而非以往用人力驱动织机。其次，该织机是引进自荷兰仿造的英式夏普罗伯茨织机。夏普罗伯茨织机是纺织史上最伟大的发明，它之前的机械织机或工作不稳定，或效率低于人力织机，二者总不可兼得。夏普罗伯茨织机的诞生成功解决了这个问题，宣告了人力织机的末途，奠定了现代织机的基础[①]。虽然仿造品性能不可跟真正的夏普罗伯茨织机媲美，其驱动力（水力）也根本不足，但齐彬通过引进西式机械，并设立水车馆以尝试西式织造法，大大增加了日本的生产力。水车馆和中村纺织所日后为鹿儿岛纺织所接收，为日本近代西式纺织业的发展做出了贡献。同样，随着齐彬的英年早逝，萨摩藩的纺织业也衰落了，直到明治维新后才再次崛起，并成为近代日本早期最重要的创汇产业。

齐彬还对传统的制陶业、樟脑制造业和制盐业予以了政策上的保护。齐彬为了给萨摩藩的制陶业开辟市场，特地批了一笔钱成立专门的机构来研发西洋人喜欢的陶器图样，使得萨摩藩的传统陶器萨摩烧销售到了国外。齐彬对樟脑制造业给予的奖励，同样使得萨摩藩的樟脑大量销售往欧洲。此外，制盐业、造油业等产业在齐彬的政策保护下也有了显著的成长。这些产业的大发展使得萨摩藩的经济欣欣向荣。

▶ ***后期型夏普罗伯茨织机。齐彬时期萨摩藩用的纺织机跟这种机器原理一样，但是比较小，而且是用木头做的。这一时期的萨摩藩纺织业其实做的只是纺织实验，真正成为能够完善运作的纺织作坊的则是后来鹿儿岛纺织所***

① 现代织机的机械结构很大程度上仍和夏普罗伯茨织机一致。

萨摩藩的近代科技探索

齐彬对电信、金属活字印刷、摄影和煤气灯等技术都进行了资助。自佩里来航，向日本人展现了电报通信这一新事物后，日本人便开始了这方面的研究。幕末日本的电信技术源流是兰学者川本幸民翻译的兰书《远西奇器述》。1855年，兰学者川本幸民、绪方洪庵和杉田成卿在齐彬的资助下，与萨摩藩士宇宿、梅田等人一起，按照兰书仿制了日本最早的电信机。同年，在江户涉谷的藩邸里，他们向齐彬进行了演示，引起了齐彬很大的兴趣。齐彬将其带回萨摩藩并进行了改造，最终于1857年4月进行了通信实验。萨摩藩在鹿儿岛本丸和二之丸之间铺设了约600米长的电线，实验取得了成功。后来因为不具实用价值，所以仅仅试验了一次即告收场。但是在明治维新后，这项技术取得进一步发展，从此日本进入了电信时代。

此外，齐彬还资助了金属活字印刷和摄影技术。为了能普及兰学，齐彬对西洋式的印刷术很感兴趣，然而传统的雕版印刷术和泥活字印刷术均不能满足他的需求。因此齐彬资助了江户的雕版师木村嘉平，请他制造西洋式的金属活字。木村嘉平受命后尝试使用电胎法，成功制造出几个活字。但因为耗资很大，齐彬早逝后该项工作即告停止，最终没有化为实物。

齐彬还将银版摄影法引入了日本。银版摄影法是1839年由法国的尼普斯和达盖尔共同发明的。该法的原理是使用一块镀银的铜板，把这块铜板放在一个盛碘的盘子上方，碘的蒸汽在铜板表面形成一层碘化银薄膜而成为感光板，最后变成深金色。把遮盖好的底片托上的铜板放入照相机内进行曝光，然后再把铜板放入冲洗箱内，用一杯加热的水银产生的蒸汽烘这块板。在感光后，碘化银处凝聚起水银蒸汽，光越强，凝结得越多，于是在板上逐渐显出影像来，把板泡在盐溶液里即可制成永久性的相片。1848年该法为日本人所知，齐彬便资助兰学者们对此法进行研究。在齐彬的资助下，1857年日本人成功掌握了银版摄影法。为了感谢齐彬的帮助，就用该法为齐彬摄影留念。岛津齐彬像目前仍是日本现存最古老的摄影照片。银版摄影法的国产化大大改变了日本人的生活。许多那个时期的图像资料都是用这个方法保存下来的，这些图像其史料价值难以估量。

最后，齐彬还资助了煤气灯的研究。萨摩藩最早知道西方煤气灯的人是松木弘安。1857年，松木弘安在翻译洋书时发现了煤气灯的相关知识，并上报藩主。齐彬对此相当感兴趣，于是命令松木和另一个藩士八木称平

▲ *被煤气灯改造后的萨摩鹤灯笼。鹤灯笼是一种日本传统照明设备，这个鹤灯笼位于尚古集成馆*

尝试制作煤气灯。齐彬的想法是制造煤气灯以配给集成馆，使集成馆实现夜班作业。松木非常努力，当年 7 月就做出了样品并进行了实验。实验取得了成功。齐彬非常高兴，于是制定了一个雄心勃勃的计划，打算把传统的灯笼改造成煤气灯，然后大量制造以照明整个鹿儿岛城。为此，他在仙严园藩主浴室旁边设立了煤气室，还让藩士三原藤五郎制定了相关的账目，以计算可能需要的预算。不过可惜的是，齐彬于次年 7 月早逝，煤气灯计划也就跟着夭折了。直到明治维新后，煤气灯的灯光才照耀了日本四岛。

除了以上行动，在齐彬的统帅下，萨摩藩还在农机具改良，地雷、水雷制造，近代机械加工等方面进行了很多探索，为未来日本的繁盛打下了基础。

萨摩藩的集成馆

集成馆最盛时曾雇用了近 4000 人。基本奠定了萨摩藩的近代工业基干，为日后日本的产业技术进步打下了基础。虽然绝大部分集成馆事业最终随着齐彬的早逝而夭折，但是集成馆作为萨摩藩近代工业，为日后明治维新提供了难以估量的帮助。集成馆事业在明治维新后得到全面复兴，一直存在至 1915 年才完全停业，对引领日本的近代化立下了汗马功劳。

集成馆事业因意义重大，其遗迹至今尚存，被称作“尚古集成馆”。2009 年尚古集成馆被日本政府认定为“日本产业革命与近代化重要遗产”，2015 年它和仙严园一起被联合国教科文组织认定为“世界文化遗产”。尚古集成馆现存日本鹿儿岛市吉野町，是鹿儿岛市的第一大旅游胜景。

齐彬的野望与萨英战争

齐彬自任萨摩藩主后，对内进行经济与军事改革，对外则成为推动幕政改革的推手。所谓“幕政改革”和之后的“幕政改革派”，形成于佩里来航后，其主体是岛津齐彬、松平庆永、伊达宗城等外样大名。这些人在锐意进取的幕府老中阿部正宏的支持下，企图对传统的幕政实行大改革，其根本目的是想以外样大名的身份参与日本的政治决策。

长期以来，由于幕府的打压政策，外样藩国力量衰弱，实力无法与幕府那些强大的谱代藩和亲藩相比，其政治地位很低。然而到了幕末，由于外样藩国率先实现改革，实力大为增长，而幕府政治的基石——亲藩和谱代藩等传统权门因循守旧，碍于身份难以提拔下层的有才之士，陷入了严重的困境之中。

加之幕府本身在外部压力面前表现得十分无能，于是时代潮流的冲击和实力的改变，使得外样藩国开始要求改变自身的政治地位，渴望对政事有更大的发言权。特别是萨摩藩这样的外样藩国，更希冀改变传统上饱受歧视和防备的地位，进而来统帅日本，引领日本成为大国。这种希冀就是齐彬推进改革的源动力。

齐彬任藩主后，借助重豪时期打下的基础，大力对幕府进行游说，意图和其他幕政改革派联手，共同推动幕政改革，废除过时的政策。由于萨摩藩的财政状况相当不错，因此齐彬大力支援有意改革幕政之人，送钱送物大搞串联。最终，在齐彬的努力下，幕府内形成了以德川齐昭为首，岛津齐彬、松平庆永、伊达宗城和山内容堂“幕末四贤侯”为辅的幕政改革派，并以“公议政治、武装开国”为宗旨，开始参与幕政。

幕政改革派的首要目标是整备海防。自弘化年间起，西方列强为了打开日本国门，对日本进行了一波又一波的冲击。西方国家以高高在上的姿态睥睨日本，或以劝告，或以威胁，给日本旧有的锁国体制带来了极大震撼。故幕府内部开始出现了海防强化论，强调强化海防，抵抗西方列强的冲击，维持幕府政治。德川齐昭就是海防强化论最坚定的信徒。之前作为藩世子的齐彬，虽然

◀ *岛津齐彬毕生最爱的物品——地球仪*

是开国论者，但并不十分赞同海防强化论的最终目的——维护传统的幕府政治，不过他赞同强化海防来抵抗西方的入侵。而且，如果海防强化论得到幕府认同，齐彬就有理由以海防建设的名义在萨摩藩进行西式改革，建设洋式工厂，所以齐彬倾力支持海防强化派的意见。在他和阿部正宏的支持下，幕府最终同意让齐昭成为海防参与，这标志着幕政改革派进一步掌权。

等到 1853 年，佩里来航后，幕府痛感海防虚弱，海防强化论更加吃香，于是齐昭的权力得到了扩大。与此同时，阿部正宏以非常时期当用非常手段为由，大力介绍外样大名进入幕府，同时以强化海防为名，启用了许多新人，如永井尚志和胜海舟。这一系列举措使幕政改革派进一步加强了对幕政的掌控。

幕政改革派得势后随即开始了所谓的“安政幕政改革”。安政幕政改革的目的完全是强化幕府脆弱的海防，以求抵抗西方列强，其措施如下：

一、取消“大船建造禁令”。

二、要求各地进行炮台建设。

三、兴办陆海军，开设讲武所和长崎海军传习所，引进西方先进武备。

四、开设番书调所，聘请兰学家翻译西方书籍，掌握西方的军事情况。

五、吸收和提拔各藩精通西洋事务之人。

齐彬在此次改革中出力甚多，例如前面所说的“大船建造禁令”，就是他和齐昭联名上书，以日本船船小、力弱，不能抵御黑船为由而请求取消，最终获得幕府批准的。在炮台建设中，齐彬也多次派出技术人员向各藩传授技术，又如水户藩海防建设中需要的反射炉，就是萨摩藩派出的技术人员帮助建设的。齐彬还大量组织人员前往讲武所和传习所进行交流学习，还献上了本藩自造的船只给幕府以建设海军。一时间，萨摩藩在幕府里地位大大升高，俨然可以和谱代大名平起平坐。

推动幕政改革的同时，继承藩主位子的齐彬在藩内进一步推进人事改革。齐彬为了报答萨摩藩中下级藩士对他上位的支持，大力提拔中下级藩士中的人才。齐彬本人待人也是唯才是举，曾言“君主的个人好憎不是选拔人才的标准”“人人都喜欢的人也未必是人才”。值得一提的是，他提拔了在下级藩士中口碑极好的肝付尚五郎，让他成为萨摩藩名门小松家的养子，赋予了他很大的权力。尚五郎，即日后的萨摩名臣小松带刀。小松带刀为人随和，而且唯才而视，极得中下级藩士之心。在他的推荐下，西乡隆盛、大久保利通等有才之人纷纷为齐彬所识并得到提拔，成为他的宠臣。齐彬提拔下级藩士，意味着萨摩藩的封建身份界限被打破，是萨摩藩乃至日本近代化进程

◀ *萨摩藩改革派首领，明治维新十杰之一的小松清廉。他全称叫小松清廉带刀，叫他小松带刀也可以。“带刀”是小松家历代家主的名字，他本名肝付尚五郎，号“观澜”。他是幕末很少见的思想上真正开放之人，而不是看似开放实则顽固的新派人物。他早年就对等级尊卑不甚在意，经常在秋收举行的相扑比赛上和身份低微的农民一起饮酒取乐。他第一次见西乡隆盛时，西乡故意慢待他，让身份高贵的他在门廊等着自己睡醒，结果他毫不在意。西乡醒来之后，两人开辩。小松带刀靠见识击败了西乡，对西乡以下犯上半个字也没提，因而获得了西乡的好感。萨摩藩出身的维新志士，不是小松带刀的门生，就是他的故人，所以基本唯他马首是瞻*

的一个标志。

不过，幕政改革派掌权触动了幕府内以谱代大名为代表的权门派利益，促使其联合起来准备反攻。同时，改革派内部理念的差异也导致改革派本身力量分散。德川齐昭和另一个改革派大名松平庆永坚持攘夷理论，最终目的是要与西方开战来完善锁国体制。岛津齐彬则是开国论者，其最终目的是要消除锁国体制，因此改革派的内部团结很成问题。

另外，改革派的主要人物往往不顾后果率性而为，例如德川齐昭。1854 年，幕府在外界压力下被迫和美国签订不平等的《日美和亲条约》。虽然条约内容中的不平等问题并没有立即显现，然而齐昭仍然因不满幕府和外国人签订和约，愤而辞职。而在 1855 年 10 月 2 日发生的安政大地震中，改革派的旗手阿部正宏认为地震是上天的警戒执意辞职[①]，幕府随即启用了能力较差、出身较低的新老中崛田正睦，使得改革派一下就失去了最重要的支持者。

改革派内部的混乱给了权门派很大的勇气，很快他们就推出了自己的领军人物：

① 也很可能是被守旧派逼迫而感到心力交瘁才选择辞职。

谱代中的名家——彦根藩藩主井伊直弼。在井伊直弼的统帅下，权门派很快就找到了对改革派发难的借口——将军继嗣问题。

自12代幕府将军德川家庆病故后，幕政就落入了13代将军德川家定手中。然而家定是出了名的身体虚弱，而且传闻他举止奇异，因此家定被认为是病弱无能，在幕府内部实际上并无权威。家定无子，立嗣就成了问题。而幕政改革派和权门派就立嗣问题形成了一条派和南纪派。

改革派企图保持并扩大既有的权力，所以他们支持改革派领袖德川齐昭之子——御三卿一条家家主一条庆喜为下一代将军。权门派意图夺回权力，自然针锋相对，成立了南纪派，提出了以御三家纪州藩藩主德川庆福为继嗣的建议。两派为求拥立之功，进行了一系列的明争暗斗。作为改革派重要成员的齐彬，自然也无法逃过这场政治斗争。

在继嗣问题的第一回合较量中，改革派取得了胜利。齐彬和松平庆永放出推举庆喜继承将军的风声后，遇到了很大阻力。当时幕府大奥对改革派首领德川齐昭极为憎恶[①]，因此对改革派也连带着进行抵制。然而齐彬却想出了一个萨摩藩常用的战术——联姻来解决问题。时任将军的德川家定妻子早逝，也没有再娶，所以齐彬就在这上面动起了脑筋。齐彬将岛津家四门之一的今和泉家的笃姬收为养女，想让她成为权力极大的幕府御台所，来平衡改革派在大奥中的阻力。于是齐彬派出以西乡隆盛为首的一批藩士开始在京都大搞串联，他本人也亲自游说当时的五摄家之首近卫家促成此事。在近卫家主近卫忠熙的帮助下，1856年，笃姬和德川家定结婚，成为御台所，大奥的反对声也随之减弱了。

改革派取得先手，权门派自然不甘心失败，马上筹划反扑。这时，另一个问题掺杂了进来，给了权门派以绝好机会，这就是条约签订问题。条约签订问题其实是和将军继嗣问题一同浮上水面的。佩里来航后，随着日本国门的渐渐打开，取得初步胜利的西方列强马上开始扩大自己的胜利成果。最早敲开日本国门的美国在这方面最为积极，迫使日本接受了《日美通商修好和约》。和约本身的内容标志着锁国政策的结束，然而作为延续了两百余年的祖宗家法，幕府要想改变该法，在法理上是必须奏请京都朝廷的。尽管传统上，朝廷不可能对幕政指手画脚，但由于幕政改革派的改革削弱了幕府的统治基础，进而使幕府权威衰退，无形中就提升了朝廷的威望。此时的天皇孝

① 德川齐昭曾经作风不检点，而且建议削减大奥经费。

明是一个极度厌恶外国的人，他一生都不曾接见过一个外国人，也是坚定的攘夷论者。特别是他在意识到了朝廷权威得到提升后，其行动力大大增加。这种形势的变化是现任老中崛田正睦所没有意识到的，他仍然以为奏请朝廷只是走过场，于是自信满满地向朝廷请求旨意。孝明天皇则一反传统，拒绝给予谕旨，一下子将崛田老中和幕府扔进了极度尴尬的境地里。

崛田正睦请求谕旨失手给了权门派很大的机会。因为崛田正睦虽然赞同开国，但是他并不喜欢权门派，他的中立态度是横在权门派面前的一个障碍。申请谕旨失败，不但暴露了崛田的无能，还重挫了幕府的声望，于是幕府内部要求拥立大老的呼声响了起来。他们指责崛田的无能，希望能任命权力更大的大老来制伏朝廷，权门派是这种呼声的主要拥护者。根据这种呼声，当时病弱的家定因无力处理政事，所以决定任命一位大老来全权负责处理各种问题。1858 年 4 月 23 日，权门派首领井伊直弼被任命为大老，权门派取得重大政治胜利。

井伊直弼甫一上任，就免去了崛田正睦的职务而独揽大权。随后，他直截了当地和美国签订了和约，表达了对朝廷的蔑视。之后，他开始收拾改革派，改革派幕府官员被纷纷免职或降职，川路圣漠和永井尚志等亦不能幸免。他还打击讲反话的幕府官员，如板仓胜静等。到后来，为了更方便地揽权，他连可能造成妨碍的自己人也打击，如间部诠胜和太田资始，于是幕府内人人自危，不敢有任何反对声音。

但是井伊直弼的做法，得罪了各方势力，京都朝廷发出密旨，鼓动改革派起来造反，打倒井伊直弼。结果事机不密，被井伊直弼侦知。于是井伊直弼借此掀起安政大狱，对改革派进行了彻底的清洗。改革派的政策被宣布为非法，从事宣传和串联活动者不是被砍死就是被追捕。就连改革派诸大名也悉数被查，不是蛰居就是被警告，全数遭到处罚。随后在井伊直弼的鼓动

◀ *在幕末政治中扮演着重要角色的孝明天皇画像*

下，将军家定宣布以德川庆福为后嗣。8 月 14 日，德川家定去世，德川庆福继位为幕府 14 代将军，改名德川家茂，宣告了改革派的彻底失败。

齐彬对改革派被打压的现状无比愤慨，也对井伊直弼的做法极度痛心。于是愤怒的齐彬制定了率军上京的计划。他计划统帅 5000 藩兵上京都，拥立朝廷，以武装打倒井伊直弼。然而计划还没有来得及实施，他就于 7 月 16 日暴病而亡，享年 50 岁。在丧失了一代雄主齐彬后，萨摩藩锐气顿减，岛津久光之子岛津忠义继任藩主，但藩政掌握在岛津齐兴之手。齐兴坚决拥护幕府，不敢跟井伊直弼对抗。他本人老迈无用不说，还大肆整顿藩内的齐彬派志士。萨摩藩顿时暮气沉沉，齐彬一番心血付诸东流。

岛津齐兴在掌握藩政后不久即以高龄逝世，藩政大权落入了岛津久光的手中。作为原来与齐彬争夺藩主之位的对手，久光本人最初对齐彬的改革事业并不热衷，但是久光也无意全盘废除齐彬的政策。

首先，齐彬时期齐彬对久光派较为宽大，没有实行大范围的清算，也没有大搞株连和连坐，从而分化了久光派。其次，齐彬在藩内已经培养出了一个势力很大的改革派。第三，齐彬的政策，确实使萨摩藩从一介偏远乡下大名一跃成为世所公认的，能够影响幕政的强藩。这都使萨摩藩内的舆论导向倾向于齐彬和他的改革派。事实上，齐彬成了萨摩藩长期的精神动力——不仅使萨摩藩摆脱了穷困地位，还为成为公认的强藩指出了一条道路。他积极参与幕政以求改变自己的地位，并为此进行了一系列卓有成效的工作。这些工作确实使萨摩藩威名远扬，以致这种理念成为众多萨摩藩士的一种共识。这让萨摩藩的改革派有着强大的意识形态和权力，即便身为政敌的久光也一样。

▲ *萨摩藩最后的改革者——岛津久光*

事实上，久光上任后，依然对改革派的力量表示倚靠。他通过小松带刀提拔了改革派出身的大久保利通为宠臣，让后者继续进行外交工作。但是久光身上也有很多的保守色彩，这表现在久光对集成馆事业的态度上。虽然没有强令废除，但他采取了一种放任自流的态度，使得这些并不盈利的工厂难以为继，最终因为赔钱过多而不得不大量歇业。即便是盈利的产业，因为放任自流，也纷纷陷入衰退。例如萨摩藩的玻璃制造业，由于失去藩主支持，虽然盈利甚巨，但是仍不能抵挡人才流失和本藩财政索求而大规模衰退，甚至陷入只有5名雇工，玻璃炉悉数熄火的困境。就这样，集成馆事业在齐彬死后遭到大规模缩减，仅军工产业予以了一定程度的保留。

久光的保守性还表现在他对公武合体理论的热衷上。公武合体理论实际上并不是对旧式封建政治的彻底摧毁和刷新。虽然这个理论含有公议政治的内容，具有一定的进步意义，但这个理论更多的只是带给外样强藩和幕府同样的地位。实际上，该理论可以说是想将幕府的独裁统治改为寡头政治。这只能作为日本近代化的一种临时措施而已，后来的操作也证明了此理论的空想性。然而久光显然没有认识到这一点，他心中追求的依然是一种变异的幕府政治而非近代政治，这正是他固有的守旧性所决定的。

公武合体政治的推行，鼓动了一批人，也惹怒了一批人。激进的攘夷派一直对公武合体横加破坏，而萨摩藩本身对攘夷论也很热衷。首先，作为一个有着对抗中央政权传统的藩国，萨摩对各种外来干涉都有警惕心理。其次，齐彬的武装开国论对攘夷派也有一定的影响。最后，幕府对萨摩藩近百年的打压，已经培养了萨摩藩士对幕府的仇恨心理。很多激进的萨摩藩士与其说是仇恨西洋人，不如说是仇恨幕府，只是找到“攘夷”这么一个借口好来反幕府罢了。此时通过压迫幕府而提高威望的京都朝廷，对攘夷派已经有了一定的依赖性。作为朝廷领袖的孝明天皇态度十分明确：谁在攘夷问题上表现得更加激进，谁就更受朝廷的青睐，在接下来可能出现的改革中也就有更大的发言权。因此表现得十分激进的长州藩受到了孝明天皇的喜爱。后来出现的“四奸二嫔弹劾事件”，更使萨摩藩在朝廷中的势力急剧衰退。

“四奸二嫔弹劾事件”发生在1861年4月10日，这一天以三条实美、姉小路公知为首的13名公卿联名向关白近卫忠熙递交劾书，弹劾岩仓具视、久我建通、富小路敬直和千种有文4名公卿和今城重子、崛河纪子2名宫女。劾书中将这6人称为“四奸二嫔”，定性成奸臣，要求将其驱逐出京城。这一弹劾事件的本质是攘夷派的内乱。幕末时期由于幕府决策多次失误，导致权威大为衰退，京都朝廷见状旋即开始夺权。“攘夷”就是京都朝廷用以夺权的大义名分。三条实美和岩仓具视作为朝廷公卿，本质上都要通过攘夷来打击幕府，扩张京都朝廷的权力和权威，实际上同属一派。但是在具体事务上，岩仓派持缓进策略，主张使用公武合体这种方法，通过和幕府合作逐渐从幕府处夺权。而三条派则持激进策略，主张使用立即攘夷的方法，绕过幕府和外国开

◀ 描述“生麦事件”中萨摩藩士砍杀英国商人的浮世绘

战，通过战争迫使幕府归还大权。孝明天皇是一个积极的攘夷派，谁在攘夷事务上表现得更积极，谁就更得孝明天皇的青睐。所以为了争宠，三条等人以和宫下嫁为由①，弹劾岩仓亲近幕府，实际上并不想攘夷。孝明天皇被三条等人的理论说服，于是令岩仓辞官蛰居。“四奸二嫔事件”标志着“绕过幕府，立即攘夷”成为京都朝廷的对外国策，自此日本尊王攘夷运动进入高潮。这对支持公武合体的萨摩藩是个沉重的打击。

随后，萨摩藩又在外交上遭遇了一场重大失败。1862 年 9 月 14 日，日本幕末时期一个重要历史事件——“生麦事件”爆发，导致萨摩藩和英国关系恶化。

1858 年幕府和美国定约，同意横滨开港后，来日本的西方人日渐增加，而因文化差异导致的冲突也逐渐增多。同时日本国内因攘夷论流行，使得民间对西方人仇视程度逐渐增加。1862 年 9 月 14 日，岛津久光在参加完推动史称“文久改革”的幕府新改革的会议后率领随行 700 余名藩士回萨摩藩。在途经横滨附近的生麦村时，路遇出来游玩的英国生丝商人查尔斯·理查德森（Charles Lennox Richardson）一行四人。幕府时期规定，凡大名出行的行列在路上行进时，身份低于此大名的人必须让路行礼，不让路行礼者按照对武士无礼论处，武士可以当场将无礼者杀死。所以理查德森等人因为不让路遭到萨摩藩士袭击，理查德森被当场砍死，剩余 3 人受伤逃亡。“生麦事件”发生后激起了日本社会极大的震动，以孝明天皇为首的攘夷派因为有人成功实践了他们的攘夷理论而更加活跃，在他们的推动下攘夷论迅速成为日本外交的指导性策略。随后民间也在“生麦事件”的鼓动下加大了对外国人的袭击。

① 和宫是孝明天皇的异母妹妹，孝明天皇为了让幕府攘夷，同意将其下嫁给幕府将军德川家茂，这件事是岩仓策划的。

次年，英国舰队为寻求“生麦事件”中的赔偿金，再次来到萨摩藩，他们派出了4条战舰前往萨摩藩经行交涉。由于交涉中出现了交流问题，也由于久光和大久保利通摆出的强硬态度，导致英国使用武力来夺取萨摩藩的船只，萨摩藩遂发动反击。1863年8月15日，萨英战争爆发。萨摩藩出动岸炮80门，对抗英军4条战舰。经过一天激战，英军因准备不足，不得不撤退回港。萨摩藩虽取得军事胜利，却遭到极其严重的财产损失。英军火炮比萨摩藩的岸防炮射程更远，而且由于萨摩藩的房屋多为木质，结果英军的炮弹不但击破了藩城鹿儿岛的城门，还大量落在原集成馆地区内，引发巨大的火灾。集成馆基本被烧毁，萨摩藩多年积攒的海军和炮台也损失殆尽。

这是萨摩藩近代化进程中遭遇的最大挫折，但同时也推动着萨摩藩在近代化道路上前进了一大步。通过萨英战争，久光和萨摩藩认识到了欧美的强大和自身的极度不足。经过齐兴、齐彬两代人努力后的萨摩藩，虽然可以在日本国内称雄，但是比起西方国家仍然不如。两代人的努力，也仅仅获得了一次惨胜而已。

这个事实迫使萨摩藩重新审视自己过去的政策，久光也终于认识到了集成馆事业的意义。于是战火刚刚消去，灰烬犹温的时候，久光便开始了萨摩藩的再次改革——重建集成馆。

同时，痛定思痛的久光一改原来对西方的漠视态度，开始主动和西方接触，并为此重新启用原来齐彬派系中的新派藩士。战后，久光主动派出使节去江户，向英国公使谢罪请求原谅。英国为萨摩藩的奋战所惊，也同意和议，于是两方达成谅解。然后，久光在大久保利通的举荐下，开始重新启用西乡隆盛等藩士，继续萨摩藩的改革以增强国力。

萨摩留学生与倒幕之路

由于萨英战争给大久保利通和久光留下了深刻印象，因此萨摩藩在缓和了和英国的关系后，急欲向英国引进先进的武备和知识。经过一段时间的沉寂后，兰学又成为萨摩藩内的流行学术。1864年6月，久光宣布成立开成所藩校，作为专门的兰学学校配给造士馆，初代讲师是中滨万次郎和兰学者前岛密。开成所的设立，标志着萨摩藩兰学研究的再兴。尽管这所藩校教育实践时间较短，一年左右便因藩士出国留学和战争暂时中断，但意义十分重大。由中滨万次郎带回来的西洋经验，在这一年里得到了全面普及，极大地加深了萨摩藩士对西方的认识，使得萨摩藩士的见解有了很大的进步。

▲ 前岛密，高田藩出身的兰学者。此人在明治维新后作为贡选士进入政府，对明治时期日本的工业化建设起到了很大的作用。在日本设立铁路，实行西方式的邮政事业中，他出了很大力气，日本第一条铁路的设立和近代邮政业的创设都有他的功劳。后人为纪念他全权创立邮政事业的贡献，称其为日本邮政之父

在经过了开成所的考试选拔后，萨摩藩有了一批对西方有较深认识，并有向西方学习欲望的藩士。于是，一个破天荒的建议被小松带刀送到了久光的案前——由萨摩藩组织藩士出国前往英国考察，并引进其先进技术以强国。这个建议之所以破天荒，首先是因为幕府的锁国令虽然已经名存实亡，但针对日本人出行外国还是有效的。如果擅自出外，很可能遭到严重的处罚。其次，攘夷仍然是日本国内的主流舆论之一，任何擅自出国的人都有可能被视作卖国贼。最后，仅以萨摩藩一国的薄弱力量，又值战后百废待兴之际，此时组织人手远渡重洋前往西方，对萨摩的国力也是个考验。

然而，久光却接受了这个建议，以显示他的变革决心。这个提案的提出者五代才助（即后来的五代有厚）也在留学生的名单里，他被提拔为留学团副领队（御船奉行），从而受到了重用。此后，萨摩藩开始四处联系关系，英国商人格罗弗对萨摩予以了帮助①。

1865 年 4 月 17 日早晨，在格罗弗的掩护下，萨摩藩留学生团 19 人（15 名留学生，4 名带队）改名换姓，在萨摩藩羽岛浦换乘英国船只“澳大利亚号”前往香港，开始了日本第一代留学生的留学生活。

萨摩藩的留学生大多极为年轻，年纪最大的 31 岁，最小的只有 13 岁，而且出身各异，比如市来勘十郎是下级藩士，畠山丈之助是萨摩藩名门之子，高见弥市则根本不是萨摩藩人，是从土佐来到萨摩藩开成所的留学生。他们的心态也十分不同，畠山丈之助原来不愿意去，是受了久光劝说才去的，市来勘十郎则跃跃欲试，村桥久成以为自己要一去不返，给家里写了篇辞世和歌。但作为开成所的高材生，他们有着共同

① 五代原来是萨摩藩军舰“天佑丸”的舰长，他的船舰被英军于萨英战争中捕获，他作为俘虏在船上目睹了英军船坚炮利，大受震动而倾向于开国。后来他被英军于长崎释放后，积极和英国人接触而认识了格罗弗。

▲ *萨摩福赴英留学生。1.高见弥市；2.村桥久成；3.东乡爱之进；4.名越时成；5.畠山丈之助；6.森有礼；7.松村淳藏；8.中村博爱；9.朝仓盛明；10.町田申四郎；11.鲛岛尚信；12.寺岛宗则；13.吉田清城；14.町田清藏；15.町田久成；16.长泽鼎*

的特点，即他们都是当时日本最优秀的青年才俊，抱有强盛萨摩乃至日本的坚定信念和对外部世界的渴望。因此他们不顾语言文化的差异，也不顾对外界的恐惧，坚定地踏上了留学之路。

萨摩藩留学生团自日本出发，经香港、新加坡、斯里兰卡、孟买、亚丁、苏伊士后下船，坐火车穿过苏伊士，然后经马耳他过直布罗陀海峡，于 1865 年 6 月 21 日抵达英国南安普顿港。日本留学生抵达南安普顿的事情在当地引起了轰动，报纸头条还进行了报道并摄影留念。

到达英国后，留学生团率先访问了伦敦。当时这座世界上最知名的不夜之都，让所有留学生大吃一惊。留学生们先参观了伦敦郊外波福特地区的铁工所。他们见到英国庞大的工厂和先进的生产方法，深深地为英国先进的铁工技术所折服。他们又见识了当时英国的近代农业，为其和日本传统方法截然不同的技术所爆发出的庞大生产力所惊叹。最后，他们进入伦敦，为伦敦的各种石造建筑，例如大笨钟所倾倒。乘坐伦敦地铁则给他们带来了前所未有的体验，他们还去了小酒店，享受了异国独特的酒食。这一切都让他们受到了前所未有的震动。

在格罗弗商会的安排下，留学生顺利进入伦敦大学，在这所大学内努力学习从近代陆海军学到化学乃至文学的一切学术，像海绵吸水那样接收着西方的知识。

最有意思的是，萨摩藩士居然在大学里，遇见了 1863 年来前来留学的长州五杰。虽然此时长州五杰仅剩三人，而且生活很不如意。当时长州藩的主流论调是攘夷，所以没有太多钱给留学生。留学的山尾庸三基本上是打工挣学费，还朝萨摩藩士借过钱。但是萨摩藩士并没有因为日本国内的萨长对立问题，或者说长州藩士属于别的藩国而敌视他们。不仅如此，萨摩藩士还和他们结成了朋友（如畠山丈之助和山尾庸三），对他们多有周济。留学生时期的交往，为日后萨长联盟起到了一定的促进作用。正由于留学时期的交往，这些日后的维新志士打破了落后的藩国观念，进步到“同为日本人”的近代民族国家观念，并将这个观念带入了日本。这对以后的明治维新和新日本的建设有着非常积极的正面作用。

除了监督留学生学习外，五代有厚和另一位领队新纳久齐还负责引进产业、复兴集成馆事业的相关活动。在格罗弗商会的帮助下，五代在英国购入了大批军火——各式长枪（如骑枪和炮队用短枪）与手枪（如短手枪）5410 支，4 个双筒望远镜以及若干洋书，并借此机会和格罗弗商会建立起了合作关系。从此格罗弗就成了萨长乃至维新军的指定军火商。另外，五代和新纳考察了英国的纺织产业，对英国的先进纺织实业非常羡慕。

与此同时，萨摩藩殖产兴业的主要鼓吹手石川确太郎正在大力宣扬恢复集成馆事业。石川在齐彬时期就负责制定纺织业振兴的相关计划，因此他力主把纺织行业当作最先引进西方技术来恢复的产业。石川的意见被久光采纳，于是五代跟团出行时还额外奉命收购纺织机械，在萨摩藩创立纺织工厂。五代和新纳在参观了伯明翰和曼彻斯特的各家纺织工厂后，选定了一家名叫普拉特兄弟公司的企业，向该公司购入梳棉机 10 台、精纺机 6 台，并订立合同请求该公司派遣技师和设计师前往日本，负责传授技术和设计工厂。1866 年 11 月，3 名英国工程师到达鹿儿岛，开始了工厂的设计和建设。次年 1 月，纺织机械和雇用的英国工务长约翰到任。5 月，以松冈政人为厂总裁的鹿儿岛纺织所正式落成投产，标志着萨摩藩纺织业的复兴。

鹿儿岛纺织所吸收了萨英战争中木制房屋容易起火的教训，采用石造建筑为主体。这是日本第一次自力建设西式石造建筑，在日本建筑史上有着非常重要的意义。纺织所规模也大为扩张，最后有西式纺织机 150 余台，包括梳棉机、开棉机、打棉机和精纺机，纺机大多采用西式蒸汽动力驱动。纺织所雇用了 200 余人，每日进行 10 小时的劳作，消耗棉丝约 180 公斤，产品是白木棉布和缟。其中木棉布出售给大阪商人，缟则留作自用。其生产效率略高于传统织机。东方棉花纤维短，所以用英国织机只能开到 16 纱。中等长度的美国棉可以开到 42 纱，而且很细。长绒埃及棉可以开到 60 纱。这个效率问题到了 1870 年才被日本国产的十基纺纱机解决。

▲ **异人馆，鹿儿岛纺织所聘请的英国技师的宿舍。鹿儿岛纺织所是日本第一个真正意义上的近代纺织工厂。该纺织所一直存在到1897年，衍生出了堺纺织所、富冈制丝场等多个纺织工厂，推动了近代日本纺织工业的创立。鹿儿岛纺织所和堺纺织所以及后来的爱知纺织所被称为“始祖三纺织”，是日本近现代纺织业的先驱。现在鹿儿岛纺织所隶属于尚古集成馆，作为日本历史纪念建筑而被保留了下来**

▲ **后人拍摄的大阪炮兵工厂，当年萨摩藩在再改革时期曾经从英国进口了日本最早的西式金属刨床。明治维新后该刨床被大阪炮兵工厂接收，为该厂的运作起到了重要的作用**

鹿儿岛纺织所的组建是萨摩藩再改革运动的高潮，此后因为倒幕战争迫在眉睫，萨摩藩无力兼顾战事和建设，于是停止了进一步的重建。然而以派出留学生和重建集成馆事业为代表的萨摩藩再改革，给萨摩藩带来了又一次翻天覆地的变化。通过外派留学生，萨摩藩士不但接触了西方最先进的技术，还衍生出了近代民族与国家的理念。在重建集成馆的过程中，萨摩藩率先将当时的先进生产方式引入日本。先进生产方式和配套理念的引入，为日后日本的近代化做了物质上和精神上的基础准备。

最终，萨摩藩经过从重豪到久光连续五代的改革，终于摆脱了受人歧视的境遇，一跃成为当时最强的藩国，并且通过外交改革积极参与幕政，成为当时日本政治中一支不容轻视的力量。而且在樱田门之变①后，权门派不得不对改革派做出妥协，改革派逐步夺回了幕政。

幕府的权威在接二连三的打击下，逐步式微了。朝廷的权威则不断攀升，并渐渐超越幕府，所以各藩都在为争得朝廷的青睐而努力。然而朝廷的青睐首先为长州藩所得，萨摩藩则被排挤出政治中心。这种情况到了1863年9月30日（旧历八月十八日），

① 1860年3月3日，井伊直弼乘坐驾笼，于大雪中出外樱田藩邸往江户城去，通过樱田门时被以关铁之介为首的18名刺客袭击，身中数刀后被斩下了头颅，史称“樱田门之变”。

◀ 萨摩藩参加世界博览会纪念章。上面之所以写着萨摩琉球国，是因为当时萨摩藩自称是日本萨摩琉球国太守，所以这个纪念章也叫“萨琉奖章”

经过“八·一八政变”方才改变。当时萨摩藩通过政变打倒了京都攘夷势力，随后久光率藩兵万余人上京，接受了孝明天皇的检阅。这一事件使萨摩藩的公武合体路线成为正式国策，轰动天下。

“八·一八政变”和久光上京标志着萨摩藩势力在朝廷中的回归。长州藩主毛利敬亲作为攘夷派代表，对失去朝廷的青睐极度愤慨，决心以武力夺回权力。次年7月19日，禁门之变爆发，长州藩士兵分三路向京都御所进攻。萨摩军一举击溃了长州军，立下了禁门之变的最大功劳，政治地位大大攀升。

加上之前齐彬的努力，萨摩藩成了世所公认的大藩，乃至日本的代表。比如1867年，萨摩藩曾以“日本萨摩琉球国太守”的名义出席世界博览会。因其展品精美，甚至惊动了法皇拿破仑三世。拿破仑三世特设萨摩藩纪念章奖励给来访的萨摩藩士，这代表了西方列强对萨摩藩在日本地位的承认。

1864年1月13日，久光获得圣旨，被指定为列侯参与会议的一员。2月16日，奉孝明天皇旨意，参与会议的列侯获得幕府老中部屋（房间）出入权，这标志着参与会议正式开始运作。

萨摩藩政治地位的提升让久光胆气十足，他将自己放在了与幕府平起平坐的地位上。久光作为参与，一心想通过主导几项政策，以显示萨摩藩的执政能力。然而公武合体的本质，决定了萨摩藩想占据主导权是十分困难的。公武合体这种寡头政治的前提，是各大寡头的实力不能相差太多，然而在参与会议内，由于幕府势力的强大和长期以来形成的威权，使得幕府一方强出各藩不少。加之其余中立派也或多或少跟幕府有种种关系，往往在政事决断上当墙头草，以致会议的主导权依然掌握在幕府手中。

萨摩藩是唯一一个真正想掌握国政主导权的藩国，但是在这个政治体制内，萨摩藩只能依靠不稳定的墙头草。所以实际上萨摩藩在公武合体政治内部仍然无法掌握国政，横滨开港问题就是这个情况的表现。

前文所述，孝明天皇是个极端的攘夷派，因此对《日美亲善条约》中“开设横滨港”一条极为不满。他下旨要求列侯会议讨论横滨闭港，以完成锁国的事宜。这在当时是不可能完成的任务，且不说此时攘夷已经被证明全面失败，就连幕府和各强藩本身也都在借助和外国的往来以获取武器和资金。所以锁港是个极不现实的提案。这个提案被送到列侯会议上就遭到了久光的反对，然而时任将军后见役①的一桥庆喜却以攘夷论的态度鼓动锁港。由于庆喜本人是极度厌恶攘夷派的，所以不言自明这是幕府又一次对萨摩藩的打压。其目的十分露骨，就是要借机打压萨摩藩以明确幕府对国政的主导权。这自然招致了久光的极度不满。久光由于和庆喜天天吵架，对幕府的厌恶大大加深，而作为中间派的山内容堂则提前溜走。久光最后被庆喜在会议间歇的醉后狂言直接气走。最终，列侯会议并未得出什么结论而草草收场。久光对列侯会议极度失望，并且对幕府政治产生了怀疑。久光认为在幕府政治下，无论萨摩藩怎么努力，只要有幕府在，就不可能掌握国政的主导权，从而统帅日本。所以他打着做两手准备的心思，容忍了萨摩藩的倒幕派和长州藩私下接触，甚至同意了萨长联合。虽然，守旧思想比较浓厚的久光还是对公武合体政治寄予希望，但是他的希望在不久之后的四侯会议中被无情地击破。

▲ *幕府末代将军德川庆喜*

1867年，由于在第二次长州征讨中，幕府将军家茂暴病身亡，同时孝明天皇也神秘死亡，权力出现了极大真空。此后，一桥庆喜接任将军。庆喜任将军后，改姓德川。为了显示幕府才是日本的正式政府，也为了从外国借入资金和武器来维持幕府，庆喜同意了西方提出的开设兵库港的要求。

① “后见役”意思是监护人，但同时也有主要顾问的意思。

与此同时，庆喜为了填补巨大的权力真空，答应开设以岛津久光、伊达宗成、松平春狱和山内容堂为代表的四侯会议。在德川庆喜的主持下，四侯会议成为日本最高的政治决策机关。这个会议对久光来说，自然是实践公议政治的最好场地，于是久光高兴地参加了会议。

5月，四侯会议正式开始。会议上讨论的问题主要有两个：

第一，如何处理长州藩的问题。此时长州藩获得了第二次长州战争的胜利，这次军事胜利把幕府的权威打落到了谷底，而且萨摩藩和长州藩还订立了同盟条约。萨摩藩在这次会议上承诺恢复长州藩的名誉。

第二，兵库开港问题。由于之前和西方列强签订的兵库开港时间将要到期，那么是否履行条约、如何履行条约成为最主要的国政问题。

这两个焦点问题都必须在这次会议上得到解决。四侯会议一开始就充满了火药味，列侯参与会议期间曾出现的久光和庆喜的激烈对立，再次贯穿了整个四侯会议。庆喜坚持先解决兵库问题，再讨论长州处理问题，而且他在长州处理问题上开的价码非常之高，简直让人不能接受。久光则坚持先解决长州处理问题，再解决兵库开港问题。松平春狱和山内容堂则依然墙头草随风倒。为了能够解决问题，庆喜还借助山内容堂称病的时机，拉进来两名幕府老中来支持他的意见。久光则以搞串联，收买松平春狱和伊达宗成来应对。

最后，在5月23日的会议之中，由于庆喜提前说服了山内容堂和松平春狱两人，使得原来答应支持久光的两人临阵叛变，同意了庆喜的意见。这导致久光在四侯会议上最终失败。失败的久光怒不可遏，从此深刻认识到了幕府的危害。久光原来对四侯会议自信满满，认为在这个会议上，幕府的势力已经消退了很多，萨摩藩实际上很有希望获得国政主导权。现实情况教训了久光，使其意识到幕府在任何场合，都不可能放出任何权力给萨摩这样的外样藩国。对于萨摩来说，只要幕府存在，萨摩就无法获得国政的主导权，就不可能统帅日本。这个现实是久光完全不能接受的。所以久光一怒之下，彻底抛弃幻想，坚定地站了在倒幕派一边，决心以暴力手段摧毁幕府。萨摩藩遂加入长州藩，正式走上了倒幕之路。

此后，经过漫长而残酷的戊辰内战，幕府终于被终结，一个由萨、长、土、肥（萨摩藩、长州藩、土佐藩、肥前藩）四大藩阀掌权的近代日本出现在世界上。萨摩藩因为内战的功劳，成为藩阀之首，成功掌握了国政的主导权，一举实现了历代萨摩人的梦想。此后，藩阀政治在日本持续了近一个世纪，影响之深，甚至波及到了当代日本。

萨摩藩历代藩主

1代目　岛津忠恒（しまづただつね）从三位，任萨摩守、中纳言

2代目　岛津光久（みつひさ）从四位上，任萨摩守、左近卫中将

3代目　岛津纲贵（つなたか）从四位上，任萨摩守、左近卫中将

4代目　岛津吉贵（よしたか）从四位下，任萨摩守、左近卫中将

5代目　岛津继丰（つぐとよ）从四位上，任大隅守、左近卫中将

6代目　岛津宗信（むねのぶ）从四位上，任萨摩守、左近卫中将

7代目　岛津重年（しげとし）从四位上，任萨摩守、左近卫少将

8代目　岛津重豪（しげひで）从四位上，任萨摩守、左近卫中将。宣布隐居后加封从三位

9代目　岛津齐宣（なりのぶ）从四位上，任萨摩守、左近卫中将

10代目　岛津齐兴（なりおき）正四位上，任大隅守、参议。隐居后加封从三位

11代目　岛津齐彬（なりあきら）正四位上，任萨摩守、左近卫中将。死后追封从一位，权中纳言、封照国大明神

12代目　岛津忠义（ただよし）从一位，任大隅守

注：明治维新后废藩置县，岛津家授公爵，位列华族。

参考文献

[1] 金泽大学考古学研究室（著），《金大考古》第 49 期 ,2005 年 6 月刊
[2]《萨州见取图绘》，鹿儿岛大学附属图书馆供，武雄市锅岛报效会收藏
[3] 长谷川雅康等（著），《萨摩的制造研究》，鹿儿岛大学教育学部 ,2004 年 3 月，萨摩制造研究会供
[4] 水田丞（著），《萨摩藩营鹿儿岛纺织所使用的铁柱相关复原考察》，日本建筑学会大会学术演讲便概集 ,2004 年 8 月
[5] 加藤幸三郎（著），《近代纺织业在日本的特征》，专修大学社会科学年报 38 号
[6] 芳则正（著），《岛津重豪》，吉川弘文馆发行 ,1980 年
[7] 松井正人（著），《萨摩藩主岛津重豪——近代日本基础的形成过程》，本邦书籍发行 ,1985 年
[8] 岛井裕美子（著），《九州的兰学，跨境的交流》，思文阁发行 ,2009 年 6 月
[9] 芳则正（著），《岛津齐彬》，吉川弘文馆发行 ,1993 年
[10] 村野守治（著），《岛津齐彬的一切》，新人物往来社发行 ,2007 年
[11] 原口虎雄（著），《幕末的萨摩， 悲剧的改革者 —— 调所笑左卫门》，中公新书发行 ,1966 年 4 月
[12] 芳则正（著），《调所广乡》，吉川弘文馆发行 ,1987 年
[13] 安部龙太郎（著），《萨摩燃烧》，小学馆文库发行 ,2007 年
[14] 佐藤雅美（著），《调所笑左卫门——萨摩藩经济官僚》，人物文库发行 ,2001 年
[15] 伊地知季通（著），《萨藩旧记杂录》（《九州史料丛书》第一册），九州史料刊行会发行 ,1966 年
[16] 日本史籍协会（编纂），《岛津久光公实记》，东京大学出版社发行 ,2000 年 10 月
[17] 芳则正（著），《岛津久光和明治维新，久光为何会决心倒幕》，新人物往来社发行 ,2002 年 12 月
[18] 佐佐木克（著），《幕末政治中的萨摩藩》，吉川弘文馆发行 ,2004 年 10 月
[19] 德富苏峰（著），《近世日本国民史》（开国日本篇），讲谈社发行 ,2013 年 10 月
[20]《尚古集成馆纪要》（第五册），尚古集成馆编纂发行 ,1991 年
[21]《尚古集成馆纪要》（第六册），尚古集成馆编纂发行 ,1993 年
[22]《尚古集成馆纪要》（第七册），尚古集成馆编纂发行 ,1994 年
[23]《鹿儿岛县县史》（第四册），鹿儿岛县编纂发行 ,1943 年
[24]《鹿儿岛县教育史（下）》，鹿儿岛县教育委员会编纂发行 ,1961 年
[25] 大石学（著），《近世藩政、藩校大事典》，吉川弘文馆发行 ,2006 年 2 月

铠如连锁，射不可入
中国传统山纹、锁子、连环铠辨析考

作者 /PZL

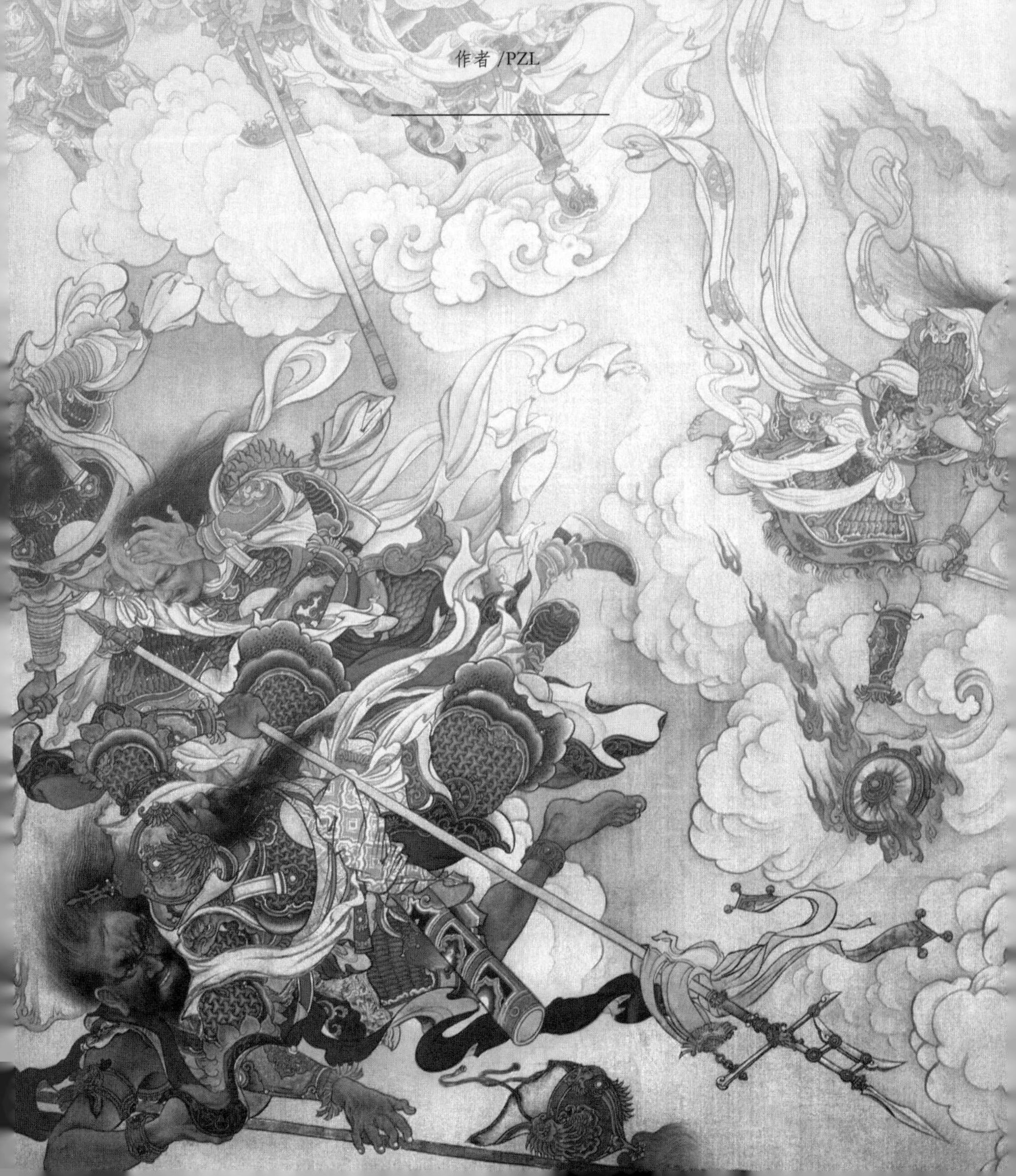

相信对中国传统文化颇有兴趣的读者，早就听说过“山纹”“锁子”与“连环”这些名称。

一般来说，“山纹”是指《唐六典》里提到过的唐代十三种铠甲之一的“山纹甲”。在《唐实录》中也有对“山纹甲”的记载：“贞观十九年五月丁丑，营于马首山，初太宗遣使于百济，取金漆涂铁甲，色迈兼金，又以五彩染玄金，制为山文甲。”宋代亦有“黑漆顺水山字铁甲”之说。

“锁子”和“连环”指的是民间常言的“锁子连环甲”。在现代的一些游戏里，它往往又被叫作“链甲”。它起源于西方，有籍可查的最早流入中国的时间是在三国。曹植将它写作“环锁铠”，记录在他的《先帝赐臣铠表》中。编纂于唐代的《晋书》也提到过“环锁铠”的样式：“胡便弓马，善矛槊，铠如连锁，射不可入，以革索为羂，策马掷人，多有中者。”在唐代法典《唐六典》中，亦可见有锁子甲之名，并且这还可能是“锁子甲”这个名称最早的出处。宋代周必大在他所作的《二老堂诗话·金锁甲》中，对锁子甲作如下解释：“至今谓甲之精细者为锁子甲，言其相衔之密也。”明末张自烈所撰的《正字通》里则注明了锁子甲的结构：“锁子甲，五环相互，一环受镞，诸环拱护，故箭不能入。”

虽有典籍在案，班班可考，表面看来“山纹”与“锁子连环”之间的区别泾渭分明，但其实上这其中别有玄妙，若干蹊跷抵触之处隐藏其间，很值得挖掘出来细细推敲，考证一番。

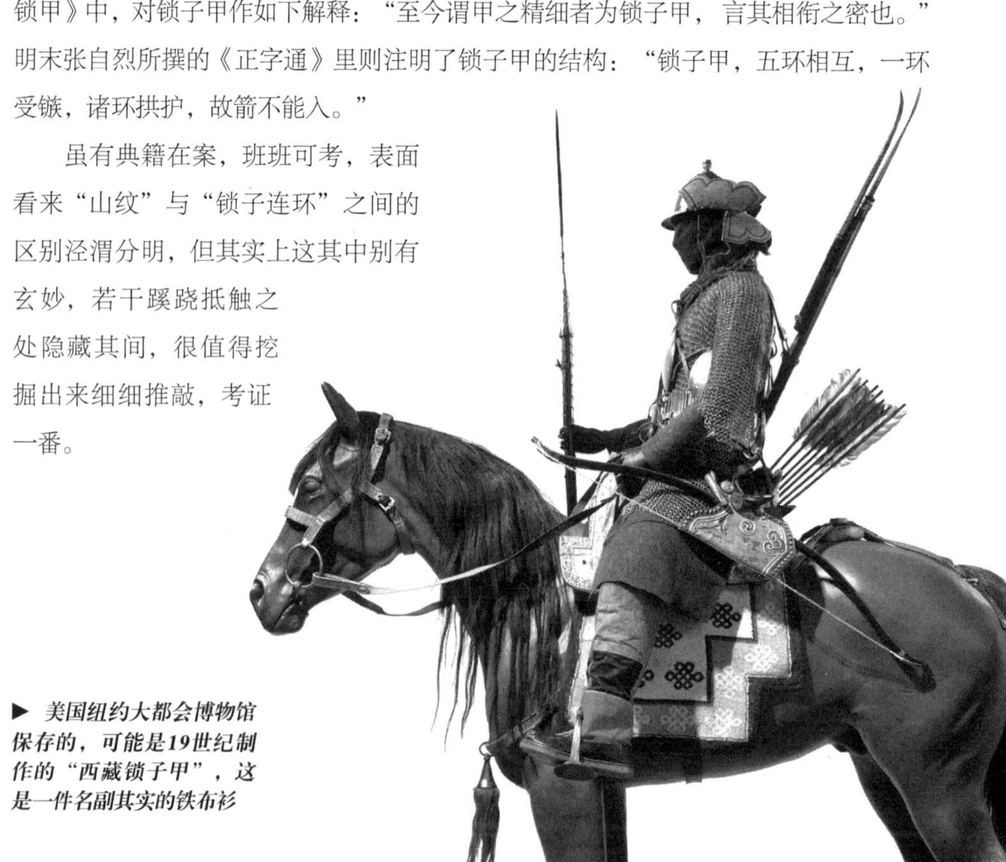

▶ ***美国纽约大都会博物馆保存的，可能是19世纪制作的“西藏锁子甲”，这是一件名副其实的铁布衫***

官方文献资料里的“山纹甲”图像与文字记录脱节

明代的写实人物绘画技术十分高明，收藏于台北故宫博物院的《出警入跸图》画卷，篇幅宏大、精美绝伦。画中人物形象特点鲜明、形态饱满，细节刻画到位，整个画卷色彩绚丽丰富，线条流畅，对各部分结构掌握到位，就连服饰、器具等细节也十分严谨，在历史方面有极强的可信性。

“山纹甲”在《出警入跸图》中出现极为频繁，但问题也就随之而来了。同图像资料相比较，明代关于“山纹甲”的官方文字记录几乎为零。比如在对明朝社会各类规章制度，包括皇帝上朝及出行所需，以及各级侍卫的着装与武器佩戴，都做到事无巨细皆有明文要求的《明会典》中，我们就找不到有关“山纹甲”的记载。

以《明会典》里的这段对日常朝会的侍卫着装要求为例，书中道：“凡常朝御皇极门，掌领侍卫官，俱凤翅盔、锁子甲，悬金牌，佩绣春刀，直左右阑干首。锦衣卫将军二十四人，明盔甲，悬金牌，佩刀，执金瓜。”“勋卫、散骑舍人四员，府军前卫官二十员，明盔、锁子甲，悬金牌，佩刀，夹左右陛。锦衣卫指挥一员，常服，悬金牌，列御道西。千户二员、百户十员，俱常服，悬金牌，列其下。锦衣卫将军八人，

▲ *在这幅《出警入跸图》的局部图中，可以看到该画面上有三人皆穿“山纹甲”*

明盔甲，悬金牌，佩刀，夹御道左右。又八人，明盔甲，悬金牌，佩刀，执金瓜，掖两陛下。又四人，并神枢营大汉将军四人，俱明盔甲，悬金牌，佩刀，执金瓜，直左右匮。锦衣卫将军二十人，红盔、青甲，悬金牌，佩刀，直左右品牌。锦衣卫将军八人，红盔、青甲，悬金牌，佩刀，直左右踏凳。”

这段文字字数不多，但是其中的各式物件的名头就足以令人眼花缭乱，而这还仅仅只是《明会典》中相关条目的一小部分而已。如果说皇帝侍卫还只是一个小范围的群体，他们的武器多半都是仪仗性质，难保不在别的部队当中发现有“山纹甲”存在的话，那么笔者就在此处将《明会典》卷一百九十二中关于明代军器、军装记录抄录整理如下，计有：

抹金甲、青织金云纻丝裙襴、鱼鳞叶明甲、红绒绦穿齐腰明甲、绿绒绦穿齐腰明甲、绿绒绦穿方叶齐腰明甲、绿线绦穿鱼鳞叶齐腰明甲、匙头叶齐腰明甲、青纻丝镀金平顶丁钉齐腰甲、青纻丝黄铜平顶丁钉齐腰甲、青纻丝镀金丁钉齐腰甲、红绒绦穿齐腰甲、青绵布火漆丁钉齐腰甲、青纻丝黄铜平顶丁钉曳撒甲、紫花布火漆丁钉圆领甲、黑缨红铜镜马甲、大叶明甲、青纻丝火漆丁钉齐腰甲、青纻丝绦穿齐腰甲、青绵布绳穿齐腰甲。

在上述这段种类繁多的明军铠甲名目里，却丝毫没有“山纹”二字的踪迹。这种情况并非为《明会典》所独有，在对明代北京盔甲厂生产做出明确规范的《工部厂库须知》里也只提到三种铠甲的名称，即“青甲”“紫花布甲”和“明甲”。在包括《武备志》为代表的民间或者半官方、官方的兵书中，我们也难以找到关于“山纹甲”的只言片语。

这样一来就不能不与同时代存在的大量的“山纹甲”具象实物图像构成强烈的反差了。那么其原因究竟何在？

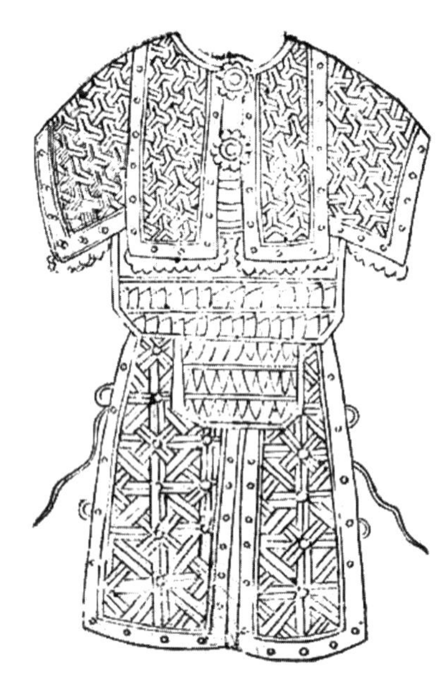

▲ 《武备志》中摘自明代兵书《兵录》的唐猊铠图。从图像上看，该甲甲片就是山纹款式。但此甲的制作方法极为诡异，且全文再一次与“山纹”无任何相联系

“山纹甲”上的“山纹”真的是“山纹”？

也许有人会说，没有对应文字记录只是因为唐代之后的几个朝代都不再以“山纹”之名对其进行命名。《唐六典》虽然确实是记录下了“山纹”这个名字没错，但是并没有明确无误地留下对应的图像，故而事实上我们并不能保证，现在大家认为的“山纹甲”就是古人所说的山纹甲。如果不先入为主地接受“山纹甲”这个概念，光看上面的甲片纹路，与其说是像“山”，不若更说像是个“人”字。

当然，也有人会说“山纹”并非是由于组成之后的表面纹路像“山”字，而是因为它的单片甲片的结构就是按照小篆的“山”字得来的，并且也正是因为如同小篆字体的特殊结构，才使其具有独特的组接方式。但是这种说法同样还是缺少历史实物印证，而且在中国古代美术史的研究领域里更是站不住脚。

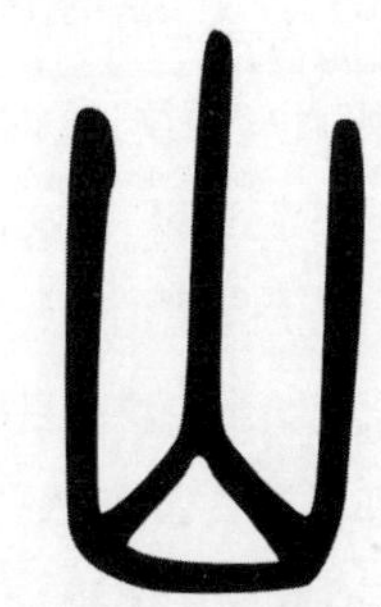

▲ 小篆的山字，网络上可以看到有人构思了以此字为原型的“山纹甲”甲片

今天人们眼中所谓的“山纹甲”甲片纹路，在现代编写的专业美术书籍中其实有着另一个术语名称——锁子。《中国纹样史》里对“锁子”纹的解释如下：“锁子是由浅弧形组成三角联环的一种几何纹，因形如链锁，故名。锁子纹仿自锁子甲，亦称锁甲、锁骨、锁子铠……锁子纹因其链环相勾连，而又相拱护，故有联结不断之意。”书中还配上了出自宋代李诫的《营造法式》中名为“琐子”的彩画图样。

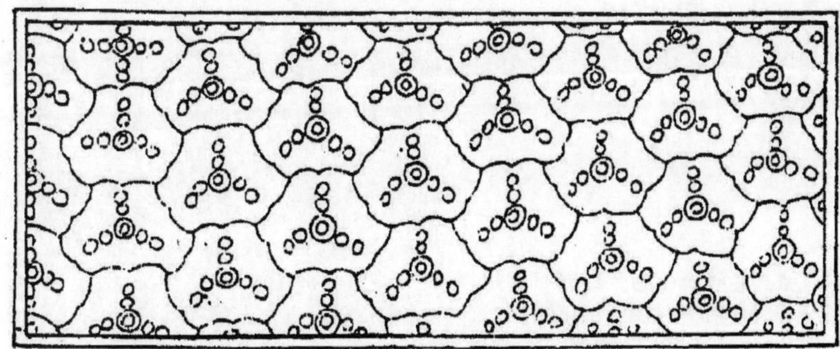

▲ 《营造法式》中的“琐子”图样，其外形与“山纹甲”甲片形制大致相同。蒙元时期熊忠所撰的《韵会》里对琐子的解释为：“物刻镂罥结交加为连琐文者，皆曰琐。”郑珍新附考：“锁，本作琐。”由此可见，“琐子”即通“锁子”

沿着“琐子纹”的这条线索再往前追溯，我们可以看到在明人编纂的《元史》里也有提到蒙元的仪卫服色中用到了“锁子纹”。《元史》中写道：“甲，覆膊、掩心、扞背、扞股，制以皮，或为虎文、狮子文，或施金铠锁子文。”《中国历代服制服式》一书对此条记录的解释为：“元代的甲，多以皮制，在皮上饰以薄铜铁片或用金涂，史称元代‘金铠锁子文’。”在书中又进一步地对“金铠锁子文”注释道：“古代战甲到唐、宋及元，多采用软甲，即在软皮革上缀饰薄铜铁片，为美观又常以涂金，称为金铠或金甲，锁子文即薄甲片以方形连环锁而成的一种纹饰。”虽然这两段解释并非完全没问题，如“元代的甲，多以皮制”“唐、宋及元多采用软甲”云云就有待商榷。但是笔者以为，书中对锁子纹的应用解释与样式说明还是值得斟酌参考的。

或许有人会说，《营造法式》是一本宋代的建筑类书籍，书中列举的彩画图像与名称全都是运用于建筑装饰的，而非甲胄兵器。仅凭《营造法式》真就足以确定“山纹甲”非“山纹”？对于这个问题，最好、最明确的回复就莫过于清人《皇朝礼器图式》中的“亲王甲”图文说明。

十分可惜的是，《中国纹样史》与《中国历代服制服式》如同《武备志》一样，都没有给出像清《皇朝礼器图式》里那样图文紧密的宋、明两代的锁子纹甲胄的图释，不然“山纹甲”的复原问题也就可以迎刃而解了。宋代《武经总要》对具有“锁子纹”纹饰在内的所有盔甲图像所做的文字解释里，也仅仅只有“贵者铁，则有锁甲”这样并不能说明什么问题的记录。

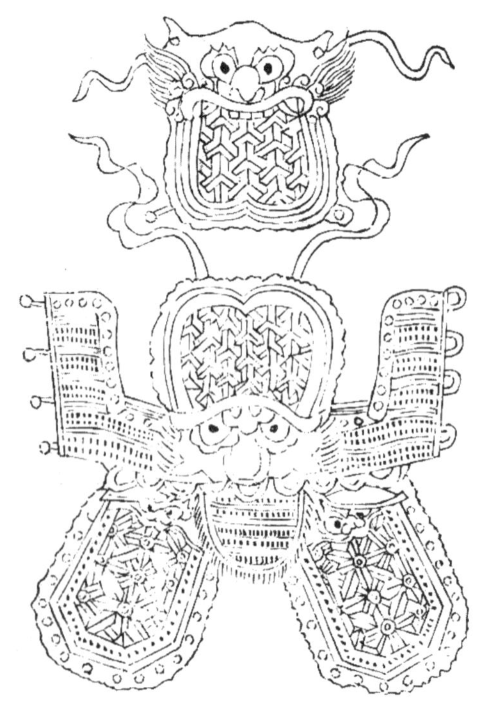

▶ ***北宋《武经总要》中的“身甲”图。从图上看，该甲的甲片式样明显就是所谓的“山纹甲”，但书中对包括这张图在内的几幅盔甲图画的说明仅有只言片语，并未将其与“山纹甲”或者“山字甲”这样的字词联系起来***

▲《皇朝礼器图式》中的“亲王甲”配图。图中的“亲王甲”被明确说明是以“石青鍱子锦”作铠甲之表，内部敷设铁鍱（同“叶”），再用月白绸当作里子。其外表上的纹路和所谓的“山纹甲”一模一样，在文中却被叫作“锁子”。因此至少在清代，无论真实的“山纹甲”甲叶形状到底为何，如图中那种传统式样的“人”字形重叠往复的纹路，的确可以被称为“锁子”

▲ 像左图中的“锁子纹”还可见于北京故宫博物院收藏的一件属于顺治的所谓“锁子锦盔甲”上。博物院人员对该甲样式的说明为上衣下裳式样，蓝底人字纹锦面。此外，博物院还给出了清人对该甲的原始标称：“随甲有一黄木牌，上墨书：‘世祖章皇帝嵌珊瑚珠、石红铜、镀金月白锦缎面棉盔甲一副……’”从这行话看来，清人对其的分类当属内部并不敷设铁叶的棉甲

▼ 在清乾隆《平定台湾得胜图》铜版画系列之三的《攻克斗六门》中出现了清军身着“山纹甲”（或者说是锁子锦）作战的画面。不过，该图像到底是画家无心之失还是写实而作，笔者就不得而知了

古代民间概念里的“锁子甲”就是我们现代意义上的链甲吗？

锁子甲，简称“锁甲”。正如前文中所引用的《正字通》所言，乃是一种由金属链环组成的铠甲。这本应无疑义，明代方以智的《通雅》亦是执此说。东邻朝鲜也是这般称呼，其《世宗实录·五礼 ·军礼序例》中写道：“以铁丝作小环相贯，曰鏁（同“锁”）子甲。”清《皇朝礼器图式》里还有“鏁子甲。鍊（同“链”）铁为之。上衫下袴。皆为铁。连鐶（同“环”）相属。衫不开襟，白布缘领，贯首被之”之语。

如果以“锁子甲”（或“锁甲”）、“连环甲”作为关键词，搜索一遍古代典籍的文字记录，则会发现在古典小说中确实有大量的所谓“连环锁子甲”（或“锁子连环甲”）赫然在目，其含义若是简单地望文生义，无疑就是如上所言的一种“链甲”而已。但是在另一方面，却还存在着几处描述蹊跷到足以推翻以往我们对“锁子甲”即“链甲”的这种认知。

一类是将“连环甲”与“锁子甲”分开并称。例如元杂剧《阀阅舞射柳蕤丸记》里有写：“那人人戴七顶头盔，把那锁子甲、连环甲、柳叶甲、匙头甲，八九层披在身上。”元至治年间的《全相平话》中有云：“身上被连环甲、锁子甲、桃花甲、柳叶甲，耀日辉辉。”《水浒传》则道：“那兀颜统军披着三重铠甲，贴里一层连环铜铁铠，中间一重海兽皮甲，外面方是锁子黄金甲。关胜那一刀砍过，只透的两层。”

再一类，则是写明了不同于“链甲”的“锁甲”外形。《新编五代史平话》中明确写道，锁甲乃是由银片堆砌而成，“待取阿速鲁打扮出来，头戴一顶金水镀的头盔，身披一副银片砌的锁甲”。《残唐五代演义》有言：“甲挂龙鳞金锁甲，袍披红艳艳红袍。”很明显，这里的锁甲乃是“鳞”形。《大唐秦王词话》里也有类似的，并且更为细致的描写：“贯一副银锁甲：五色明珠缀锦边，银铺雁翅绿绒穿。宝妆玉带牢牢系，杂彩绒条紧紧拴。欺柳叶，胜连环，玲珑乱摆响珊珊。翻波龟背经霜重，出水龙鳞带雪

▲ *朝鲜《世宗实录·五礼 ·军礼序例》中的鏁子甲图*

▲ “五色明珠缀锦边，银铺雁翅绿绒穿。宝妆玉带牢牢系，杂彩绒条紧紧拴。”倘若去掉“银铺雁翅绿绒穿”一句，再与《关羽擒庞德图》中的这一部分“山纹甲”图像相对照，会发现这段诗句十分地有代入感

寒……”尤为需要注意的是，《大唐秦王词话》中的这段文字，不光是明确将锁甲与柳叶和连环区分对比，其中的“银铺雁翅绿绒穿”一句还指出了这个“锁甲”甲片的外形犹如“雁翅”，并且是由绿色的丝绒相互串联。

仅从上述文学作品的记述来看，古代民间概念里的锁子甲可能并不完全是我们现代的链甲概念，而是更可能接近于上文开始时就提到的《二老堂诗话·金锁甲》所做的理解，即泛指相衔紧密的精细铠甲，或者说是优质铠甲的代名词；亦或只是与《营造法式》中的“琐子”通假，名为“锁甲”实为“琐甲”。像《水浒传》中将历史上出现过的“蹄筋翎根甲”演绎为金枪手徐宁的“雁翎锁子甲”便是其中的又一例。如果此说成立，那么诸如“锁子红铜甲”“锁子黄金甲”“锁子狻猊甲”等等由小说家发挥创造的名词也都可以有了新角度的诠释。

“连环甲”当然还是“链甲”。在《武备志》里有一张“钢丝连环甲”之图。该图的说明为：“钢丝连环甲，古西羌制其度，即今大铁丝圈，如钱眼大，环炼如贯串，型如衫样，上凿领口如穿，自上套下，枪箭极难透伤。”图文都明确表明此处的“连环甲”同朝鲜《世宗实录· 五礼·军礼序例》和清《皇朝礼器图式》的“鏁子甲”一样，都

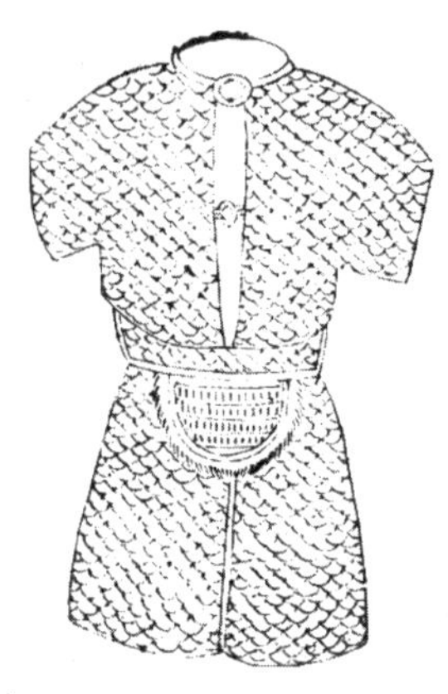

▲《武备志》中的“钢丝连环甲”。此图与该书上的文字解说皆摘录自《兵录》

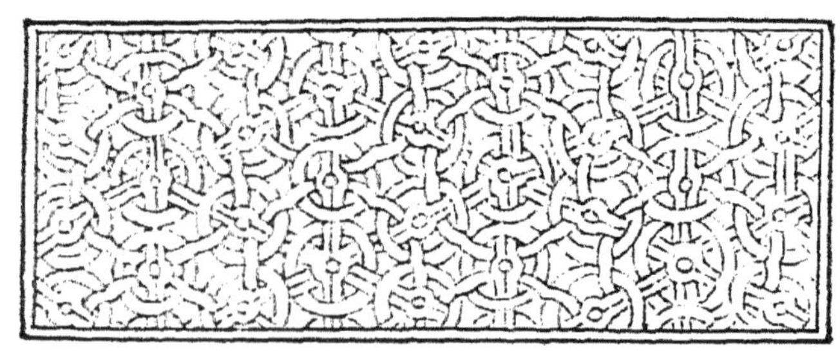

▲从外观上分析，《营造法式》中与“琐子”同属一类的“联环”（即连环），显然与之前的“琐子”样式区别明显，更接近于锁链的样式，与“五环相互”的样式差别太大。《营造法式》彩画作“五彩遍装”对“联环”的解释很简短：“一曰琐子（联环琐、玛瑙琐、叠环之类同）。二曰簟文。三曰罗地龟文。四曰四出。五曰剑环。六曰曲水。”在一些佛庙的天王像中或可见到用此种“联环”纹样来象征“链甲”

同为“链甲”。

但是光凭小说家之言用于考证历史明显还是站不住脚的。小说虚虚实实，作者自由发挥的余地极大。得胜钩、鸟翅环便是一例，只见于评话说书口传，不见于正史经典笔下。更会有矛盾之处令人难以捉摸，比如同为小说的《封神演义》里又有一句“锁子纹，肩上悬”，就颇多费解。

故而严谨的考证还需要非文学小说类的其他文献加以佐证。如在反映清代康熙时期西藏地区风土人情、社会生活的地方志《西藏志》中，有一条介绍西藏地方军队的武装记录，其曰：“上阵亦穿盔甲。其甲有柳叶，有连环，有锁子。”也许可以将这条记录用来佐证“锁子甲”与“连环甲”为两个概念。

依据“大胆假设，小心求证”的原则，笔者将本文核心总结如下：

一、中国古典美术作品中的武将身上那种“人”字形铠甲，未必就是人们眼中的“山纹甲”，但可以根据《营造法式》的说法，将此种纹路称为“琐子”。

二、锁子甲在中国的官方文献中应为锁环构成的“链甲”衫无误，但是在民间文学作品中，又具有不同的理解，被视为其他种类的铠甲。

三、只有“连环甲”无论是在官方还是民间都等同于链甲这一条可以做到确认无误。

以笔者绵薄之力，仅能提出这三个问题，做出一点小小的推测。期待读者同好能够在此基础上向前迈进。

尾声：未尽的疑问

像中国民间出现“锁子甲”和“连环甲”这样本应是同一事物却转变为两个概念的情况在英国也出现过。在英语里，“chain”和“mail”两词可以同指“链甲”。但19世纪苏格兰的历史小说家沃尔特·斯科特爵士在他的《奈杰尔的命运》中却将“mail”单独理会成“armour”（铠甲），从而首创了至今仍在沿用的“chainmail”（锁子甲）这个新词，以至于之后又有了“platemail”（正确的说法是plate armour，板甲）、“scalemail”（正确的说法是scale armour，鳞甲）这样的错误说法。

我们如果翻阅过《西游记》原著可知，孙悟空从东海龙宫获得金箍棒的同时，西海龙王还为他献上了一副锁子黄金甲。但在戏曲舞台或者影视剧里，美猴王披挂的往往就不是“链甲衫”式样的铠甲。这或许从一个侧面说明，民间概念里锁子甲并非完全就是“链甲”。同样的情况还反映在山西地方戏曲里的一句唱词里：“穿一件锁子甲柳叶千层，跨一骑桃花马日行千里。”

在马来西亚槟城极乐寺中有一组天王像与中原地区流行的造型颇为不同，其铠甲

▲ *极乐寺的两尊天王像铠甲局部图*

为链甲形制，在不同的光线与角度的下观察，可以显现出“山纹”的效果。这是否就是“琐子即山纹”的可能原因呢？

种种疑问，不一而足，且待后人续。

参考文献

古籍：

《唐六典》《唐实录》《晋书》《先帝赐臣铠表》《二老堂诗话·金锁甲》《正字通》《通典·吐蕃传》《明会典》《武备志》《兵录》《营造法式》《皇朝礼器图式》《武经总要》《世宗实录·五礼·军礼序例》《西藏志》

古代小说：

《大唐秦王词话》《残唐五代演义》《新编五代史平话》《水浒传》

当代作品：

田自秉、吴淑生、田青（著），《中国纹样史》，高等教育出版社，2003

黄辉（著），《中国历代服制服式》，江西美术出版社，2011

创作团队简介

指文烽火工作室，由众多历史、战史作家组成，从事古今历史、中外战争的研究、写作与翻译工作，通过严谨的考证、精美的图片、通俗的文字、独到的视角为读者理清历史的脉络。主要作品包括《战争事典》《战场决胜者》《透过镜头看历史》《信史》等，以及多部战争事典特辑。

原廓：记者，电视纪录片策划及撰稿人，音速及北朝论坛古战版块版主，长期致力于军事历史研究及相关图书的策划、编审工作。

赵恺：江苏苏州人，生于鱼米之乡，求学于燕赵之地。寒窗十载，混得经济学学士学位，自知无才经邦济世，唯能以相关理论谋一温饱而已。大学时代，无其他嗜好，只爱出没于图书馆中，故虽未到而立之年，已是书虫一只。专好于近代历史，常自诩略有小成，现出版有《一言难尽：全元历史现场》《军国凶兽：日本战史》《猛禽崛起：美国战史》《军部当国》等历史科普读物。

蔡传亮：笔名“明月吹箫”，浙江大学中国现当代文学硕士，现就职于慈溪市文广局。中国古代史爱好者，致力于中古史的深层次解读与通俗化写作，曾参与《成吉思汗传》（详注版）、《秘密战三千年》（上、中、下）、《帝国强军：中国古代八大古战精锐》的写作工作。

姜海洋：历史发烧友，常年旅居海外。凡诸国历史，皆有涉猎，现专攻日本维新史、第三世界国家史和世界各国工业史。早年任留园网历史论坛坛主，后去西西河论坛发表著述。著有“明治维新”系列文章五篇近 20 万字，翻译书籍两部，参与翻译书籍三部，翻译万字以上论文多篇、视频五部以上。《倒幕第一强藩——岛津氏萨摩藩维新简史》为“明治维新”作品中的一部，历经七个月写成。写作过程中参阅文稿八部、论文数篇，以期尽可能地还原当年幕末维新之中这段意义重大却又长期被我国史学界忽视的部分。

PZL：常年活跃于骑马与砍杀中文站，由游戏入手，专精中世纪东欧军事史、冷兵器与火药火器史，善于发掘资料，翻译、撰文不下 10 万字，致力于中外古典武器装备的还原与传播工作。

“战争事典”系列书目参考

战争事典 001
征服罗马——1453 年君士坦丁堡围城战
焚身以火——妖童天草四郎与岛原之乱
名将的真相——揭开战神陈庆之的真面目
通向帝国毁灭之路——日本“二·二六”兵变
莽苍——西风漫卷篇

战争事典 002
枪尖上的骑士——勃艮第战争详解
三十八年终还乡——郑成功平台之役
海上霸权的末路悲歌——郑清澎湖海战始末
初伸的魔爪——1874 年日本征台之役
罗马苍穹下——忒拉蒙之战解析
大炮开兮轰他娘——张宗昌和他的白俄军
砥柱东南——记南宋最后的将星孟珙

战争事典 003
东国之关原——庆长出羽合战探本
“日不落帝国”的雏音——布伦海姆会战浅析
点爆世界的“火药桶”——“一战”前的巴尔干战火
“一战”在中国——记 1914 年日德青岛之战
太平军之末路杀劫（战争文学）

战争事典 004
维多利亚的秘密——英国王室一战秘史
进击海洋——沙皇俄国海上力量发展史
被遗忘的战争——记一战中的意大利战场
晚清将帅志
大唐西域之高昌绝唱（战争文学）

战争事典 005
英法百年战争
决胜江淮——唐末江淮藩镇战争
猛鹰长啸猎头鱼——金太祖完颜阿骨打

战争事典 006
海上马车夫与西欧海盗的较量——第一次英荷之战
李定国“两蹶名王”——南明桂川湘大反攻
岛津袭来——1609 年庆长琉球之役始末
从开始到未来——因弗戈登兵变前后的“胡德”号
齐柏林的天空
斩颜良诛文丑过五关斩六将之关羽

战争事典 007
辗转关东武开秦——细述秦赵争霸中的军事地理学
战神的竞技场——拜占庭统军帝王传
罗马的噩梦——汉尼拔

战争事典 008
巨蟹座的逆袭——亚历山大大帝
大象与古代战争
甲申遗恨——崇祯十七年元旦纪事
挑战宿命——后唐灭后梁之战复盘
胡马败古城——南北朝宋魏盱眙攻防战记
沉寂——殷民东渡记

战争事典 009
日不落帝国崛起的先声——1588—1667 年英国海军战术演进
天崩地裂扭乾坤——侯景之乱与南北朝格局之变
骏河侵攻——武田家谋攻的顶点
孙膑的奇谋决断——全新解析桂陵、马陵之战
由扎马至比提尼亚——汉尼拔与阿非利加那·西庇阿的后半生

战争事典 010
将军大旆扫狂童——唐武宗平定昭义刘稹之战
孤独的枪骑兵——拿破仑时代的波兰流亡英雄
大洋彼岸的白鹰——美国独立战争中的波兰将领小传
魁星云集护武川——见证宇文氏兴起与陨落的北周名臣良将
独冠三军武周公——南齐朝将军周盘龙小传
鏖战低地——法王腓力四世统治时期的佛兰德斯战争

战争事典 011
苦战瓦夫尔——格鲁希元帅视角下的滑铁卢战役
于盛世中见衰容——由露布浅述开元东北国防乱象
“三吏三别”之前的故事——灵宝惨败与潼关陷落
黑火药时代的最后狂想——19 世纪过渡时期的步枪简史
关东出阵——后北条氏和长尾氏的崛起与较量

战争事典 012
喋血伊比利亚——法国元帅古维翁·圣西尔的加泰罗尼亚战纪
两晋南北朝中原遗脉专题
仓皇北顾——刘宋第一次元嘉北伐回眸
男儿西北有神州——五胡十六国之前凉世家

战争事典 013
冰与火之歌——爱尔兰独立战争
马其顿王朝最后的荣光——拜占庭统军帝王传（终结篇）
中国古代战车、火器、车营简史
雾月政变——无血的权力之战
诺曼征服史

战争事典 014
君士坦丁堡的第一次陷落——西欧人对拜占庭帝国的反戈一击
餐桌论输赢——南北战争中的美军伙食
地中海三国演义——法兰西、奥斯曼与哈布斯堡
陆法和：不败的魔术师

战争事典 015
三征麓川——明帝国英宗朝的西南攻略
从约柜到哭墙——圣殿时代的“圣城”耶路撒冷史
苏丹之刃——土耳其新军简史
太阳神的崛起——古希腊罗德岛攻防战

战争事典 016

克复安南——明成祖朱棣的惩越战争
赵匡胤开国第一战——兵临泽潞平李筠
拿破仑的闪电战——1806 年耶拿—奥尔施塔特双重会战
以上帝之名的征伐——西班牙再征服运动简史

战争事典 017

华盛顿的将略——扭转美国独立战争危局的特伦顿之战
第二波斯帝国——萨珊王朝兴亡简史
自毁长城之乱——南朝刘宋景平宫变考略
秦王玄甲破阵乐——定鼎李唐江山的虎牢关之战
战场背后的口舌——战国时代的纵横家

战争事典 018

宋金太原血战——靖康之耻的前奏
马克沁机枪的第一次杀戮——马塔贝莱兰征服战争
五驾马车的崩溃——南朝宋孝武帝与前废帝更替之际的顾命大臣
太阳王的利剑与荣耀——路易十四时代的王权、军队与战争

战争事典 019

千年俄土恩怨——黑海与近东地区的地缘纷争
风帆战列线的血与火——第二次英荷海战简史
勃艮第公爵的野心——阿金库尔血战后的法国内乱
昙花一现的东方霸业——罗马皇帝图拉真的帕提亚战争
将星北斗照幽燕——历史上的杨六郎与杨家将

战争事典 020

崛起与繁荣——丝绸之路上的帝国兴衰
远帆与财富——南宋海上丝绸之路的崛起
大迁徙与大征服——日耳曼人与阿拉伯人的扩张及征服
战乱与流散——欧洲历次战后难民潮
炮火与霸权——近代军事改革后的瑞典帝国时代
专业与联合——美军特种部队改革启示录

战争事典 021

争夺蛮荒——欧洲列强在北美的殖民扩张与七年战争较量
刘备家的人——蜀汉群臣小传
艺术到技术——拿破仑、普奥、普法战争中的普鲁士总参谋部改革史
皇权与天下的对抗——南齐朝“检籍”与唐寓之起义

战争事典 022

从罗马的利剑到诺曼的铁蹄——不列颠被征服简史
铁铸公侯——威灵顿公爵的人生传奇
八千里路云和月——岳飞与岳家军抗金战史

战争事典 023

日不落的光辉岁月——大不列颠崛起和祸乱欧洲史
屡败屡战的不屈斗将——立花道雪战记
热兵器时代的先锋——中世纪晚期的欧洲火门枪
突袭红盐池——明帝国中期边防史与文官名将王越传略
燕山胡骑鸣啾啾——《木兰辞》背后的鲜卑汉化与柔然战争

战争事典 024

浴血的双头鹰——哈布斯堡王朝的近代兴衰与七年战争
黄金家族的血腥内斗——从蒙古帝国分裂到元帝国两都之战
倒幕第一强藩——岛津氏萨摩藩维新简史
铠如连锁，射不可入——中国传统山纹、锁子、连环铠辨析考

战争事典 025

辽东雪、铭军血——甲午陆战之缸瓦寨战斗
凡尔登英雄的双面人生——法国元帅亨利·菲利普·贝当沉浮记
眼中战国成争鹿——北齐高氏的开国之路
以铁十字之名——条顿骑士团兴衰简史

战争事典 026

龙与熊的较量——17 世纪黑龙江畔的中俄战争
五败十字军骑士的车堡——胡斯战争与 15 世纪捷克宗教改革简史
白高初兴傲宋辽——党项人的西夏立国记

战争事典 027

高飞长剑下楼兰——清末阿古柏之乱和左宗棠收复新疆之役
东进的巨熊——沙皇俄国远东征服简史
一只鸡导致的王朝覆灭？——明末吴桥兵变与孔有德之乱始末
吞金巨兽的竞赛——希腊化时代的巨型桨帆战舰兴衰史
“血流漂杵”的真相——探秘周人克殷与牧野之战

战争事典 028

星条旗的“江河密探”——美国长江巡逻队的装备和历史
“狮心王”与萨拉丁的争锋——第三次十字军东征记
大明帝国的黄昏——从清军第四次入寇到明末中原大战
怒海截杀——1797，“不倦”号 VS“人权”号
争霸北陆——上杉谦信的战争史考证

战争事典 029

17 世纪东亚海上霸权之争——明荷战争与台湾郑氏家族的崛起
向神圣进发的“巴巴罗萨”——神圣罗马帝国皇帝腓特烈一世传记
唐帝国的“坎尼会战”——大非川之战与唐蕃博弈
拯救欧洲的惨败——1444 年东欧诸国抵御奥斯曼的瓦尔纳战役
西楚霸王的兵锋——楚汉战争彭城之战再解析

战争事典 030

双雄的第一次碰撞——唐帝国与阿拉伯帝国的怛罗斯之战
塞人的最后荣光—印度——斯基泰和印度—帕提亚王国兴衰史
大将扬威捕鱼儿海——明帝国与北元之战及名将蓝玉的沉浮人生
七入地中海的巨熊——俄国海军对南方出海口的千年情结
复盘宋魏清口战役——从实证角度尝试复原中国古代战役
埃德萨的征服者——枭雄赞吉

战争事典 031

贵阳围城始末——明末奢安之乱中最惨烈的一役
1612 动乱年代——沙俄内乱与罗曼诺夫王朝的崛起
“八王之乱”，何止八王！——西晋淮南王司马允集团的野心与盲动

攻者利器，皆莫如砲——中国杠杆式抛石机的发展历程

战争事典 032

最后的拜占庭帝国——1461 年奥斯曼征服特拉布宗始末
争夺辽东的铁蹄——秋山好古与日俄战争中的日本骑兵部队
龙与狼的最后较量——17 到 18 世纪的清朝准噶尔战争简史
唐刀的真容——从复刻绘制窦皦墓出土唐代环首刀说起

战争事典 033

打开潘多拉魔盒——一战早期毒气战的装备和战术（1914—1916）
钳制巨熊的英日联盟——沙皇尼古拉二世的远东惨败
荡然无存的"天朝"颜面——第二次鸦片战争始末
大厦将倾，独臂难支——明末军事危局与卢象升传略

战争事典 034

后亚历山大时代的希腊争霸——克里奥门尼斯战争
廓清漠北——朱棣五次远征蒙古之役
尼德兰上空的橙色旗——荷兰立国记和八十年战争简史

战争事典 035

东欧的第一位沙皇与霸主——保加利亚帝国西美昂一世征战史
大清"裱糊匠"的崛起——李鸿章筹练淮军与"天京之役"
名将不等于名帅——趣说姜维在《三国志》与《三国演义》里的不同形象

战争事典 036

匈奴的崛起与汉帝国的征服者时代
托勒密王朝首任女法老阿西诺二世传奇
详解中法战争之镇南关大捷
关原合战前东西军的明争暗斗
谈谈古代战场军人防护要素
说说大明帝国嘉靖朝的悍勇武人

战争事典 037

清军已南下，明廷仍党争——南明弘光政权覆亡之悲剧
哥萨克的火与剑——乌克兰赫梅利尼茨基大起义始末
秦帝国的崩溃——从沙丘之变到刘邦入主关中
契丹灭亡之祸首——辽末奸臣萧奉先传

战争事典 038

阿尔巴尼亚的亚历山大大帝——与奥斯曼帝国鏖战 25 次的斯坎德培
万历三大征之荡平播州——七百年杨氏土司覆灭记
对马海峡上的国运豪赌——东乡平八郎与日俄大海战

战争事典 039

腰斩盛唐的安史之乱——唐皇权柄衰弱与藩镇割据之始
被血洗的秘鲁——印加帝国覆灭记
普鲁士海军军官佩剑史 1657—1870（上）

战争事典 040

八年征战平河东——伊阙大捷后的秦国东进之路
1798 年尼罗河口战役——纳尔逊时代的英国海军和风帆海战
英国海军刀剑——从实战兵器到身份象征
普鲁士海军军官佩剑史 1657—1870（下）

战争事典 041

结束美国内战的最后一役——从彼得斯堡到阿波马托克斯
明末西南边界冲突——东吁王朝崛起与万历明缅战争
英国武装入侵印度之始——卡纳提克战争
挣脱"鞑靼桎梏"——库利科沃之战

战争事典 042

奥丁与基督之战——维京人的英格兰征服史
雪域猛虎的怒吼——唐代吐蕃王朝简史
太建北伐预演——南陈平定江州豪强叛乱
南亚次大陆的命运转折点——莫卧儿皇位继承战争

战争事典 043

一代强藩的崩塌——唐宪宗平定淄青李师道之役始末
大视野下的意大利战争——查理五世和他的地中海时代
血色金秋——1862 年马里兰会战
三腿的美杜莎——迦太基和罗马的西西里争夺战
外强中干，华而不实——清朝旧式战船、水师与海防

战争事典 044

杀人魔术——一战后期毒气战的装备和战术（1917—1918）
平叛战争——理论与实践（上）
命运奏鸣曲——关原合战
武田信玄西上作战的疑点

战争事典 045

碧蹄馆大战——明朝骑兵和日本战国武士的较量
清初三藩之乱
平叛战争——理论与实践（下）

战争事典 046

瑞典帝国的衰落——斯堪尼亚战争
法国强权的开端——阿尔比十字军战争
北宋军事制度变迁
三国归晋的序幕——淮南三叛
本都与罗马之战——第一次米特拉达梯战争（上）

战争事典 047

第二次意大利独立战争：催生红十字会的 1859 年苏法利诺战役
吞武里王朝战史——泰国华裔国王郑信之武功
少林，少林！——少林功夫的历史传承与明代僧兵江南抗倭记
本都与罗马之战——第一次米特拉达梯战争（下）

战争事典 048

睡梦中的胜利——1813 年春季战役之吕岑会战
虚弱的战国日本——实力不对称的万历朝鲜战争
夹杂着惨败的尴尬平局—清朝对缅战争始末

战争事典 049

明代建州女真与朝鲜的纷争
征服阿兹特克
美国早期荒野探险装备

战争事典 050

大唐西域战事

经略龟兹——从西汉设西域都护到唐两征龟兹

西域与唐代骑兵——铠甲、战马与战术、战例分析

独横长剑向河源——河陇之争与归义军的兴亡

奠基者的传奇——马其顿的腓力二世

战争事典 051

1866 年普奥战争

1866 年的 7 个星期——普奥战争全记录

1860—1867 年的普鲁士军队——武器、战略以及战术

尼罗河畔的战争——19 世纪末英帝国征服埃及与苏丹

战争事典 052

布尔战争

跌落神坛的不列颠尼亚——布尔战争简史

棋局上的僵持——卡莱战后罗马共和国与帕提亚的西亚激斗

横扫千军——“波斯拿破仑” 的征战简史

战争事典 053

秦国将相铁三角

秦昭王麾下的一相二将——魏冉、司马错、白起

兵神初现诸侯惊——打破战国列强均势的伊阙之战

将相铁三角的巅峰之作——秦楚五年战争

希腊化时代的开端——继业者战争

格兰特 VS 李——1864 年陆路战役

英法百年战争1415—1453

英法百年战争
1415—1453
THE HUNDRED YEARS WAR BETWEEN
ENGLAND & FRANCE
[上卷]
王一峰——著

英法两国争夺欧洲大陆霸主的入场券

近400张图片及战时手绘地图，全面展示了百年战争中英王亨利五世、圣女贞德等一批杰出人物的功业与光辉事迹，细致勾勒了法兰西王国新君主体系建立的关键走向与曲折过程！